글쓰기 교육과 협력학습

글쓰기 교육과 협력학습

2006년 11월 30일 초판 1쇄 발행
2021년 4월 15일 초판 4쇄 발행

지은이 정희모
펴낸이 신길순

펴낸곳 (주)도서출판 삼인
등록 1996.9.16. 제 25100-2012-000046호
주소 03716 서울시 서대문구 성산로312 북산빌딩 1층

전화 (02) 322-1845
팩스 (02) 322-1846
전자우편 saminbooks@naver.com

표지디자인 (주)끄레어소시에이츠
제판 문형사
인쇄 수이북스
제책 은정제책

ISBN 89-91097-59-6 03800
ISBN 978-89-91097-59-9

값 13,000원

글쓰기 교육과 협력학습

정희모 지음

삼인

책머리에

협력학습에 대한 책을 준비한 지 한참 되었다. 자료를 하나씩 모으면서 시작한 일인데 생각했던 것보다 복잡하고 어려웠다. 협력학습은 열린 학습, 총체적 언어 학습과 함께 미국에서 발달하여 많은 연구 성과가 축적되어 있는 분야이다. 그러나 실제 만나 본 자료는 기대 이상으로 많았다. 논문도 많았을 뿐 아니라 책도 많았다. 자료를 구하는 것이 힘들었지만 좋은 자료를 선별하는 것은 더욱 힘들었다. 그래서 가볍게 시작한 연구는 무한정 길어졌고, 자료의 더미 속에 허우적대는 고통을 감수해야 했다.

처음 이 분야의 연구를 기획한 것은 대학 글쓰기 교육 때문이었다. 수업을 해 본 사람은 알겠지만 한국의 대학 글쓰기 교육은 소모둠 형태로 이루어진다. 어떤 교육 이론이나 철학 때문에 그런 것이 아니라 학생이 많아 자연스럽게 생긴 현상이다. 처음 생각한 의도는 다양한 협력학습 모형을 교수자들에게 제공해 주자는 것이었다. 그러나 처음 생각과 달리 원리와 이론을 다룬 책이 되어 처음의 목적은 다음 기회로 미룰 수밖에 없게 되었다.

이 책은 협력학습과 관련된 이론과 원리를 모은 것이다. 1부는 글쓰기 협력학습의 원론에 해당하는 내용으로 학습자 중심의 교육과 협력학습의 관계에 대해 설명하고 있다. 사실 협력학습을 원리 하나로 설명하라면 교실의 권위를 학습자에게 돌려주는 것이라고 말하고 싶다. 2부는 협력학습의 철학적 배경을 설명했다. 협력학습은 구성주의와 사회구성주의 교육 철학에 바탕을 두고 있다. 구성주의는 우리 의식 바깥에 있는 절대적 지식을 부정하고 학습자가 스스로 지식을 구성한다는 신념을 제시했다. 구성주의 신념에 가장 적합한 과목이 바로 글쓰기가 아닐까 생각한다.

3부에서는 협동학습(Cooperative Learning)과 협력학습(Collaborative Learning)을 비교하고 협동학습의 기본 원리를 설명했다. 영미권에서는 협동학습과 협력학습을 구분한다. 협동학습은 모둠 학습 방식을 활용해 문제에 대한 최선의 해결책을 찾는 학습이라면 협력학습은 최선의 해결책보다 대화와 토론을 통해 잠재적인 능력을 함양하는 학습이다. 협동학습이 효율성과 구조성, 결과를 중시한다면 협력학습은 과정과 사고력, 내적 성숙을 중시한다.

지금까지 글쓰기 협동학습이란 용어를 많이 사용했으나 이 책에서는 글쓰기 협력학습(Collaborative Writing)이란 용어를 사용했다. 학습의 성격이나 내용상 글쓰기 협력학습이 더 적합하다. 그러나 이론이나 방법은 협력학습보다 협동학습이 더 많이 발달되어 있다. 그래서 이 책에서는 글쓰기교육에 필요한 협동학습의 이론과 요소도 살펴보고 있다.

4부는 글쓰기 협력학습에 필요한 원리와 방법 등을 소개한다. 글쓰기 협력학습의 인지적 원리, 절차를 진행하는 필요한 요소 등을 살펴보고 글쓰기 협력학습의 유형도 검토했다. 글쓰기 협력학습의 원리를 알고자 하는 사람들에게 도움을 줄 수 있을 것이다. 글쓰기 협력학습의 유형과 방법도 여러 가지로 나누어 설명했다.

글쓰기 교육을 발전시키기 위해서는 앞으로 우리 교육 현장에 대한 많은 연구가 진행되어야 한다. 그렇게 되면 우리 실정에 맞는 다양한 이론과 방법이 개발될 것으로 믿는다. 그때는 교수자들에게 실제적인 도움이 되는 협력학습 방법을 소개할 수 있을 것이다.

어려운 출판 환경에도 불구하고 흔쾌히 출판을 허락해 주고 좋은 책을 만들기 위해 노력해 준 삼인출판사 가족들에게 고마움을 전한다.

2006년 11월 정희모

차례

책머리에   5

1부   학습자 중심 교육과 협력학습

1장 학습자 중심 교육과 협력학습   13
2장 글쓰기 협력학습의 특성   22
3장 글쓰기 협력학습의 필요성   34

2부   구성주의와 협력학습

1장 인지구성주의와 사회구성주의   41
     〔1〕 구성주의 관점   41
     〔2〕 구성주의 인식론적인 원리   43
     〔3〕 구성주의 교수-학습의 원리   48
     〔4〕 사회구성주의의 성격과 특성   61
2장 구성주의와 협력학습   73

3부   협력학습과 협동학습

1장 협력학습과 협동학습   97

2장 협동학습의 일반적 특징   109
    〔1〕 협동학습과 경쟁학습의 특성   109
    〔2〕 협동학습과 소모둠 학습   115

3장 협동학습의 기본 원리   125
    〔1〕 협동학습의 기본 원리와 개념   125
    〔2〕 긍정적 상호의존성   130
    〔3〕 개인 및 모둠 책임성   137
    〔4〕 촉진적 상호작용과 면대면 상호작용   142
    〔5〕 개인 간의 기술과 소모둠 기술   145
    〔6〕 모둠 수행 과정   147

4장 협동학습과 사회적 기술   151
    〔1〕 사회적 기술의 의미   151
    〔2〕 사회적 기술의 종류   158
    〔3〕 사회적 기술에 대한 교육   166

4부 글쓰기 협력학습의 원리와 유형

1장 글쓰기 협력학습의 기본 원리   175
    〔1〕 글쓰기 협력학습의 특징   175

〔2〕 글쓰기 협력학습의 원리　　　　　　　　　　　　181
　　〔3〕 글쓰기 협력학습의 인지 수행 절차　　　　　　　191

2장 글쓰기 협력학습의 절차 요소　　　　　　　　　　　205
　　〔1〕 학습과제 선정　　　　　　　　　　　　　　　　205
　　〔2〕 모둠 구성과 운용　　　　　　　　　　　　　　　210
　　〔3〕 교수자의 역할과 책임　　　　　　　　　　　　　216
　　〔4〕 모둠 상호활동과 리더십, 갈등, 책임　　　　　　228
　　〔5〕 모둠 상호활동을 위한 사회적 기술　　　　　　　240
　　〔6〕 글쓰기 협력학습의 평가와 피드백　　　　　　　242

3장 글쓰기 협력학습의 유형과 방법　　　　　　　　　　255
　　〔1〕 분류의 기준　　　　　　　　　　　　　　　　　255
　　〔2〕 글쓰기 협력학습의 종류(동료지도, 쓰기 모둠학습, 공동작가)　260

참고문헌　　　　　　　　　　　　　　　　　　　　　　289

1부

학습자 중심 교육과 협력학습

1장

collaborative learning

학습자 중심 교육과 협력학습

　최근 학교 교실에서 열린 수업, 문제해결식 수업, 총체적 언어 학습, 협동학습에 많은 관심을 기울이고 있다. 교수자 중심의 교육관에서 학습자 중심의 교육관으로 관심이 달라짐에 따라 나타난 결과이다. 열린 수업이나 총체적 수업, 협동학습은 모두 학습자의 활발한 참여를 전제로 하여 만들어졌다. 그래서 이들 수업은 이전의 전통적인 수업 방법과는 다른 교육철학을 바탕으로 한다.

　전통적 수업에서 교수자는 학습자들에게 지식을 전달해야 할 책임을 지고, 학습자는 지식을 받아들이고 습득해야 할 의무를 진다. 교수자와 학습자의 관계를, 지식을 전수하고 전수받는 관계로 규정한 것이다. 이런 환경에서 학습은 당연히 정보와 기술을 축적하는 과정으로 이해되었다. 또 교수행위의 모든 관점은 일방향적인 교수자와 학습자의 관계로 모아졌으며, 특히 정보 전달의 주체로서 교수자의 역할이 매우 중요한 것으로 규정되었다(Brawn, 1998: p. 11).

■ 학습자 중심으로 전환한 패러다임

　최근의 교육철학적 관점은 교수자 중심에서 학습자 중심으로 변하고 있다. 교육 주체를 교사가 아니라 학생으로 보는 것이다. 이런 변화는 지식 형성 방법과 학습자의 역할에 대한 인식이 바뀌었기 때문에 가능했다. 최근 많은 인지심리학자들은 학습자의 지적 성장이 종래의 생각처럼 지식 전달이나 지식 축적과 같은 단선적 방식으로 이루어지지는 않는다고 주장하고 있다. 많은 경우 학습자는 지식을 단순히 전달받지 않고, 능동적으로 자기 지식을 구성하며 지식을 생산한다.

　지식이 오로지 전달받는 것만으로 이루어진다면 한 학급의 학습자들이 익힌 지식은 모두 동일하거나 비슷할 것이다. 그러나 각 학습자의 지식은 동일하지 않을 뿐만 아니라, 오히려 많은 부분에서 차이가 난다. 구성 방법과 이해 방법도 서로 다르다. 또 이를 이용하여 다른 지식을 만들어 내는 생산적 활동에서 학습자들의 차이는 더 커진다.

　최근 인지주의나 구성주의 관점의 교수학습이론은 전통적 관점과 다르게 학습자 중심의 교육관을 제시한다. 이는 구구단과 같은 단순 암기 학습의 경우를 제외하면 대체로 많은 학습자가 능동적으로 의미를 구성하고 생산한다고 보기 때문이다. 따라서 이런 교육적 관점에서는 자연스럽게 학습자의 능동성, 자발성을 이전보다 훨씬 더 많이 강조한다.

　다음으로 이런 관점에서는 지식 형성 과정을 개인의 경험과 많이 결부시킨다. 학습자들이 지식을 재구성하는 데 경험이 매우 중요한 역할을 한다. 학습자는 단순히 교수자의 지식 전달을 복사하듯 받아들이는 것이 아니라, 추리, 변형, 삭제, 첨가를 통해 새로운 지식으로 구성하는데 이 과정에서 전 지식(前知識)은 중요한 역할을 하게 된다. 그래서 이런 관점의 교육은 학습자의 경험과 맞닿은 실습 위주의 학습을 지향한다.

　인지주의나 구성주의 관점의 교수학습이론은 교수자의 관점도 새롭게 규정한다. 교수자는 학습자들에게 지식을 전수하는 것이 아니라, 학습자들이 세계를 구성하고 세계를 인식하는 데 교정자나 매개자 구실을 담당해야 한다(Brawn, 1998: p. 12). 다시 말해 교수자가 학습자를 도와주고 이끌어주는 보조적 역할에 머물러야지 학습의 주체로 나서서는 안 된다고 본다. 교육에 관한 새로운 시각은 교육의 주체를 교수자가 아니라 학습자로 보는 것이다. 열린 학습, 문제 해결 학습, 총체적 언어학습, 협동학습 모두에 이런 원리가 내재되어 있다. 교수자가 아무리 좋은 아이디어를 가지고 있다고 하더라도, 또 아무리 좋고 효과적인 교육방법을 쓴다고 하더라도 학습자가 아무런 영향을 받지 못하면 그 교수행위는 실패한 것과 다름없다. 교육의 성과는 결국 학습자의 변화로 나타나야만 하기 때문이다.

　교육의 주체가 학습자로 변하게 된 또 한 가지 주된 원인은 지식 전수나 지식 구성에 관한 인지심리학의 변화이다. 전통적인 관점에서 교육은 고정된 지식을 다른 사람에게 전달하는 것이었다. 이런 경우 전달 방법과 전달 내용을 중요하게 보았지 전달받을 대상은 중요하게 생각하지 않았다. 그러나 지식이 학습자의 입장에서 새롭게 구성된다는 관점이 나오면서 전달받을 사람의 중요성이 새롭게 부각되었다. 무엇보다 전달받을 사람의 인지 구조, 인지 능력, 인지 방법이 중요하게 부각되었고, 이에 따라 수요자 중심의 다양한 학습 방법이 나오게 되었다.

　이 밖에 교육의 관점의 변화에 따라 새롭게 부각된 것이 학습의 상황과 인지의 맥락이다. 전통적 관점에서는 주로 보편적이며 추상적인 지식을 많이 다루었다. 예컨대 어떤 사실, 주장, 이론, 개념, 논제와 같이 명제적인 지식을 많이 다루었으며, 이는 많은 학자들에 의해서 믿을 만한 것으로, 또 반드시 필요한 것으로 여겨졌다. 그러나 학습자에게 이런 지식이 구체적으로 실감 있게 다가온 것은 아니었다. 지식은 암기되고 머릿속에 저장되었다. 그리고 그것은 산술적으로 평가되었다. 이런 지식은 참다운 지식이 될 수 없으며, 구체적인 지식도 될 수 없다. 지식을 그저 상품처럼 전달하고 소비하는 것으로 본 것이다.

최근 구성주의 관점은 지식 형성에 구체적 상황과 맥락이 반드시 관여한다고 보고 있다. 어떤 지식이든 지식이 형성되고 전이되며 재생산되는 것과 관련된 맥락이 있다. 그런 맥락이 특정 지식을 구체적이며 효과적인 지식으로 만든다. 따라서 참다운 학습은 지식을 고정된 것이나 불변의 것으로 보는 것이 아니라 구체적 상황과 맥락에 의해 생성된 것으로 보는 것이다.

교육을 구체적 삶의 현장으로 보고자 하는 태도는 듀이(Dewey) 학파에서 잘 드러난다. 듀이는 교육을 구체적인 삶의 복잡성을 비추는 거울과 같은 것으로 인식했다. 학습은 생활의 문제를 해결하는 과정이며, 여기에 참여하는 것은 삶에 참여하는 것과 같다고 생각했다. 그래서 그는 학습의 도구로 무엇보다 경험을 중시했다. 경험을 학습자들이 세계를 이해하고 인지하는 진정한 수단으로 보았던 것이다. 따라서 학교 교육의 목적은 개인의 경험을 학습에 연결지어 줄 수단을 제공하는 데 있다고 보았다 (Foote et al., 2001: pp. 13~15).

듀이의 이런 관점은 교육이 상황과 맥락, 실제와 경험을 통해서 잘 구현된다는 뜻이다. 상황과 맥락에 닿은 지식은 학습자의 경험과 연관되어 지식의 실제적인 기능을 수행한다. 이럴 때 교수자나 학습자 모두가 만족할 수 있는 학습 경험을 할 수가 있다. 그래서 듀이는 '주제 항목을 가르치지 말고 아이를 가르쳐'라고 했다. 학습자 중심으로 전환한 패러다임에서 가장 중요한 것은 바로 삶과 밀접한 학습 경향이다.

열린 교육의 관점 ■

학습자 중심 교육과 관련하여 최근 관심을 끌고 있는 열린 교육 운동을 살펴볼 필요가 있다. 열린 교육 운동을 보면, 학습자 중심 교육이 바로 실생활 중심 교육과 긴밀하게 맞닿아 있음이 드러난다. 학생들은 스스로 경험을 통해 실제 삶의 과정을 배운다.

열린 교육의 의미를 자세히 알기 위해 우선 '닫힘'과 '열림'의 의미부터 살펴보자. 교육적 관점에서 '닫힘'이란 획일적, 고정적, 규정적, 개념적, 이론적이란 뜻이며, 반대로 '열림'은 다양성, 개방성, 융통성, 실제성을 포괄한 말이다. '닫힘'이 교수자 중심의 전형적인 학교 교육을 말한다면 '열림'은 학습자 중심의 개방적인 학교 교육을 의미한다. 따라서 이런 관점에서 열린 교육을 정의하면 형식적으로 굳어진 학교 현장을 학습자 중심으로 바꾸어, 새로운 교육적 성과를 얻고자 하는 시도라 할 수 있다.

열린 교육에서는 학습자들이 자율적으로 과제를 선택하고 평가하는 것을 중시한다. 대체로 규칙과 절차에 얽매여 제도적으로 굳어진 학교교육에 저항하고, 학습자의 자율성과 주체성을 존중하는 관점을 택한다(허승희, 1996: 104쪽). 그래서 열린 교육에서는 진정한 학습이란 학습자 스스로의 탐구에 의해서 내면적인 깨달음을 얻는 것으로 간주한다. 물론 이런 교육은 강요에 의해서 될 것도 아니며 강제적인 규칙이나 규율로 될 것도 아니다. 오직 학습자 스스로의 자율과 타인과의 상호 관계에서 이루어질 수 있다. 그래서 열린 교육에서는 실생활 중심 교육, 학습자 중심 교육, 학습자 상호 간의 활동 중심 교육을 지향한다.

열린 교육은 학습자 중심 교육과 상황과 맥락 중심 교육, 학습자 활동 중심 교육이 서로 밀접하게 연관된다는 점을 보여준다. 학습자 중심 교육에서 학습자는 스스로 자신의 지식을 이해하고 받아들이며 구성해 가야 한다. 당연히 교육의 성공 여부는 학습자가 얼마나 능동적으로 학습 과정에 참여하느냐에 달려 있다. 학습자가 자신이 구성한 맥락과 상황에 따라 학습 내용을 이해하고 그것을 자신의 지식으로 구성하느냐 여부에 교육성과가 좌우된다. 열린교육에서는 학습자에게 명제적 지식을 암기시키는 것보다 실생활의 구체적인 맥락에 학습상황을 집어넣는 것을 더 중시한다.

교육철학가 듀이는 세 가지 관점에서 전통적인 학교 교실을 바꿀 수 있다고 하였다. 하나는 지식을 어떻게 보느냐는 관점이다. 지식을 외적 진리로 보느냐, 내적(구성적) 진리로 보느냐에 따라 학습의 방향이 달라진다. 둘째로 교수자의 역할이 어떠한가를 살펴보는 일이다. 교수자가 학습자의 상위에서 군림하느냐, 아니면 학습자를 안내하는 매개자 역할을 하느냐에 따라 학습이 달라진다. 셋째로 학습의 맥락이라는 관점이다. 학습을 주입식으로 하느냐 경험과 맥락에 연계하여 하느냐에 따라 학습의 성과가 달라질 수 있다(Foote et al., 2001: p. 14).

듀이가 말한 세 가지 관점을 학습자 중심 교육의 입장에서 다시 살펴보자. 세 가지 관점 중 첫째 '지식의 본질' 측면에서 학습자 중심 교육은 절대적 진리나 고정된 지식을 거부한다. 그리고 지식은 학습자의 요구에 의해 생산될 수 있다고 본다. 다음으로 '교수자의 역할'은 학습자들로 하여금 자신의 경험과 지식을 연계할 수 있도록 수단을 제공해 주는 것을 의미한다. 교수자는 교육의 지배자가 아니라 안내자, 매개자, 인도자가 된다. 마지막으로 '학습의 맥락'은 수업이 형식적, 고정적으로 진행되지 않고 실제적인 맥락과 상황에 의해 이루어짐을 의미한다.

학습자 중심의 교육이란 이런 세 가지 관점이 모여 학습자의 인지적 변화라는 한 목표를 수행하는 것을 말한다.

학습자 중심 패러다임과 협력학습 ■

그렇다면 학습자 중심 패러다임에서 협력학습(collaborative learning)은 어떤 의미가 있을까? 학습자 중심의 수업은 학습자가 학습 대상에 대한 학습 방법에 주도권을 가지는 것을 말한다. 앞서 말한 대로 이 방법은 학습자가 상황과 맥락에 따라 지식을 구성하며, 또 이런 구성 과정에 동료의 도움이 반드시 필요하다는 생각을 바탕으로 한다. 학습자 중심의 수업 없이 협력학습이 있을 수 없다. 또 협력학습 없이 학습자 중심의 수업이 있을 수 없다.

학습자 중심의 수업을 가장 구체적으로 실현시켜 주는 것이 바로 협력학습이다. 협력학습은 학습자 스스로 자기 지식을 구성할 수 있도록 도와줄 뿐만 아니라, 개별 학습자의 다양한 학습 방법을 체계화하며 구조화해 주는 이점이 있다. 많은 학습자들은 자기만의 맥락과 방법을 가지고 있다. 한 학습자의 맥락과 상황이 다른 학습자와 다를 수 있으며, 한 학습자의 필요성과 요구가 다른 학습자와 다를 수 있다. 협력학습은 학습자의 시각에서 학습 방법을 서로 나누고, 공유하며, 더 나은 방법을 찾도록 체계화하는 데 큰 기여를 한다.

　이 밖에 협력학습은 학습자 중심의 수업처럼 학습에서 구체적인 맥락과 상황을 이용한다. 협력학습은 특정한 지식이 암기식이나 하향식으로 전달되는 것을 배격하며 지식을 구체적인 상황과 맥락 속에 집어넣어 학습하도록 권장한다. 협력학습에서 추구하는 학습 방식은 어떤 정답을 요구하는 것이 아니며, 어떤 고정된 이해 방식이나 풀이 방식을 요구하는 것이 아니다. 따라서 협력학습을 이해하기 위해서는 교수자 중심에서 학습자 중심으로 옮겨 간 최근의 교육적 관점을 반드시 이해하고 있어야 한다. 협력학습은 학습자 중심의 교육철학이 본격화되면서 활성화되었다.

　그러면 진보적 교육에 관한 듀이의 세 가지 관점('지식의 본질', '교수자의 역할', '학습의 맥락')을 협력학습의 입장에서 다시 서술해 보자.

　　지식의 본질 — 협력학습은 지식을 고정된 것으로 보지 않는다. 오히려 학생들이 서로 협의하여 자기의 입장에 맞는 지식을 구성하는 것으로 본다.

　　교수자의 역할 — 협력학습에서 교수자의 역할은 크게 중요하지 않다. 교수자는 모든 학습자가 적절하게 자기 지식을 구성할 수 있도록 도와주는 역할을 한다. 협력학습에서 교수자는 '안내자', '관리자', '매개자' 역할을 담당한다.

　　학습의 맥락 — 협력학습은 학습자들에게 과제의 맥락과 상황을 제시해 준다. 학습자들은 주어진 맥락 속에서 과제를 수행할 뿐만 아니라 이를 자신의 맥락과 관련짓는다. 따라서 협력학습에서 맥락은 과제에 의해서도 이루어지지만 개별 학습자들에 의해서도 이루어진다.

협력학습은 새로운 교실 혁명을 추구하는 진보적 교육에서 가장 중요한 학습 방법이다. 특히 학습자 중심의 패러다임 전환에서 가장 중요한 것이 바로 협력학습 방법이라 할 수 있다. 이제 지금까지 나온 학습자 중심의 관점에서 협력학습이 갖는 특징을 정리하면 다음과 같다.

① 협력학습은 학습자 중심의 수업을 구현한다.
② 협력학습은 지식이 개념이나 명제를 통해 전달되는 것이 아니라 학습자에 의해 구성된다는 사실을 보여 준다.
③ 협력학습은 지식이 상황과 맥락에 의해 구성된다는 입장을 보여 준다.
④ 협력학습은 학습자 중심의 수업에서 가장 효과적인 방식이다.

2장

collaborative writing

글쓰기 협력학습의 특성

비고츠키(Vygotsky)와 바흐친(Bakhtin)의 덕분인지 쓰기 행위가 사회적 속성, 대화적 속성을 가진다는 것은 이미 널리 알려져 있다. 글을 쓰는 행위는 사회적인 상호관계에 바탕을 두며 대화에 기반을 둔다. 또 많은 학자들은 쓰기 행위가 대화로 구현되는 타자와의 협력활동이라는 점도 언급하고 있다. 글을 쓰는 행위 속에는 다양한 사람의 협력활동이 전제되어 있다. 따라서 이 장에서는 글쓰기 협력학습의 대화적 성격과 소통적 성격을 살펴본다.

■ 글쓰기 협력학습은 학습자 중심의 수업이다

우선 앞장에서 언급한 대로 모든 협력학습은 학습자 중심의 수업이다. 글쓰기 협력학습 역시 이와 동일하다. 특히 글쓰기 협력학습의 특성은 협력학습의 성격에 의해서도 나타나지만 글쓰기라는 특수한 성격에 의해서도 나타난다. 모든 글쓰기는 지식 구성 행위와 관련이 있으며, 지식 형성 과정과 관련이 있기 때문이다. 글쓰기 협력학습이 학습자 중심의 수업이 될 수밖에 없는 것은 이처럼 글쓰기라는 학습 대상의 성격과 밀접한 관련이 있다. 글쓰기 교육에서 글을 쓰는 행위는 학습자의 행위 영역에 속하는 것이지 교수자의 행위 영역에 속하는 것은 아니다.

글쓰기에서 다루는 학습방법은 특정한 지식 내용을 습득하고 익히는 전통적 교수방법과 차이가 있다. 그것은 배워야 할 대상에서도 그렇고 배워야 하는 방법에서도 그렇다. 글쓰기 학습은 지식의 내용을 익히는 것이 아니라 지식을 만들어 가는 과정과 방법을 익힌다. 주제 지식이 많다고 해서 글을 잘 쓸 수 있는 것은 아니다. 또 주제에 관한 내용 지식을 배우는 것은 글쓰기 교육이라고 말할 수도 없다. 글쓰기 교육은 좋은 글을 쓰기 위한 일반적인 원리와 방법을 배우는 학습이지 특정한 주제에 관해 학습하는 교육은 아니기 때문이다. 일반적으로 글쓰기에서 필요한 지식은 명제적 지식보다 절차적 지식에 가깝다.

글쓰기 학습은 아이디어를 생성하며, 내용을 조직하고 텍스트를 산출하는 과정을 필요로 한다. 그러나 과정과 원리를 많이 안다고 해서 글이 잘 쓰이는 것은 아니다. 무엇보다 글을 잘 쓰기 위해서는 오랜 기간의 숙련이 필요하다. 많이 써 보고, 많이 교정을 받는 부단한 연습 과정이 필요하다. 따라서 이런 학습은 지식이 많다고 해서 성공할 수 있는 것이 아니며, 오히려 어떤 지식 습득보다 어떤 목표를 이루기 위한 효율적인 수행 능력을 습득하는 것이 더 낫다.

이렇게 보면 글쓰기 학습은 지식이 많은 사람이 지식을 전달하는 전통적인 전달식 수업과 분명한 차이가 있다고 할 수 있다. 만약 글쓰기를 지식 전달 수업 방식으로 진행한다고 하자. 교수자는 도대체 학습자에게 무엇을 전달해 주어야 할지, 그리고 어떻게 글 쓰는 지식을 가르쳐야 할지 알 수가 없다. 그래서 할 수 있는 일은 이미 만들어진 텍스트를 검토해 주는 일이다.

지금까지 글쓰기 교육은 대체로 이미 작성한 글을 가지고 평가해 주는 결과중심주의가 일반적이었다. 교수자가 쓰기 과제를 주면 학습자들은 과제를 수행하여 평가를 받는 것이다. 학습 지도는 대개 이런 평가 과정을 통해 이루어졌다. 주제가 독창적이지 않다든지, 구성이 산만하다든지, 문장에 비문이 많다든지 하는 지적이 바로 텍스트를 통해서 이루어지는 학습들이다. 따라서 전통적인 관점의 글쓰기 학습은 쓰기 과정이 아니라 쓰기 결과물을 평가하는 학습이다. 이는 올바른 글쓰기 학습이라 말할 수 없다.

글쓰기 학습은 그 성격상 학습자 중심의 수업이 될 수밖에 없는 다양한 특성을 가지고 있다. 만약 글쓰기 학습을 교수자 중심으로 한다면, 기대하는 학습의 효과를 얻을 수 없을 것이다. 글쓰기 수업에서 교수자의 역할은 다른 수업과 분명히 다르다. 글쓰기 수업에서 글쓰기 교수자는 학습자 스스로가 효율적으로 자기 지식을 구성할 수 있도록 안내자의 역할을 담당한다. 글을 써야 하는 주체는 학습자이다. 교수자는 학습자가 자신의 목표를 수행하도록 도와주는 역할을 담당한다.

글쓰기 협력학습은 학습자 여러 명이 서로 토의하고 협상하여 의견을 결정한다는 점에서 전형적인 학습자 중심 수업이다. 글을 쓰기 위해 무슨 주제를 내세워야 할지, 어떤 아이디어를 택해야 할지, 어떤 구성을 취해야 할지를 결정하는 것은 협력학습을 수행하는 학습자들의 몫이다. 따라서 글쓰기 협력학습은 학습자 스스로 대화와 협상을 통해 자기 지식을 구성하도록 요구하는 방법을 취하고 있다.

글쓰기 협력학습은 글쓰기의 대화성과 맥락성을 가장 잘 구현한다 ■

글쓰기 협력학습의 다음 특성으로 대화적 속성과 맥락적 속성을 들 수 있다. 글의 대화적 속성과 맥락적 속성은 서로 연결되어 있기 때문에 함께 설명하는 것이 필요하다. 대화는 일반적으로 일정한 상황과 맥락을 전제로 한다. 일정한 상황과 맥락이 없으면 대화는 소통적 가치와 실용적 가치를 얻을 수 없다. 구어체가 문어체보다 훨씬 풍요로운 것은 바로 그런 상황성과 맥락성의 뒷받침 덕분이다. 언어의 대화적 속성은 언어의 맥락성과 서로 결합되어 있다.

언어 현상을 대화적 속성으로 규정한 것은 비고츠키와 바흐친이다. 비고츠키는 인간의 정신을 사회적 대화의 내면화로 규정했고, 바흐친은 다양한 상황적 맥락에서 발생하는 다성성의 언어를 주장했다. 두 사람은 공히 언어의 핵심을 일회적인 맥락에서 구현되는 대화성으로 보았다. 또 글쓰기를 이런 대화성이 집약적으로 구현된 경우로 파악했다. 글쓰기 협력학습의 대화적 속성 역시 이런 언어의 대화성에서 유래한다.

담론 분석과 관련하여 바흐친의 특성은 랑그(langue)와 같은 추상적, 공시적 언어를 중시하지 않고, 파롤(parole)과 같은 일상적 언어, 맥락적 언어를 중시했다는 점이다. 바흐친은 랑그와 같은 추상적 언어체계보다 오히려 파롤처럼 일회적이며 창조적이고 구체적인 언어 속에 담론의 생명이 담겨 있다고 보았다. 담론의 현실성과 생명성은 단 한 번 특정한 순간의 맥락에서 얻어진다.

이처럼 바흐친이 담론을 보는 관점은 매우 구체적이면서 상황적이다. 바흐친은 담론이란 항상 생활의 충만함으로, 또 이데올로기에서 추출된 내용과 의미로 가득 차 있는 것으로 보고 있다. 바흐친이 생각하는 담론은 이전에 존재했던 것, 주어진 것, 이미 준비된 어떤 것을 단순히 반영하거나 복사하는 것이 아니며, 이전에는 결코 존재하지 않았던 것, 새롭고 반복 불가능한 것, 게다가 특정한 맥락 속에서 다양한 가치들과 늘 관계를 맺고 있는 구체적인 것이다. 언어적 담론은 재생이 불가능한 맥락적 상황 속에서 다양한 대화로 구성되는 그런 창조적 산물과 같은 것이다(Bakhtin & Volosinov, 송기한 역, 1990: 79~86쪽. Todorov, 최현무 역, 1988: 78~81쪽).

글쓰기는 이런 바흐친의 담론 특성을 그대로 지니고 있다. 글쓰기는 독특한 상황과 맥락을 지니고 있으며 작가와 독자의 상호소통적 성격을 바탕으로 한다. 글쓰기의 담론적 특성은 쓰기 자체의 본질이 대화성에 있음을 보여주고 있다. 글을 쓴다는 것은 특정한 주제 속에서 끊임없이 독자와 나누어야 하는 대화이기 때문이다.

글쓰기 협력학습의 경우도 마찬가지이다. 특별히 글쓰기 협력학습은 개인적 글쓰기의 내면적 발화보다 더 많은 대화를 수행한다. 글쓰기 협력학습은 시작부터 끝까지 동료와 대화와 협상을 나누어야 하며, 결과를 얻기까지 이런 방법은 지속된다. 대화성과 맥락성이 글쓰기 협동학습의 주된 학습 상황이 된다.

데일(Dale, 1997)은 글쓰기 협력학습의 효과를 학습자 중심의 대화성에서 찾고 있다. 데일은 학습자들이 협력활동을 통해 과제에 대한 이해와 아이디어 생성에서 높은 추론 과정을 경험할 수 있다고 한다. 대화와 협상의 과정을 통해 상대방의 생각을 알 수 있고, 이를 통해 나의 생각을 고쳐서 발전할 수가 있다. 특히 협력학습의 대화나 협상은 교수자의 입장이 아니라 동료의 입장에서 전개되기 때문에 동일한 문화 생산적 맥락을 유지할 수 있는 장점이 있다. 동료의 생각은 담화 층위에 따라 굴절되거나 왜곡됨이 없이 동일한 맥락을 가지고 글쓰는 주체에게 전달된다. 동료와의 상호작용은 학습자의 시선으로 글쓰기의 대화성을 높이고 맥락성을 구체화하는 데 도움이 된다.

이 밖에 데일이 협력학습의 또 다른 효과로 거론한 것이 바로 초인지 활동이다. 협력학습은 동료와 협의하여 과제를 진행하기 때문에 자기 점검 영역이 공개되고 협상의 대상이 된다. 내가 맡은 과제의 부분에 무슨 문제가 있으며, 이를 언제까지 수행해야 할 것인지를 협의하고 협상해야 한다. 따라서 협력학습에서 초인지 활동은 개인의 주관적인 영역에 귀속되지 않고 모둠의 공동 수행 능력으로 간주된다. 데일은 글쓰기 협력학습에서 쓰기 과정의 순환성이 잘 일어나는 것도 바로 이런 초인지 활동의 특성 덕분으로 보고 있다(Dale, 1997: pp. 5~8).

글쓰기 협력학습의 대화성과 협력성에 대해 주목한 또 다른 사람은 브루피(Bruffee, 1984)이다. 브루피는 글쓰기의 뿌리를 사회적인 대화 속에 두고 있다. 그는 사회적인 대화가 쓰기 양식 속에 구현된 것을 글쓰기로 보고 있다. 비고츠키처럼 인간의 정신을 외부세계의 대화가 내면화되어 만들어진 것으로 보고 있으며, 글쓰기를 내면화된 대화가 다시 문자로 재생되어 외부세계로 표출된 것으로 본다. 글쓰기는 사회적 대화가 인간의 정신 속에 내면화되었다가 외부로 표상되는 사회적 인지 과정이다.

브루피는 글쓰기 교육에서 대화를 중시한다. 브루피가 생각하는 가장 좋은 글쓰기 교육 방법은 가능한 많은 대화 상황을 만드는 것이다. 대화가 바로 사고와 이어지고 표현과 연결된다고 보고 있다. 그래서 그는 학습자들이 서로 많은 대화를 나누며, 서로 협동하기를 권유하고 있다. 대화를 잘 나누는 것이 곧 글을 잘 작성하는 법을 결정하게 된다는 것이다. 그 때문인지 브루피는 글쓰기 협력학습(Collaborative writing)을 글쓰기 교육방법의 중심에 놓고 있다(Bruffee, 1984: p. 642).

■ **글쓰기 협력학습은 상호텍스트성을 가장 잘 반영한다**

다음으로 글쓰기 협력학습의 성격으로는 상호텍스트성이 있다. 글쓰기의 상호텍스트성은 글쓰기의 대화적 속성과 밀접한 관련이 있다. 글쓰기 속에는 이미 많은 타자의 목소리가 들어가 있으며, 이런 타자의 목소리는 글의 주제적 담론을 간섭하기도 하고, 방해하기도 하며, 때로는 지연시키기도 한다. 하나의 텍스트가 완성되는 과정은 이런 수많은 텍스트가 선택되고 배제되는 과정이며 텍스트의 주변과 중심이 결정되는 과정이다. 따라서 글쓰기는 선천적으로 다중 텍스트의 성격을 내포하고 있다고 볼 수 있다.

협력학습은 글쓰기의 다중 텍스트라는 본질을 외적 대화의 형식으로 발현한다. 외적 대화는 주제 담론을 간섭하고 배제하며 지연시키는 다양한 목소리가 토의와 협상의 방식으로 표상되는 현상을 말한다. 비고츠키식으로 말하면 사회적 대화가 내면화한 정신적 과정을 외적으로 재현하는 것이며 글쓰기의 대화적 본성이 외적으로 발현되는 것이다. 따라서 글쓰기 협력학습은 텍스트 내부의 상호텍스트성과 텍스트 외부의 상호텍스트성을 동시에 수행하는 특성을 지니고 있다. 글쓰기 협력학습은 글쓰기의 다중 텍스트성과 사회적 관계의 다중 텍스트성을 동시에 실현하는 것이다.

글쓰기에서 텍스트의 혼용성에 대해서는 스피비(Spivey, 1997)의 글에서 잘 드러난다. 스피비는 한 편의 텍스트에서 진정한 주체, 진정한 텍스트의 생산자가 누구인가를 분석하면서 텍스트의 복잡한 상호관계에 대해 설명하고 있다. 스피비가 볼 때 한 텍스트의 생산 주체를 설정하기는 굉장히 어렵다. 왜냐하면 완성된 글의 텍스트에는 주체를 알 수 없는 수많은 텍스트가 결부되어 다중적 문화 공동체를 형성하기 때문이다. 스피비는 생각의 발생지, 근원지를 탐색하면서 텍스트의 주인을 찾는 작업을 수행한다(Spivey, 신헌재 외 역, 2005: 204~241쪽).

먼저 스피비는 텍스트의 주체로 개인적 행위자를 꼽을 수 있다고 말한다. 전통적인 관점에서 본다면 쓰기 행위는 한 특정한 개인이 자신의 생각과 견해에 따라 문자 기호를 사용하여 의미를 생산하는 활동이다. 특정 작가는 텍스트를 통해 자신의 생각과 견해를 드러내는 것이므로 텍스트를 작가 자신의 생산물과 소유로 규정할 수가 있다. 근대적 관점에서 해석하면 글에 대한 소유권과 권위를 모두 작가 개인의 자산으로 인정하는 것이다. 그러나 과연 이런 견해는 정당하다고 볼 수 있을까? 과연 한 텍스트에서 나온 생각과 견해가 모두 온전히 한 개인의 소유라고 말할 수 있을까? 전통적 관점으로 보면 그렇지만, 생각과 사고가 형성되는 근원을 살펴보면 꼭 그렇지만도 않다.

한 개인의 생각과 사고는 발생의 기원과 역사의 근원을 가진다. 어떤 것이든 어떤 생각에는 발생의 기원적 사고가 존재한다. 우리가 읽는 수많은 텍스트에는 우리가 의식하지 못한 수많은 기원의 역사를 가지고 있다. 해 아래 새것이 없듯이 우리는 이런 수많은 텍스트를 통해 생각과 사고를 정리하고 생산한다. 그래서 다양한 텍스트의 중첩 과정과 혼용 과정은 텍스트의 기본적 구성 과정이 된다. 이렇게 보면 애당초 온전한 나의 생각이란 존재할 수가 없다.

개인이 텍스트의 주인이 될 수 없다는 생각은 사회구성주의자들의 언어와 기호에 관한 생각에서도 나타난다. 거겐(Gergen, 1995)이 말했지만 언어란 사회적 상호관계를 통해 발생하는 협상의 산물이다. 언어는 사회적 협상과 합의의 틀 안에서 기능할 뿐 아니라 그 의미는 특정한 문화적 공동체의 이념 속에 귀속된다. 따라서 한 개인의 창작 행위는 우리가 의식하든 못하든 특정 사회가 만들어 놓은 담화 양식, 문화 양식, 사고 양식의 규범에 의존한다. 글쓰기의 저작물을 순전히 개인의 정신적 발현물이라고 단정하기 어려운 이유이다.

다음으로 텍스트의 주체를 특정한 모둠이나 공동체로 꼽을 수 있다. 모둠으로 공동 문서를 작성하거나 보고서를 올리는 경우가 이에 해당한다. 예컨대 기업에서 모둠별 프로젝트로 연구보고서를 올리거나 대학에서 협력학습, 협동학습으로 공동보고서를 만드는 경우는 텍스트의 소유를 모둠이나 공동체로 규정할 수 있다.

텍스트 주체를 모둠이나 공동체로 잡을 때 고려해 보아야 할 요소로 담화 공동체 개념이 있다. 담화 공동체란 특정한 신념과 가치, 표현방식을 공유하는 추상적인 공동체를 의미한다. 예컨대 하나의 텍스트가 의미 기능을 발휘하기 위해서는 그것의 이념과 가치를 공유하는 특정한 공동체의 동의가 있어야 하는데 그런 공동체를 담화 공동체라고 한다.

일반적으로 텍스트의 가치 평가는 그것을 문화적으로나 학술적으로 공유할 수 있도록 의미를 부여하는 공동체에 의해 이루어진다. 그래서 많은 경우 우리는 담화 공동체의 특정 양식과 특정 의식을 따르고 모방하며, 또 텍스트의 많은 요소를 담화 공동체로부터 검증받은 타인의 텍스트로 채운다. 우리가 특정 담화 공동체의 이념과 형식을 벗어나서 어떤 텍스트를 만든다는 것은 불가능해 보인다. 따라서 담화 공동체 개념은 어떤 텍스트의 주체가 특정한 개인이 될 수 없으며 모둠이나 공동체로 보아야 한다는 사실을 보여 준다.

담화 공동체와 관련하여 특정한 담화 공동체의 관습을 익혀야 한다는 주장이 많다. 비첼(Bizzell, 1992)의 연구조사에 의하면 대학교 신입생들이 대학에 들어와 가장 크게 고통을 느끼는 것은 바로 학술적 공동체의 담화에 익숙하지 못한 점이라고 한다. 때로 몇몇 학자들은 학습자들이 굳이 힘들게 대학에서 사용하는 담화 유형을 배울 필요가 없다고 말하지만 비첼은 그런 주장에 반대한다. 비첼이 보기에 특정한 담화 유형은 전달 매체 기능뿐만 아니라 학술적 세계관으로 사유하는 기능을 함께 가지고 있다. 많은 대학 신입생들은 이전의 담화 관습에 비해 이질적인 학술 공동체의 담화 관습을 받아들이기 어려워하고 힘들어한다. 그러나 비첼은 학습자들이 반드시 대학의 담화 관습을 배워야 한다고 말하고 있다(Bizzell, 1992: pp. 164~173).

비첼의 이런 예는 결국 대학에서 생산하는 모든 텍스트가 담화 공동체에 귀속되어 있다는 사실을 보여 준다. 또 개별 텍스트의 주체를 파악하기가 쉽지 않다는 사실도 함께 보여 준다. 대학에서 생산하는 텍스트는 개별 학습자들이 작가가 되기도 하면서 전공 영역의 공동체가 작가가 되기도 하고, 또 나아가 대학 학술 공동체가 작가가 되기도 한다.

텍스트 주체는 이처럼 복잡하고 다양한 상호관계 속에 놓여 있다. 결국 스피비는 글쓰기의 주체를 무엇 하나로 규정할 수가 없다는 것이다. 글쓰기의 주체를 특정한 대상으로 규정하는 순간 글쓰기의 상호텍스트성은 사라진다. 그것은 글쓰기의 강력한 특성을 부정하는 행위가 되고, 글쓰기의 본질을 훼손하는 행위가 된다.

텍스트 주체의 복잡성은 글을 쓰는 작가의 문제뿐만 아니라 쓰기의 다양한 기능에도 영향을 미친다. 예컨대 앞서 말한 상호텍스트성의 관점은 글쓰기에 있어 작가와 독자, 읽기와 쓰기의 구분이 더 이상 불가능하다는 사실을 보여 준다. 글을 쓸 때 모든 작가들은 독자들의 반응을 예상할 뿐만 아니라 독자들이 구성할 잠재적인 의미까지도 예측한다. 스피비가 누차 이야기하고 있다시피 모든 텍스트에는 독자의 반응이 반영되어 있다(Spivey, 신헌재 외 역, 2005: 218쪽).

이제 글쓰기 협력학습의 특성에 대한 논의를 간략히 정리해 보자. 우선 글쓰기 협력학습은 글쓰기라는 행위 자체의 속성인 대화성, 상호텍스트성, 맥락성을 잘 반영해 주는 수업 방식이다. 브루피의 표현대로 글쓰기가 내면화된 대화를 외부로 표출하는 행위라면 협력학습은 대화를 중층적으로 엮어 다성의 목소리로 구현하는 양식이다. 협력학습은 동료와 대화, 협상, 합의의 과정을 통해 다양한 목소리를 충돌, 연쇄, 혼용시키기 때문이다.

이와 함께 글쓰기 협력학습은 쓰기 행위의 상호텍스트성을 가장 잘 구현한다. 협동학습은 동료 활동을 통해 다양한 동료의 텍스트를 자신의 글 속에 반영할 뿐만 아니라 다른 사람의 텍스트에도 영향을 준다. 협력학습의 공간 속에서 텍스트의 상호 충돌과 호환 작용이 일어나는 것이다. 협력 활동을 통해 산출된 텍스트는 공동체 내의 다양한 텍스트가 중층적으로 얽혀 있는 다중 텍스트의 산물이다.

마지막으로 글쓰기 협력학습은 글쓰기 행위를 특정한 맥락과 상황 속의 과정으로 만들어 준다. 글쓰기 협력학습은 동료로부터 특정한 맥락과 상황에 대한 도움을 얻을 수 있으며, 또 그런 상황과 맥락을 동료들과 함께 직접 만들어 가기도 한다. 뿐만 아니라 협력학습은 특정 과제의 상황과 맥락의 빈틈과 간극을 메워 주고 복원해 주기도 한다. 동료와의 경험은 개인의 인지 범위를 두세 배로 확장하는 효과를 가진다.

위에서 제시된 내용을 정리하여 글쓰기 협력학습이 지니고 있는 특성을 열거하면 다음과 같다.

① 글쓰기 협력학습은 학습자 중심 수업이다.
② 글쓰기 협력학습은 글쓰기의 대화적 속성을 잘 구현한다.
③ 글쓰기 협력학습은 쓰기 학습을 맥락과 상황 속에서 구현하도록 돕는다.
④ 글쓰기 협력학습은 동료 활동을 통해 상호텍스트성을 반영한다.

3장

글쓰기 협력학습의 필요성

 글쓰기 협력학습의 필요성은 두 가지 관점에서 생각해 볼 수 있다. 하나는 학습 내용적인 측면이며 다른 하나는 학습 환경적인 측면이다. 이 두 가지 측면은 모두 교실 환경을 교수자 중심에서 학습자 중심으로 바꾸어 학생들에게 더욱 능동적이고 창의적인 학습 기회를 주고자 하는 목적과 연관이 있다.

학습 내용적인 측면에서 쓰기 활동은 동료지도와 같은 공동의 도움을 통해 학습 성과를 높이는 효과가 있다. 쓰기 환경적인 측면에서는 면대면 교육이 불가능한 현실에서 면대면 상호활동의 효과를 살릴 수가 있다. 글쓰기 협력학습은 글쓰기 교육을 교수자 중심에서 학습자 중심으로 혁신해 가는 데 중심적인 역할을 할 수 있다.

이제 협력학습이 글쓰기 교육 현장에 필요한 이유를 학습 내용적인 측면부터 검토해 보자. 우선 협력학습은 글쓰기 교육방법이 체계화되고 다양화되지 않은 상태에서 비교적 쉽게 숙련된 학습방법을 제공해 준다. 중등학교에서 글쓰기 교육을 실시한 지 오래되었지만 과학적인 글쓰기 교육 방법이 도입된 것은 얼마 되지 않았다. 대학에서는 이제 글쓰기 교육을 새롭게 시작하고 있다. 가장 중요한 문제는 중등 과정이든 대학 과정이든 교육 현장에서 이루어지는 글쓰기 교육의 많은 경우가 아직 형식주의적 관점을 벗어나지 못하고 있는 점이다.

글쓰기 협력학습은 비교적 간단한 모델이라도 형식주의 학습 방법을 탈피하는 데 도움을 줄 수 있다. 예컨대 글의 형식과 구조, 규범적인 담화 양식, 맞춤법과 띄어쓰기 같은 언어규범 학습에도 협력학습의 모형을 사용하면 주입식 교육 형태를 탈피할 수 있을 뿐만 아니라 문답식, 토의식의 장점을 얻을 수 있다. 또한 학습의 맥락성과 상황성을 높일 수가 있다. 텍스트 중심의 수업을 하더라도 협력학습을 통해 다양한 방법으로 학습자 중심의 특성을 살리는 것이 가능하다.

최근에 등장한 과정 중심의 교육방법은 결과 중심의 학습방법과 텍스트 중심의 학습방법을 극복하고자 제시되었다. 과정 중심 방법은 쓰기 과정을 체계적으로 분류하고 이에 대한 학습 방법을 세운다. 쓰기 과정을 '계획하기', '집필하기', '검토하기'로 나누고 이런 단계 아래 구체적인 학습 전략을 두어, 이를 학습의 대상으로 삼고 있다.

이처럼 글쓰기 과정 학습을 시행하기 위해서는 다양한 학습 전략에 대한 개발이 필요하다. 과정 중심 학습은 쓰기 과정을 학습함으로써 쓰기 능력을 향상시키고자 하는 것이기 때문에 쓰기 단계를 어떻게 나눌 것인지, 어떤 학습 전략을 사용할 것인지에 대한 연구가 있어야 효과적인 학습을 할 수 있다. 수업에 들어가기 전에 학습 진행 과정, 학습의 절차적 순서,

평가 방식 등을 쓰기 과정 입장에서 면밀히 검토하는 것이 필요하다.

그러나 아직까지 한국의 글쓰기 교육에서는 쓰기 과정 학습에 대한 연구가 많이 진척되어 있지 않다. 최근 초등교육에서 과정 중심에 관한 연구가 활발하게 전개되고 있지만 중등교육이나 대학교육은 이에 대한 연구가 이루어지지 않고 있다. 특히 대학에서 글쓰기 교육은 늘어나고 있지만 정작 중요한 글쓰기 교육 방법에 대한 연구는 드문 실정이다.

글쓰기 협력학습은 쓰기 교육 과정을 학습 전략과 교수방법적인 측면에서 다양하게 모색해 볼 수 있는 효과를 가지고 있다. 예를 들면 글쓰기 협력과정에서는 쓰기 과정 전반에 걸쳐 협력 모형을 만들 수 있다. 처음 글을 쓰기 위한 아이디어를 모으는 단계에서부터 완성된 글을 교정하는 단계에까지 협력학습 모델을 사용하는 것이 가능하다. 물론 교정만을 위한 동료 협력 활동도 흔히 있지만 그것만으로 글쓰기 협력학습을 충족했다고 말하기에는 부족하다. 글쓰기 협력학습의 장점은 계획 단계에서부터 동료 협력을 받는 것이 가능하며 또 효과가 있다는 점이다. 특히 쓰기 과정학습에서는 계획하기 단계를 중시하므로 이 단계부터 동료 협력을 받도록 설계할 수가 있다. 협력학습 모델은 필요에 따라 많은 유형이 가능하며 학습 효과 면에서도 좋은 평가를 받을 가능성이 풍부하다.

다음으로 학습 환경적인 면에서 글쓰기 교육에 협력학습이 필요한 이유를 살펴보자. 글쓰기 교육을 위한 환경으로는 교수자 환경, 학습 자원, 학습자 환경을 들 수 있다. 글쓰기 교육에서 글쓰기 교육을 위한 국내의 교수자 환경은 그렇게 좋은 편은 못 된다. 글쓰기 전공자가 드물며 이를 양성할 기관도 흔치 않다. 외국의 경우 글쓰기 센터(Writing Center)와 같은 기관에서 글쓰기 전공자 양성은 물론, 타전공 교수자들에게 글쓰기 교수방법을 학습하도록 기회를 제공하고 있다.

　범교과 글쓰기(Writing across the Curriculum)가 일반화되어 있기 때문에 다른 전공자들도 쓰기 교육을 쉽게 배워 자신의 전공 교육에 응용할 수가 있다. 글쓰기 교육이 그만큼 모든 교과 학습의 중심에 있으며 필요성도 인정받고 있는 것이다. 글쓰기 협력학습에 대한 연구자인 스펙(Speck, 2002)은 글쓰기를 가르치는 것은 모두 교수자들의 책임이라고 말했다. 또한 글쓰기를 가르치는 일은 모든 사람의 일이 되어야 하며, 말하기와 같이 글쓰기도 모든 연구 분야에 적용된다고 말하고 있다(Speck, 2002: p. 7)

　글쓰기 협력학습은 손쉽게 교수자에게 효과적인 학습방법을 제공해준다. 동료 협력을 통해 교육의 효과를 살리는 것이기 때문에 대화적 환경과 상호 협력적 환경을 조성하면 생각보다 많은 효과를 거둘 수가 있다. 또 협력학습의 모형은 많은 전공에서 사용하는 방법이기 때문에 교수자 전략을 개발하기도 편하다. 협력학습의 방법과 쓰기 교육의 기본적 특성만 알면 초보 글쓰기 교육자에게 글쓰기 협력학습은 유용한 교수방법이 될 수 있다.

　이 밖에 글쓰기 협력학습이 필요한 이유는 우리 글쓰기 교육의 학습자 환경과 밀접하게 관련되어 있다. 국내 중등학교나 대학에서 많은 경우 글쓰기 학습의 인원은 30~40명을 초과한다. 대학의 경우 이보다 훨씬 많은 인원을 두고 글쓰기 교육을 실시하는 곳도 많다. 뿐만 아니라 교수자와 학습자, 학습자와 학습자가 서로 접촉하여 면대면 교육을 할 수 있는 공간조차도 없다. 더 심한 것은 변변한 기자재 하나 없이 설명식 강의로 글쓰기 교육을 대신하는 경우도 많다. 미국 대학의 경우 대체로 글쓰기 수업의 정원은 10명 남짓이다. 소수 정원으로 다양한 학습 자원을 동원해 다양한 프로그램을 사용하는 것이 미국 글쓰기 교육의 현실이다.

우리의 경우 글쓰기 교육이 열악한 교실 환경과 전공 교수자의 부족, 교육행정가의 인식 부족이 맞물려 형식적으로 실시되는 경우가 많다. 실제 글쓰기 교육에 대해 관심이 있다고 하더라도 학습자 중심의 수업을 할 수 없는 것이 이런 학습 환경과 밀접하게 관련되어 있다. 많은 경우 소규모 조별 수업과 같은 협력학습을 통해 이런 열악한 환경을 이겨 내기 위해 노력하고 있다. 지금 많은 중등학교와 대학교에서 글쓰기 교육에 협력학습 모형을 사용하고 있다. 그러나 여기서 사용하는 협력학습은 교육 목적에 따라 세밀하게 설계된 것이 아니며 수업 환경에 따라 필요에 의해 어쩔 수 없이 적용된 것이 많다. 따라서 이런 방법이 좀더 효과적으로 되기 위해서는 교수자 역시 협력학습의 성격과 방법에 대해 배우려고 노력하는 자세가 필요하다. 또 글쓰기 연구자들은 다양한 협력학습에 대한 모형을 개발하여 여러 교수자들에게 제공할 수 있어야 한다.

1990년대 미국에서도 늘어나는 학생 수 때문에 대형 강의가 급격하게 증가하고, 소모둠과 개별 지도가 급격히 줄어들어 교육의 질이 떨어진 시기가 있었다. 특히 교수와 학생 간의 낮은 접촉 빈도가 학습의 수준을 떨어뜨리는 결정적 원인이 되었다. 이와 같은 상황에서 수업의 질적 수준을 올리고자 하는 요구가 있었는데 그 방법으로 관심을 끈 것이 동료지도(peer tutoring)와 같은 협력학습 모델이다(Topping, 1996: p. 321). 협력학습은 그 자체적으로도 우수하지만 학습 환경이 좋지 않을 때 더 우수한 기능을 발휘한다. 협력학습은 학습 환경이 좋지 않을 때 취할 수 있는 가장 나은 대안이 되기 때문이다. 그래서 글쓰기 협력학습은 글쓰기 교육에서 가장 효과가 있는 교육방법이라 할 수 있다.

구성주의와 협력학습

1장

인지구성주의와 사회구성주의

[1] 구성주의 관점

　교육학의 구성주의 관점은 글쓰기 협력학습에 많은 영향을 끼쳤다. 특히 구성주의의 교육철학적 측면은 협력학습의 방법과 실제에 중요한 영향을 끼쳤고, 또 협력학습을 주목하게 된 동기가 되었다. 구성주의는 학습자의 주체적인 지식 생산을 강조하고 있으며, 또 학습자의 능동적 상호작용을 중시하기 때문이다.

　구성주의는 이미 진리로 규정된 지식을 교수자가 학습자에게 전달한다는 전통적 교육관으로부터 벗어나 학습자가 스스로 그런 지식을 구성하고 생산한다는 입장을 취하고 있다. 지식 구성의 주체가 외부 세계로부터 학습자 내부 세계로 옮겨온 것이다. 이런 관점이 교수자 중심에서 학습자 중심으로 교육의 방향을 바꾸어 놓았으며, 수동적 교육 환경을 능동적 교육 환경으로 바꾸어 놓았다. 구성주의에서 소규모 협력학습, 발견 중심 탐구

학습, 문제 중심 학습, 학습자 주도적 학습 등을 강조하는 것도 이런 능동적인 교육 철학과 관련이 있다. 글쓰기 협력학습은 구성주의가 중시하는 학습자의 능동성과 상호작용에 크게 힘입고 있다.

구성주의란 무엇일까? 구성주의에 대해서는 여러 관점에서 정의가 가능하다. 인식론적 입장에서, 또 교육학적 입장에서 정의를 내릴 수 있다. 인식론적인 입장에서 구성주의는 절대적 진리에 대해 거부하고 개인의 주관을 통해 진리가 구성된다는 철학적 입장을 말하며, 교육학적 입장에서는 강요된 학습을 배격하고 학습자의 주체적인 인지 과정을 중시하는 교육적 입장을 말한다.

마누스(Manus)는 구성주의를, 학습하는 방법과 태도에 관한 이론이라고 말했다. 사람들은 사회적 환경과의 상호작용을 통해 자신의 환경에 맞는 자기만의 의미를 구성하게 되는데 이때 중요한 것이 학습 방법과 태도이다. 예컨대 수동적인 학습자는 학습을 통해 얻게 될 '무엇'을 중시한다. 반면에 적극적인 학습자는 '무엇'보다 '왜'를 중시하며, 비판적으로 사고하고 추론한다고 한다(Brown, B. L., 1998: pp. 12~13). 학습을 성공적으로 이끌기 위해서는 무엇보다 인지 주체의 능동성과 창의성이 요구된다. 적극적인 학습태도와 창의적인 구성행위만이 새로운 지식을 이끌어 낼 수가 있다. 이처럼 구성주의를 학습 태도와 학습 방법에 관한 것으로 규정하게 되면 학습자 중심의 다양한 교수-학습 방법이 나오게 된다.

반면에 토빈과 티핀스(Tobin & Tippins)는 구성주의를 교수-학습 방식으로 축소하는 경향이 있다고 비판하면서, 구성주의를 교육문제 전반에 대한 '시각적 성찰 도구'로 보고자 한다. 글라서스펠트(Glasersfeld)도 지식

(인식)과 실재, 지식 습득 및 형성 과정에 중점을 두어 구성주의를 인식론적 문제로 취급했다(강인애 외, 2002: 1~2쪽).

그러나 교수-학습 방법의 관점에서 보든지, 인식론적 관점에서 보든지, 두 관점은 결과적으로 같은 논의의 연장에 있는 것만은 분명하다. 구성주의를 교수-학습 방법에서 보더라도 인식론적 배경이 필요하며, 또 인식론적 관점에서 보더라도 교수-학습의 방법이 요구된다. 따라서 구성주의를 살펴볼 때 이 두 관점을 함께 검토하는 것은 반드시 필요하다. 철학적 기반 없이 참다운 교수-학습의 방법은 불가능하다.

이런 점에서 보면 카넬라와 라이프(Cannella & Reiff)의 규정이 나름대로 설득력을 가진다. 이들은 구성주의를 의미 생산과 학습방법에 관한 인식론으로 정의하고 있다. 이들은 구성주의가 지식의 본질에 대해서도 설명해 주며, 또 그 지식을 어떻게 학습해야 하는가에 대해서도 설명을 해줄 수 있다고 본다. 개인은 자신이 알고 있고 믿고 있는 것과의 상호작용을 통해서 지식을 구성하며, 상황 속에 참여함으로써 그 지식을 학습하게 된다는 것이다(ERIC Development Team, 1998: p. 2).

따라서 이런 관점을 종합해 보면 구성주의는 지식 형성과 인식 방법에 대한 새로운 통찰을 담고 있으면서 교육에 대해 새로운 접근을 요구하는 최근의 교육적 관점임을 알 수 있다. 또 구성주의를 온전히 이해하기 위해 구성주의가 추구하고 있는 인식론적 관점과 교육적 관점을 함께 살펴보아야 한다는 사실도 알 수가 있다.

(2) 구성주의 인식론적인 원리

인식론적 입장에서 구성주의를 정의할 때 고려해 보아야 할 문제는 우리가 인지하는 '현실', 혹은 '실재'가 무엇인가라는 점과 우리가 이런 현실을 어떤 방식으로 인식하는가라는 점이다. 구성주의 관점은 이전과 다르게 우리의 현실 인식 방법부터 문제를 삼고 있다. 구성주의 입장에서는 인간의 의식 너머에 있는 존재나 진리의 본질에 대해서 일단 알 수 없는 사실로 규정한다. 인간은 자신과 동떨어져 존재하는 객관적인 실체를 인지할 수도 없을 뿐 아니라 그것을 있는 그대로 인식할 방법도 없기 때문이다. 따라서 인간이 인지하는 '현실'이나 '진리', '실제'는 외적 현상과 그대로 일치하는 것이 아니며 우리의 주관적 방식에 따라 구성된 것으로 본다.

이를 지식의 입장에서 다시 살펴보자. 구성주의에서는 지식이 실제 현실 세계를 그대로 모사하거나 재현해 놓은 것이라는 점에 반대한다. 오히려 지식은 일정한 인지 구조를 지닌 주체가 자기 나름의 방식으로, 또 자신의 경험에 따라 구성해 놓은 세계에 관한 '자기 방식의 인식'과 흡사하다. 구성주의 입장에서 보자면 지식은 '개인의 사회적 경험에 의거하여 구축되는 개별적인 인지 작용의 결과'(강인애, 2003: 63쪽)라 할 수 있다. 각 개인은 자신의 방식으로, 자신의 시각에서 구성해 놓은 '현실인식'을 가지고 있으며, 이런 '현실인식'에 의존하여 현상에 대한 '지식'을 구성하게 된다. 뿐만 아니라 개인의 지식은 개인의 인지 발달과 사회적 상호작용을 통해 끊임없이 새롭게 구성되거나 재조직된다. 따라서 개인의 입장에서뿐만 아니라 사회적 입장에서도 모두에게 통용되는 하나의 고정된 지식이란 있을 수 없으며, 존재할 수도 없다.

이렇게 보면 구성주의에서 규정하는 지식은 세계를 해석하는 단 하나만의 '진리'와는 거리가 있음을 알 수 있다. 지식은 어떤 현상에 관한 단일한 방식과 시각을 의미하는 것이 아니며, 상황과 맥락에 따른 여러 방식과 시각을 의미한다. 각 개인은 다른 사람과 마찬가지로 자기만의 시각을 가지고 있다. 또 여러 개인은 상호 접촉과 교류를 통해 시각을 교정하고 수정하면서 자기만의 지식과 현실을 구성하게 된다.

따라서 구성주의 입장에서, 어떤 현상에 대해 선입견 없이 공평한 판단한 지식이 존재한다는 것은 불가능해 보인다. 구성주의 시각으로 보면 '객관성'란 대단히 의심스러운 것이다. 그것은 어떤 사람의 가치나 추정이 매우 특별하고, 의심할 바 없는 힘을 가졌다는 전제하에 기능하는 장애물과 같다(Coleman et al., 1997: p. 271). 특정한 지식은 사람마다 지닌 특정한 관점과 시각에서 유래하는 것이기 때문에 그것이 모든 사람에게 통용될 지식이라고 보장할 수가 없다.

아울러 참다운 지식을 찾기 위해 논리적 방법으로 구축된 '과학적 방법(scientific method)'이란 개념도 불가능해 보인다. 구성주의에서는 독립 변수나 의존 변수, 잘 조정된 실험실, 만족할 만한 추론과 같은 전통적인 과학적 방법의 절차가 더 이상 '진리 발견(truth-finding)'의 절대적 도구로서 자격을 가질 수 없다고 본다. 왜냐하면 그 방법은 인위적으로 조작된 상황에 과학적 모델을 끼워 맞추는 것이 되기 때문이다. 이럴 경우 그 상황이 지닌 풍부하고 깊은, 진정한 본질은 없어진다. 오히려 어떤 해답을 유추해 내기 위한 인위적인 조작성이 더 두드러지게 나타나게 된다. 이처럼 구성주의에서는 전통적인 과학적 방법과 그 작동 과정에 의문을 제기한다. 과학 자체를 거부하는 것은 아니지만, 그것만이 진리를 만들어 내는 유일한 방법이라는 데 대해서는 부정적인 입장을 보이고 있다(Coleman et al., 1997: p. 271).

이를 종합하면 구성주의는 외적 현상에 일치하는 사실을 지식으로 받아들이던 전통적 인식론과 달리 인식 주체의 경험과 사고에 의해 적합하게 구성된 인지 내용을 지식으로 받아들이고 있다. 물론 이런 지식관은 자칫 잘못하면 상대주의나 독단주의로 빠질 염려가 있다. 구성주의에 대해 비판적인 학자들은 구성주의적 관점을 독단주의로 몰아붙이기도 한다. 그러나 구성주의가 인식 주체의 관점을 중시한다고 해서 반드시 인식론적 상대주의나 독단주의로 빠지는 것은 아니다.

구성주의에서는 개인의 주관적인 인지 활동 속에 사회의 경험과 상호작용이 들어 있음을 강조한다. 개인이 어떤 현상에 대해 인지 활동을 할 때 기초가 되는 것은 자신의 이전 경험과 사회적 상호작용, 문화적 배경 등이다. 개인은 어떤 문제에 대한 판단과 결정을 내릴 때 그것에 관한 일반적 관례, 사회적 통념, 타인의 관점 등을 고려한다. 그리고 모둠과 사회가 용납할 수 있는 합리적 기준을 찾아 그에 대한 지식을 구성하게 된다. 따라서 구성주의에서 말하는 지식은 상대적이거나 독단적인 것이 아니라 사회에서 용납되거나 인정받을 수 있는 합리적인 것을 기초로 한다. 만약 사회 구성원으로부터 인정받을 수 없는 내용을 지식으로 내세운다면 그것은 보편타당한 지식으로 인정받을 수 없게 된다. 그런 점에서 구성주의에서 말하는 지식은 개인적인 것이면서도 사회적으로 통용될 수 있는 것을 말한다. 이는 '모둠적 지식', 혹은 '확산된 인지'의 '개별적 구성'이라고 말할 수 있으며, '합의된 사회의 지식이 공유된 개인의 인지 구성'이라고 볼 수 있다(강인애 외, 2002: 5쪽).

인식론적 입장에서 본 구성주의의 기본적 특징은 사물에 대한 해석과 인식이 인간의 인지 외부에 있다는 입장을 부정하는 것이다. 아울러 우리가 세상을 보는 해석과 시각은 결국 인간의 인지 구조 속에서 형성된다는 관점이다. 이는 결국 고정된 지식이 존재해서 우리가 그것을 학습한다는 기본 가정을 부정하고 지식은 유동적이며, 인간 인지 내부에 구성되는 구조와 체계라는 점을 보여 준다. 다시 말해 우리가 아는 '실재' 혹은 '현실'은 '인식 주체(the cognitive subject) 또는 관찰자가 자신의 현실에서 경험적, 인지적 활동을 통하여 구성한 것'으로 규정할 수 있다. 따라서 구성주의에서는 '진리(truth)'라는 말을 잘 사용하지 않고 대신 '적합성, 생존성, 유용성'이라는 용어를 써, 우리의 행위와 사고가 그 문제에 대해 '적합한가, 유용한가, 잘 들어맞는가'에 오히려 더 관심을 두게 된다(강인애 외, 2002: 4~5쪽).

구성주의는 이런 인식론적 관점 때문에 학습자 중심의 수업을 강조한다. 지식을 전달하는 전통적 수업 방식을 탈피해 학습자 스스로 자신의 지식을 구성하는 능동적 수업을 주장한다. 그리고 이런 능동적 수업의 중심에 협력학습과 문제 해결 학습이 있다. 문제 해결 학습은 학습자들이 스스로 문제를 진단하고 해결책을 찾는 수업이다. 이런 수업 방식은 학습자 중심의 글쓰기 학습과 밀접하게 관련되어 있다. 또 협력학습은 학습자들 간의 상호활동을 통해 학습을 촉진하는 구성주의 교육철학에서 비롯되었다. 협력학습은 개인의 인지 구성이 어떻게 사회적 상호작용을 통해 형성되는지를 무엇보다 잘 보여 준다. 구성주의 관점은 지식을 '사회적 상호작용을 통한 개인의 인지 활동'으로 규정한 것으로 글쓰기 협력학습의 기본적 전제가 된다.

■ (3) 구성주의 교수-학습의 원리

구성주의 교수-학습의 원리를 알기 위해서는 전통적인 교수학습의 원리와 비교해 보아야 한다. 구성주의의 인식론적 관점은 이전의 전통적 관점과 많은 차이가 있다. 이런 차이는 교육의 방법과 원리에도 영향을 끼쳐 구성주의는 이전과 다른 교육의 방법과 원리를 추구한다. 협력학습도 이런 구성주의 학습의 원리에 기초를 두고 있음은 두말할 나위가 없다.

페덴(Feden)에 따르면 불과 50년 전만 하더라도 교수-학습은 다음과 같은 가정에 의해 지배를 받았다고 한다(Brown, B. L., 1998: p. 5).

- 학습은 단위 기술과 정보를 축적하는 과정이다.
- 교수자는 지식을 직접적으로 학습자에게 전달할 책임을 가지고 있다.
- 교수-학습은 기본적으로 교수자와 학습자의 상호행동에 초점을 두는 과정이다.

전통적 관점에서 보면 교수자는 지식의 정보를 전달하는 사람이고 학습자는 이런 정보를 수동적으로 받아들이는 사람이다. 전통적인 교실에서는 교수자가 강의를 하면 학습자들은 이를 받아 적거나 암기를 한다. 이런 방식은 세계에 대한 믿을 만한 지식이 존재하며 교수자는 이를 전달해 주어야 하고, 학습자들은 자신의 사고 과정 속에서 이를 반복해서 암기할 수 있어야 한다는 것을 말한다. 학습에서 강조하는 것도 주로 선언적인 지식이 많았다. 예컨대 어떤 주장이나, 개념, 그리고 명제에 관한 것이 대부분이었다(Brown, B. L., 1998: p. 5).

표1. 전통적 관점과 구성주의 관점의 인식론적 차이*

전통적 관점(Conventional view)	구성주의 관점(Constructivist view)
명제의 진리 여부는 자연세계에서 경험적으로 실험하여 결정할 수 있다.	명제의 진리는 그 문제에 대해 더욱 정교한 구성력을 가진 모둠의 판단에 승복함으로써 이루어진다.
존재하는 무엇이든 양으로 측정이 가능하다. 측정될 수 없으면 그것은 존재하는 것이 아니다.	구성은 측정될 수 없다. 만약 측정이 가능한 무엇이 있다면 그것은 구성에서 보조적 역할을 수행하게 된다.
'사실(fact)'은 이론에 의존하지 않는 자연 현상의 한 양상이다. 그것은 가치에 대해 독립적이다.	'사실(fact)'은 이론과 가치를 포함한다. 그러나 그것은 이론적 구조와 가치적 구조 안에서만 의미를 갖는다.
관찰할 수 있는 모든 사실과 행동은 원인을 가지고 있으며, 모든 원인은 결과를 가진다.	어떤 관찰된 행동은 서로 상호적으로, 또한 동시적으로 많은 수의 해결책을 가지고 있다. 그러나 특별한 목적을 위해 이런 해결책 중 하나 혹은 여러 개가 선택될 수 있다.
과학의 성공은 과학이 현상을 해석하고 통제할 수 있는 능력을 가지느냐에 따라 결정된다.	구성주의자들의 성공은 자신의 관점이 현상에 대해서 얼마나 이해력을 발휘하느냐에 달려 있다.
과학적 문제 해결 방식은 넓게 적용이 가능하다.	문제 해결은 지엽적이고, 임의적이며, 부분적인 성격을 지니는 재구성을 통해 고안된다.
변화는 외부의 힘에 의해 자극을 받아 일어나는 과정이다. 이것은 통제 가능하다.	변화는 외적 자극에 의해 일어나는 것도 아니며 직접 지시에 의해 일어나는 것도 아니다. 변화는 지속적인 진행 과정이다.

* Coleman et al., 1997: p. 271.

교수-학습 원리에 관한 전통적인 관점은 주로 행동주의로 대표되는 객관주의 관점이 지배했다. 객관주의 관점에서는 학습자가 추구해야 할 절대적인 진리가 존재하며, 그 진리는 규명될 수 있고 증명이 가능하며 학습이 가능하다고 보았다. 지식을 문제 해결을 위한 수단이나 사물을 이해하기 위한 수단으로 보지 않고 그 자체가 인식의 목적이 되는 것으로 본 것이다. 따라서 학습은 외부에 있는 실재의 진리를 학습자가 분명하게 인지하는 것을 목표로 삼았다.

객관주의(Objectivism) 관점에서는 학습의 결과가 사고나 행동의 외형적 변화로 나타난다. 또 그런 학습의 결과는 양적 측정도구를 통해 평가가 가능하다고 보았다. 학습자들의 변화를 숙지한 정보량에 의해 규정했으며, 이에 대한 평가도 학습자가 얼마나 실재의 지식을 많이 숙지하는가에 집중되었다. 또 학습 목표, 학습 수단, 학습 방법, 학습 평가 등도 명제적이고 규정적인 경우가 많았다. 학습자들의 인식과 사고를 변화시키기보다는 풍부하고 질 높은 정보를 전달하는 것이 목적이었기 때문에 학습 목표와 학습 방법도 엄격하고, 체계적이며 규칙적인 경우가 많았다. 따라서 객관주의 관점에서 교육의 목표는 학습자에게 효과적이고 효율적인 방법으로 지식을 알리거나 전달하는 것이며, 수업 활동도 교수자가 주체가 될 수밖에 없었다(방선욱, 2002: 7쪽).

행동주의(Behaviorism) 역시 교육을 지식 전달의 관점에서 보는 데 동의한다. 다만 행동주의에서는 사고 과정보다 행동의 변화에 더 초점을 둔다. 행동주의에서 학습은 어떤 사건에 관한 선택적 강화(selective reinforcement)의 결과로서 관찰 가능한 개인의 행동 변화와 조건화를 가리킨다(Brown, B. L., 1998: p. 5). 행동주의에서 학습은 지적 자극을 통해 인지 행동의 변화를 유도하는 것으로 강화나 외적 동기가 교육의 주된 관심의 대상이 된다. 따라서 행동주의에서 학습자는 외적 동기에 의존하고 강화에 영향을 받는 수동적 존재로 간주된다. 반면에 교수자는 교육 내용을 통해, 또 평가를 통해 학습 욕구를 강화하거나 촉진해야 하는 적극적 존재로 간주된다. 이 밖에 교수자는 학습 전반에 걸쳐 강화를 유인할 수 있는 단계적이고 체계적인 교육과정을 설계해야 한다(Fosnot, 1996: p. 9). 이런 관점에서 보면 행동주의는 교수자 중심의 교육철학이라고 볼 수밖에 없다.

반면에 구성주의는 학습자 스스로가 자신의 지식을 구성해 내는 학습방법을 지향한다. 구성주의는 외적 진리와 고정된 지식을 부정하기 때문에 특정한 내용을 학습자들에게 강요할 필요가 없으며 학습자 스스로 문제를 확인하고 문제를 해결해 가는 인지 활동을 강조한다. 그렇기 때문에 학습은 교수자 중심이 아니라 학습자 중심이 되며 수업도 지시나 전달보다 이해와 협의, 상호활동 중심이 된다. 학습자들은 무엇보다 자신의 경험과 다른 사람과의 상호작용을 통해 지식을 구성하게 된다. 이는 객관주의처럼 지식을 전달받고 수동적으로 이를 습득하는 방식과 다르며, 행동주의처럼 특정한 자극과 일관된 반응을 추구하는 대응주의적 방식과도 다르다. 구성주의에서 강조하는 것은 결국 학습자의 주체적인 인지 활동인 것이다.

구성주의 교수-학습의 원리는 구성주의 인식론에 바탕을 두고 있다. 이와 관련하여 포스놋(Fosnot, 1989)은 구성주의 학습에 배경이 되는 네 가지 원리를 다음과 같이 설명하고 있다(Chandra J. Foote & Paul J. Vermette, Catherine F. Battaglia, 2001: pp. 25~26).

① 지식은 과거의 경험을 바탕으로 구성된다

　개인은 새로운 지식을 만들 때 반드시 과거의 물리적, 정신적 활동을 반영한다(Piaget, 1970). 철학적으로 보았을 때 우리는 우리 자신의 경험과 분리해서 순수하게 객관적으로 세계를 인지하는 것은 불가능하다(Fosnot, 1989). 다시 말해 우리는 우리의 인식을 전달하고, 조직하며, 해석하는 논리적 틀(logical framework)을 통해서만 세상을 인지할 수 있다. 따라서 우리는 자신의 환경과의 상호작용을 통해 세계에 대한 이해를 재구성하고 재조정하기 위해 전지식(prior knowledge)을 지속적으로 사용한다.

② 구성은 동화(assimilation)와 조절(accommodation)을 통해 이루어진다

　지식은 고정적이지 않다. 지식은 수정할 필요가 있거나 반대 사실에 직면했을 때 변화한다. '과거의' 학습은 끊임없이 '새로운' 학습에 영향을 끼친다.

③ 학습은 기계적인 축적(accumulation)의 과정이 아니라 조직적인 창조(invention)의 과정이다

　지식은 개인에 의해 창조된다. 그러나 그것은 환경에 의해 수동적으로 받아들이는 과정은 아니다(Piaget). 구성주의자들은 학습자가 더욱 발전된 지식의 구성을 위해 가설을 세우고, 예견을 하며, 대상을 조작하고, 의문을 품고, 답변을 찾으며, 상상하고, 연구하며, 창조를 경험하는 과정을 가진다는 입장을 취한다고 본다(Fosnot).

④ 의미 있는 학습은 인식적 충돌을 해결하고 반영하는 가운데 일어난다. 또 그런 학습은 비교적 빠르게 불완전한 이해를 고칠 수 있도록 해 준다

인지적 불협화(Cognitive dissonance)는 부정적인 것이 아니다. 그것은 학습 과정의 기본적인 요소이다. 왜냐하면 그것은 사고를 끌어낼 수 있도록 충분한 불균형(disequilibrium) 상태를 만들어 주기 때문이다. 구성주의자들은 한층 더 깊은 학습은 오랜 기간의 혼란과 놀람의 상태를 통해 일어난다고 믿는다. 그러한 인지적 충돌은 학습자가 어떤 사실을 주장하고, 평가하고, 이전 지식(prior knowledge)을 활용할 수 있도록 만드는 원인이 된다.

위의 인용문에서 ①과 ②는 지식은 고정된 것이 아니며, 개인이 구성하는 것임을 나타낸다. 앞서 말한 대로 구성주의에서는 절대적 진리나 지식의 개념을 거부한다. 세계에 대한 인식은 개인의 인지 활동을 통해 이루어지기 때문에 엄밀히 말해 외적 현실을 그대로 개인이 인지하기란 어렵다. 어떤 경우라도 개인의 주관적 시각을 벗어나기는 어렵기 때문이다. 개인이 세계에 대한 지식을 구성한다면 그것의 바탕이 되는 것은 이전의 경험과 지식이다. 구성주의에서는 학습은 전지식(prior knowledge)을 배경으로 이루어진다고 본다.

구성주의에서 개인의 인지 구성은 피아제(Piaget)의 이론에 근거하고 있다. 피아제의 인지 원리는 인간의 정신적 활동을 생물학적 존재의 관점으로 본 것과 밀접하게 관련되어 있다(Fosnot, 1996: p. 13). 피아제가 볼 때 모든 유기체는 정서나 인지, 신체 발달이 서로 연관되어 있는 구조물이다. 이런 구조는 부분 요소들이 모여 전체 체계를 이루며, 또 부분과 전

체는 상호작용을 통해 균형과 안정을 도모한다. 인지와 학습의 측면도 이런 관점에서 해석할 수 있다. 피아제는 인지나 지식이 우리의 뇌 속에 구조로 구성되어 있으며, 생물체가 안정과 균형을 찾아가는 것처럼 지식도 상호충돌 속에서 안정과 균형을 찾아 구조화되는 방향으로 작용한다고 보았다.

그렇다면 개인의 인지 구성은 구체적으로 어떻게 이루어질까? 피아제는 일단 정보를 기존의 정보와 새로운 정보로 구분했다. 인간은 새로운 정보를 접하게 되었을 때 이전에 알고 있던 정보와 논리적으로 연관시키는 경향이 있다. 새로운 정보는 이전의 정보와 논리적으로 연결시켜 한 묶음의 정보로 만들게 되는데 이런 인지 구조를 그는 '스키마(a schema)' 혹은 '정신의 네트워크(mental network)'라고 말하고 있다. 인간은 효율성과 적합성에 따라 정보를 결합하고 조합하며 연관시키게 된다.

피아제는 정보가 작동하는 원리(Information-processing structure)를 동화(assimilation)와 조절(accommodation), 평형(equilibration)이란 용어를 사용하여 설명한다. 여기서 동화란 새로운 정보나 경험을 얻게 되었을 때 이미 자신이 지니고 있던 인지적 도식 혹은 스키마에 그러한 정보와 경험을 적용시키려는 경향성을 뜻한다(방선옥, 2001: 4쪽. Chandra J. Foote, etc., 2001: p. 19). 예를 들어 보자. 어떤 아이가 길을 가다가 지금까지 전혀 보지 못한 유럽종 애견 한 마리를 보게 되었다고 하자. 아이는 금방 그것이 개의 일종임을 알아보고 친근하게 굴게 된다. 아이는 어떻게 그것이 개의 일종임을 알아보게 되었을까? 아이는 이미 부드러운 털을 가지고 있고, 네 개의 다리를 가졌으며, 짖는 이런 종류의 동물을 '개'라는 분류로 머릿속에 저장해 두고 있다. 아이는 이와 유사한 동물을 보았을 때 이런 분류된 스키마에 이를 적용시키게 된다. 동화는 자기 자신의 논리적 구조나 이해력을 토대로 경험을 조직해 가는 과정으로 자기 보존을 위해 세상을 자신의 틀이나 자기주장으로 보려는 현상이다(Fosnot, 1996: p. 13).

조절(accommodation)은 새로운 정보나 경험을 인식하기 위해 기존의 스키마를 수정하는 경우를 지칭한다. 예컨대 우리가 운동선수들을 생각한다고 해보자. 일반적으로 우리는 그들이 체격이 크고 활달한 성격을 지니고 있을 것이라고 생각한다. 그러나 운동선수라고 모두 그런 것은 아니다. 운동선수 출신인 어여쁜 탤런트를 보게 되거나 수줍은 성격의 가냘픈 체조선수를 보게 되면 앞과 같은 기존의 인식은 잘못되었다는 것을 알게 된다. 이와 같이 이미 알고 있는 지식과 새로운 지식 사이에 맞지 않는 일이 일어나는 현상을 인지적 불협화(cognitive dissonance)라고 말한다. 이런 경우 새로운 지식에 맞춰 이미 알고 있는 지식을 바꾸어야 한다. 이처럼 조절은 기존 정보와 맞지 않는 새로운 정보가 나왔을 때 기존 인식(schema)을 수정하고 조정하는 현상을 말한다. 조절은 자신의 자아를 변화시켜 인지적 평형을 이루려고 하는 반성적 행동과 유사하다.

평형(equilibration)은 통상 우리가 새로운 정보나 사실을 접하게 되었을 때 정신적 상호작용으로 일어나는 과정 전반을 가리킨다. 평형 속에는 앞서 말한 동화와 조절의 원리가 수반되어 있다. 우리 모두는 어떤 사실이나 정보에 대해 통상적인 어떤 지식(schema)을 가지고 있다. 만약 이와 다른 정보의 새로운 사실이 들어오면 우리의 인식은 금방 불균형(imbalance)과 혼란(confusion)의 상태를 면하지 못할 것이다. 이런 경우 조절과 동화의 과정을 통해 새로운 균형 상태를 찾아간다. 이런 현상을 피아제는 평형이라고 말했다.

평형은 학습의 원리를 잘 보여 준다. 인간은 누구나 새로운 정보와 이전의 정보가 맞지 않을 때 불편함을 느낀다. 또 이런 불편함을 해소하려고 하는 것이 당연한 이치이다. 이처럼 학습은 동화와 조절을 통해 인지 균형 상태를 찾아가려는 인간의 보편적 심리에서 발생한다. 학습자는 이미 형성된 인지적 구조(mental frame)에 맞지 않는 정보가 있을 때 자신의 지식에 새로운 사실을 첨가하거나, 타협하거나, 조정하여 안정되고 균형된 인지 상태로 들어간다. 학습은 이처럼 편집과 교정, 삭제와 수정, 타협과 조정 등을 통해 정보를 끊임없이 재구성하는 순환관계라고 말할 수 있다(Chandra J. Foote, etc., 2001: 19~20).

그런데 이런 평형의 원리에서 우리가 깨달아야 할 것은 그것이 정적인 과정이 아니라 역동적인 과정으로 이루어진다는 것이다. 앞서 말한 대로 동화(assimilation)는 자신의 논리에 맞춰 대상을 끌어들이는 태도를 말한다. 이것이 하나의 축이라면 다른 하나는 조절(accommodation)의 과정으로 대상에 맞추어 자기 생각을 반성하고 조정하는 것이다. 우리의 인지 구조는 이 두 축을 중심으로 무한히 많은 변형 과정을 거쳐 자기 균형을 찾아가는 과정으로 이루어진다(Fosnot, 1996: p.15). 그런데 이런 과정을 직선적이고 획일적인 것으로 보아서는 안 된다. 피아제의 말처럼 모든 생물은 균형을 추구하지만, 그것이 일관된 법칙이나 규칙으로 진행되는 것은 아니다. 다시 말해 인지적 활동에 있어서도 평형은 반드시 동화와 조절의 과정을 거쳐 이루어지는 것도 아니라는 점이다. 오히려 인지적 활동은 모든 존재가 지니고 있는 생물학적인 원리, 즉 선택과 적응, 조화와 통합, 변화와 성장의 다양한 틀 속에서 이루어진다고 보는 것이 옳다. 사실 동화와 조절, 평형은 인지 활동의 다양한 과정을 일반화하고 구조화한 것이라고 볼 수 있다. 평형의 개념도 꼭 동화와 조절의 과정을 거쳐야 한다고 말하는 것이 아니며 다양한 갈등 상황에서 인지적 균형 상태를 찾아가는 인지 활동의 의미 자체를 설명한 것으로 보아야 한다. 학습이란 이런 인지 과정 속에서 일어난다.

위의 인용문 네 번째에서 의미 있는 학습은 인식적 충돌을 통해 일어난다고 했다. 앞의 설명에서 인간은 다른 생물체처럼 인지 활동에 있어 균형을 찾아가는 존재라고 말했다. 인지 활동에서 균형을 찾아간다는 것은 결국 인지 상황에서 불균형이나 모순 상태가 존재한다는 뜻이며, 인간은 이 간극을 메우려고 한다는 관점이다. 이전의 지식과 모순되는 새로운 지식을 접할 때 인간은 심리적으로 모순과 갈등을 느끼며 인지적으로 불균형 상태와 내적 불평형 상태에 직면한다. 피아제는 내적 불평형 상태에 대응하는 학습자의 세 가지 경향에 대해 설명하고 있다. 첫째, 이런 모순 상태를 무시하고 자신의 내적 스키마(scheme)를 지속하는 것이다. 둘째, 두 가지 사고를 분리된 채로 동시에 받아들여 동요하고 갈등하는 것이며, 셋째, 이러한 모순 상태를 극복하고 상반된 사고를 해결할 수 있는 좀 더 새롭고 포괄적인 사고를 구성하는 것이다(Fosnot, 1996: p. 16). 학습이 일어나는 것은 바로 세 번째 경우이다. 인지적 모순의 상태가 존재하고 이를 극복하고자 하는 태도를 가질 때 비로소 올바른 학습이 가능한 것이다. 학습에서 인지적 충돌이 중요하다고 보는 관점은 바로 이 때문이다.

이와 관련하여 보충해야 할 점은 학습에서 내적 충돌뿐만 아니라 외적 충돌 역시 매우 중요하다는 점이다. 피아제는 다양한 사고구조들 간의 충돌과 갈등이, 또 다양한 상호대화가 새로운 사유구조를 만들어 내는 데 도움이 된다고 보고 있다(Pulaski, 이기숙 외 역, 1982: 214쪽). 사람들 간의 다양한 인식 차이가 오히려 역동적 상호 인식 작용을 유도한다고 본 것이다. 학습은 다양한 사람들 간의 역동적 상호작용을 통해 일어난다. 다른 사람의 견해와 나의 견해를 비교하면서 그 차이를 인식하는 것, 또 이에 대한 간격을 줄이기 위해 인식의 자기 조정 기제(Self-regulatory mechanism)를 발현하여 서로 조정하고 타협하여 새로운 인식 구조로 나아가는 것, 그것이 바로 학습의 과정이다. 인지적 관점에서 본다면 인지 현상에 관한 자신의 내적 관계뿐만 아니라 타인과의 외적 관계도 중요하다.

이제 구성주의 학습에 관한 원리와 원칙들을 정리해 보자. 지금까지 나온 관점들을 정리하여 교수자의 관점과 학습자의 관점, 그리고 학습의 관점에서 구성주의 학습에 관한 원칙들을 밝히면 다음과 같다.(강인애, 2002: 28쪽 ; 박현주, 1998: 281~284쪽 ; 황윤한, 2002: 62쪽 ; Brown, 1998: p. 6 ; Brooks & Brooks, 1993)

학습자의 관점
- 학습자는 지식 내용을 스스로 구성하도록 노력해야 한다.
- 학습자는 수업 활동에 적극적으로 참여해야 하고, 수업의 주인이 되어야 한다.
- 학습자는 동료와 대화에 적극 참여해야 하고, 협력할 수 있는 자세를 가져야 한다.
- 학습자는 단독으로 학습하기보다 모둠으로 협력하여 학습해야 한다.
- 협력학습은 학습에 동기를 부여하고 학습을 지지하게 만드는 가장 중요한 원천이다.

교수자의 관점
- 교수자는 지식의 전달자가 아니라 학습자의 학습을 촉진하는 매개자가 되어야 한다.
- 교수자는 학습의 촉진자로서 학습자가 지식을 구성하는 데 필요한 환경을 제공해야 한다.
- 교수자는 학습자의 자율성과 주도성을 인정하고 학습자의 창의성이 살아나도록 학습 환경을 구성해야 한다.
- 교수자는 현실세계와 관련을 맺는 상황 중심의 학습을 시행해야 하며, 협력학습과 문제 해결 학습을 중시해야 한다.
- 교수자는 전체를 부분으로 나누어 각각에 초점을 맞추기보다 전체와 부분의 구성 관계에 초점을 둔다.
- 교수자는 학습자의 반응을 중시하여 수업을 진행해야 한다.
- 학습자에 대한 평가에서 시험보다 수업 중 관찰이나 발표, 포트폴리오 등을 중시한다.
- 교수자는 학습자들이 스스로의 힘으로 주어진 문제를 해결해 낼 수 있도록 인내와 지속성을 가져야 한다.

학습의 관점
- 학습이란 학습자들의 기존 인지구조에 '혼란'을 일으키고, 그것을 극복하려는 노력의 결과이다.
- 학습은 학습자가 지식의 내적 표상을 세우는 구성적 과정이다.
- 학습은 세계에 대한 개인적 해석이다. 학습은 경험의 개인적 해석으로 귀결된다.

표2. 객관주의와 구성주의의 수업 원리*

객관주의	구성주의
• 상황에 관계없이 적용될 수 있는 지식을 제공한다(명제적 지식, 추상적 지식).	• 항상 구체적인 상황을 배경으로 지식을 제공한다.
• 가능한 현실을 단순화하고 작은 단위로 세분화하여 제시한다.	• 현실의 복잡함을 여과 없이 제시하여 인식적 도전을 유도한다.
• 모든 지식은 수업 이전에 미리 세밀한 계획에 따라 구조화, 순서화, 체계화하여 제시한다.	• 모든 지식과 과제는 항상 실제적인 상황을 전제로 하여 전개되고, 다루는 과제도 실제 사회에서 대면하게 될 성격과 특성을 지닌 것으로 제시한다.
• 교수자의 역할 : 지식의 전달자 • 학습자의 역할 : 지식의 습득자 • 개별적 학습 환경 : 개인 과제, 개인 활동, 개인 성취의 중요성 강조	• 교수자의 역할 : 학습자의 학습을 도와주는 조언자, 촉매자 • 학습자의 역할 : 자율적이고 적극적이고 책임감 있는 학습의 주체 • 협력학습 환경 : 다양한 견해에 대한 인식과 견해를 습득
• 지식의 암기와 축적	• 문제 해결력 : 사고력, 인지적 전략의 습득. 지식의 전이성 강조
• 수업 설계 : 교수자가 수업 시작 전 수업 목표를 정해 이를 세분화하고 순서화, 연계화하여 제시한다. • 평가 주체 : 교수자	• 수업 설계: 학습자 스스로 전체적 학습 목표만 설정한다. 수업 설계는 수업 과정 중에 지속적으로 일어난다. • 평가 주체 : 학습자 본인, 동료 학습자, 교수자
• 평가 방법 : 학습 목표 설정과 동시에 설계한 뒤 마지막에 실시한다. 객관식 평가가 주를 이룬다.	• 평가 방법 : 다양한 형태(객관식, 주관식, 관찰, 포트폴리오, 프로젝트, 저널 등). 수업 중 지속적으로 수행한다.

* 강인애, 2002: 18~19쪽.

- 학습은 전지식과 전경험을 기초로 하여 새로운 의미를 구성하는 적극적 활동이다.
- 학습은 실제 세계를 반영하는 풍부한 맥락 속에서 이루어져야 한다.
- 교과 내용은 고정된 것이 아니며 수업의 진행 상황과 학습자의 반응에 따라 언제든지 변화할 수 있다.
- 지식은 실제적인 생활 맥락에서 제시되어야 한다.
- 학습은 사회적 교류와 협력을 필요로 한다. 학교 내외의 협동적인 사회적 교류와 지식의 사회적 구성을 통해서 학습이 진행된다.

(4) 사회구성주의의 성격과 특성

　교육의 인지 구성 방법에 대해 새로운 의견을 제시한 사람이 바로 글라서스펠트(Glasersfeld)이다. 글라서스펠트의 급진적 구성주의는 전통적 철학의 진리와 절대적 지식을 부정하고 지식을 개인의 인지 구조 속에서 스스로 구성되는 자기 개념과 유사한 것으로 보았다. 글라서스펠트가 이런 주장을 하게 된 것은 우리가 외적 실체를 명확히 알 수 없다는 점 때문이다. 나의 개념이 외적 실체와 일치하는 것을 진리로 삼는다면 그것이 정말 그러한지 어떻게 확정할 것인가? 내 생각이 외적 실체에 부합한다는 사실을 알기 위해서는 다시 나의 지각과 언어의 힘을 빌려 올 수밖에 없다. 글라서스펠트가 끊임없이 의문을 품어 온 것이 바로 이런 표상의 진위 판별의 문제였다.

　'그 표상이 참인지 거짓인지 알아내기 위해서는, 그것을 실재와 비교해 보아야만 한다.' (Wittgenstein, 1933) 이 비교는 불가능하다는 생각이 내 머리를 스쳤다. 그것을 이루기 위해서는, 인간이 경험할 수 없는 영역에 있으면서 인간의 묘사나 언어적 수식에 의해 영향을 받지 않은 채로 남아 있는 실재에 직접 접근해야 한다. (중략) 특정한 언어에서 경험할 수 없는 문맥을 벗어나서는 어떤 사실을 제대로 볼 수 없다는 것이다 (Glasersfeld, 김판수 외 역, 1999: 22쪽).

글라서스펠트는 피아제의 명제, '지식은 현실 세계의 표상이 아니다'를 받아들이면서 구성주의적 입장을 정립했다. 앞장에서 언급한 대로 그것은 자신의 경험과 지식, 주변의 환경에 기대어 개인이 스스로 자기 경험적 지식을 구성한다는 관점이다. 인간은 언어적 지각을 넘어서 외적 실체를 알아낼 방법이 없다. 그래서 개인은 이전에 경험했던 사실과 새롭게 들어온 정보를 통합하여 새로운 지식을 구성하게 된다. 글라서스펠트의 입장에서 보자면 결국 인식론은 인지 주체의 문제이며, 인지 구성의 문제가 된다.

글라서스펠트의 방법은 외적 환경과의 상호관계를 염두에 두지만 근본적으로 개인적 맥락과 전지식에 의존하기 때문에 개인의 인지 내부의 문제가 된다. 따라서 지식을 사회적 관점에서 해석하는 사람들의 입장에서는 이런 한정된 의미가 문제가 될 수밖에 없다. 언어와 지식, 학습을 사회적 과정으로 생각하는 사람은 당연히 글라서스펠트의 방법을 비판한다. 이들은 비고츠키의 입장을 받아서 인간의 인지 발달은 사회적 상호작용의 내면화로 이루어지는 것이지 순수하게 개인 내부의 작용으로 이루어지는 것은 아니라고 본다.

급진적 구성주의와 사회적 구성주의는 우선 지식과 학습의 과정을 규정하는 문제부터 차이가 난다. 인지구성주의자들의 입장에서 보면 지식은 외적 정보를 자기 정보와의 조절 작용을 통해 만들어 내는 구성물이다. 따라서 외부 환경의 영향을 받든, 사회적 상호작용을 거치든 중요한 것은 개인의 인지 작용을 통해 구성된다는 관점이다. 반면에 사회구성주의에서는 지식은 개인의 인지 작용을 거치지만 근본적으로 사회적 협상과 합의에 의해 생산되는 산물로 본다. 예컨대 우리가 어떤 사물을 특정 언어로 지칭할 때 그것은 단순히 개인의 인지 작용에 의한 것만이 아니라 사회 구성원의 합의에 의해 이루어진 것으로 보아야 한다. 언어의 생성과 활동 자체가 사회적 상호작용의 산물이기 때문이다. 이처럼 언어 작용은 지식이 사회적 상호작용과 사회적 협상 과정을 통해 만들어진다는 사실을 실증적으로 보여 준다. 또 지식을 피아제가 주장하듯 인지적 평형 상태를 쫓아가는 개인의 인지 내부 문제로만 취급할 수가 없다는 사실을 보여 준다.

이런 점은 사회적 관점에서 인지 발달을 다룬 사회구성주의 학자들의 견해를 살펴보면 좀 더 명확해진다. 콜(Cole)은 인간의 인지 작용과 발달을 개인의 인지 작용으로만 보지 않고, 특정 사회 구성체가 공유하는 사회-문화적 상황을 통해 이루어지는 것이라고 주장한다. 콜이 볼 때 지식은 개인의 산물이 아니며 사회 전체의 공유물이다. 반면에 베르치(Wertsch)는 개인의 인지적 과정과 사회적 상호작용 과정을 서로 분리해서 보지 않고 상호보완적인 과정으로 규정한다. 많은 경우 개인의 인지 작용과 사회적 상호작용을 분리해서 보지만 실제 지식의 인지 작용은 분리해서 일어나는 것이 아니라 서로 상호작용하여 일어난다고 언급한다. 특히 베르치는 사회적 상황성(대화)을 강조하는데 그것은 인지 내부의 기능과 인지 외부의 기능이 서로 만나는 사회적 상호작용을 의미한다. 개인과 개인, 개인과 모둠 속에서 일어나는 사회적 상호관계는 엄밀히 말해 추상적인 과정이 아니라 매우 구체적인 과정이다. 그런데 대부분의 사람들은 사회적 상호관계를 매우 추상적인 범주로 인식한다. 베르치는 이런 점을 고려하여 구체적인 사회적 상황으로서 '대화'를 강조하고 있다(강인애, 2003 : 79~80쪽).

그러나 사회구성주의에서 관심 있게 봐야 할 중요한 인물은 바로 비고츠키(Vygotsky, 1978)이다. 비고츠키의 이론은 아동의 인지적 발달을 사회적 상호작용으로 해석함으로써 언어 발달과 인지 발달에 있어 사회적 중요성을 확인하는 계기를 마련해 주었다. 또 비고츠키의 이론은 개인의 내적 인지 과정에 초점을 두던 구성주의가 사회적 상호 과정으로 옮아가는 데 많은 영향력을 끼쳤다. 그래서 베르치나 콜 등 많은 학자들이 비고츠키를 사회구성주의의 창시자, 혹은 선구자로 보고 있다(이종일, 2002 : 80~81쪽).

반면에 비고츠키의 이론을 다르게 보는 학자도 있다. 대표적으로 거겐(Gergen, 1995)과 같은 학자인데, 그는 비고츠키가 인지론이나 교육학보다 심리학에 치우쳐 있어 주류적인 사회구성주의 학자로 보기가 어렵다는 주장을 펴고 있다. 거겐의 사회구성주의는 언어활동을 중심으로 하여 사회적 상호작용에 초점을 맞추고 있다.

여기서는 주로 협력학습의 관점에서 비고츠키와 거겐의 이론을 간략히 살펴보고자 한다.

□ 비고츠키(Vygotsky)의 이론

비고츠키는 인지 발달에 있어 사회적 성격을 언어의 도구적, 매개적 성격에서 찾고 있다. 침팬지를 이용한 여러 유인원 연구를 살펴보면 동물들의 언어활동(speech)은 특별히 어떤 목적적 행동이나 상징적 행위와 관련이 없다고 한다. 반면에 동물과 다르게 유아는 말을 통해 주변 환경을 지배하고 이를 새로운 행동과 결합시킨다. 인간에게 언어는 실제 활동과 행동을 가능하게 하는 중요한 기능을 담당한다. 그래서 비고츠키는 아동들의 언어활동(speech)에 대해 다음과 같이 주장하고 있다. 우선 아동들에게 언어는 어떤 목적을 수행하기 위한 활동에서 중요한 역할을 담당한다. 아이들이 말을 하는 것은 자신이 하는 일을 알리려고 하는 것이 아니다. 아이들에게 말은 어떤 문제를 풀기 위해 행동을 결합하는 복잡한 심리적 기능의 한 부분이라는 것이다. 그래서 문제가 복잡하여 해결하기 어려울수록 말의 기능은 더욱 중요해진다(Vygotsky, 1978: pp. 25~26).

비고츠키의 이런 연구는 말이 단순히 의사소통에만 국한되는 것이 아니라 문제 해결과 같은 사회적 행위와 밀접하게 연관되어 있다는 사실을 보여 준다. 비고츠키는 인간이 동물과 다르게 높은 사고를 생산할 수 있는 것은 기호나 상징을 사용할 수 있기 때문이라고 말했다. 인간에게 기호나 상징은 대상물을 조작하고 행동을 통제하는 더 높은 기능과 결합되어 있기 때문에 단순히 소통과 인지 기능만 수행하는 것은 아니다. 말하자면 인간에게 언어는 내면적 인지 기능뿐만 아니라 사회적 소통과 행위에 이르기까지 종합적 기능을 수행하고 있어 인간이 동물과 다르게 고등정신을 지닐 수 있는 바탕이 되는 것이다.

◇ **고등심리 기능의 내면화**(Internalization of Higher Psychological Functions)

비고츠키는 아동들의 사고활동은 처음에는 외적으로 수행되었다가 점차 내면화되면서 성인이 되어 간다고 한다. 비고츠키는 이를 '고등심리 기능의 내면화'라고 말하고 네 가지 단계로 나누었다. 먼저 외적으로 일어난 아동들의 활동은 내면 속에서 다시 재구성되어 구축된다. 아이들의 생각과 사고는 타인과 관계 맺는 외적 행동을 통해 내면화함으로써 이루어진다. 둘째, 개인 사이의 과정은 차츰 개인 마음 내의 과정으로 전환된다. 아동의 문화적 발달 기능은 처음에는 사회적 수준에서 다음에는 아동의 내면에서 두 번에 걸쳐 수행된다. 셋째, 개인 사이의 과정에서 개인 마음 내의 과정으로 전환하는 것은 일련의 긴 발달을 통해 일어난 결과이다. 아이들은 이런 과정을 거쳐 차츰 고등사고를 지닌 성인으로 성장하게 된다(Vygotsky, 1978: pp. 55~56).

비고츠키의 관점은 인간의 사고와 행위, 인간의 내면화가 결국 사회적 상호작용의 결과라는 사실을 보여 준다. 아이들은 유아기를 지나 타인과 관계 맺으면서 비로소 자신의 행동을 인지하고 점검한다. 또 사회적 관계를 통하여 차츰 세계에 대한 인식과 자신에 대한 인식을 키우게 된다. 아이들의 성장은 사회적 관계를 내면화하여 자기 인식을 만들어 내면서부터 이루어진다. 사회적 상호관계가 없으면 아이들의 의식과 사고는 성인 단계로 성장할 수가 없다.

비고츠키의 연구는 아동들의 인지 발달이 내부로부터 시작하여 차츰 외부로 확장된다고 알고 있던 기존의 연구를 뒤집는다. 또 아동의 인지 발달이 풍부한 사회적 관계 속에서 형성되는 것이라는 사실을 알려준다. 인지와 지식을 사회적 구성물로 보고자 하는 사회구성주의 입장에서 이와 같은 비고츠키의 연구는 큰 도움이 된다. 비고츠키의 연구를 빌리면 개인 내부의 인지 과정도 궁극적으로 사회적 과정으로부터 유래된 것으로 볼 수 있기 때문이다. 또 이와 관련된 다양한 학습 모형도 만들 수가 있다. 특히 비고츠키의 이론은 글쓰기 학습이나 글쓰기 협력학습에 많은 것을 시사해 준다. 그의 관점은 언어 활동 자체가 문제 해결의 사회적 활동과 연관을 맺고 있으며, 또 쓰기 활동이 단순히 글을 쓰는 과정에만 관련되어 있는 것이 아니라 인지 발달의 모든 영역과 관련을 맺고 있다는 사실을 암시해 주고 있다. 뿐만 아니라 인지 발달에 사회적 상호작용이 중요하다는 사실은 글쓰기 학습에서 협력학습이 얼마나 중요한가를 암시해 준다.

◇ **근접발달 영역**(Zone of Proximal Development)

일반적인 학습에서 평가는 한 개인을 대상으로 혼자 행할 수 있는 인지와 행동을 측정하는 것이다. 그런데 비고츠키는 이런 주장이 심각하게 잘못된 전제를 바탕으로 하고 있다고 본다. 아동은 혼자서 하는 일도 있지만 서로 협력하거나 지도를 받아서 하는 일도 있다. 시험이나 발표처럼 혼자 무엇을 잘한다고 해서 아동의 정신 발달이 아주 높아진 것으로 간주할 수 없다. 아동이 타인의 도움을 받아 무엇인가를 훨씬 잘할 수 있게 된다면 그것도 훌륭한 능력이 될 수 있다.

비고츠키는 학습 발달에 대한 개인 평가 방법에 의문을 제기한다. 지금까지 아동 개인이 독립적으로 어떤 문제를 해결해야만 그것을 정신 발달의 지표로 삼았다. 아동이 타인의 도움을 받거나 협력하여 문제를 해결할 수 있는 능력을 주의 깊게 고려하지 않은 것이다. 그래서 그는 아동이 혼자서 학습할 수 있는 영역과 타인의 도움을 받아 할 수 있는 영역을 모두 측정하고 이를 통해 아동에 대한 학습 발달 수준을 새롭게 제시하고자 했다.

비고츠키는 아동들이 남의 도움 없이 독립적으로 행할 수 있는 발달 수준을 실제적 발달 수준이라고 말하고 동료나 선생님의 도움을 받아 행할 수 있는 발달 수준을 잠재적 발달 수준이라고 지칭했다. 근접발달 영역(Zone of Proximal Development)은 이 두 영역, 즉 실제적 발달 수준과 잠재적 발달 수준의 차이를 나타내는 말이다. 근접발달 영역이 중요한 것은 주된 학습이 바로 여기에서 일어나기 때문이다. 여기서 학습은 잠재적 발달 수준을 높여 학습자의 잠재 능력을 높여 주는 것을 말한다. 학습은 이미 이루어진 아동의 발달 수준을 확인하는 작업이 아니라 앞으로 아동이 배울 수 있는 잠재적 능력을 키워 주는 것이다. 그래서 비고츠키도 훌륭한 학습은 발달에 앞서는 것이라고 주장하고 있다.

이러한 개인적 예는 아동들에게 적용되는 고등정신 기능의 일반적 발달 법칙이다. 이런 법칙은 아동의 학습 과정 전체에서 일어난다. 우리는 학습의 기본 형태는 근접발달 영역을 창출하는 것이라고 제안한다. 즉 학습은 정신 발달 과정의 다양성을 일깨우는 것이다. 그런데 이는 아동이 자신의 환경 속에서 다른 사람들과 상호작용을 하거나 동료들과 협동함으로써 일어난다(Vygotsky, 1978: p. 90).

비고츠키의 근접발달 영역을 통해서 우리가 깨우칠 수 있는 것은 다음 두 가지이다. 첫째, 학습은 학습자의 잠재적 발달 능력을 일깨워 더 높은 정신적 발달 수준의 상태를 지향하게 하는 것이라는 점이다. 비고츠키는 발달 과정이 학습 과정과 일치하지 않는다고 본다. 그가 볼 때 발달 과정은 학습 과정 이후에 온다. 따라서 비고츠키의 입장에서 학습은 학습자의 정신적 발달 과정을 앞에서 이끌어 가는 과정이 된다. 둘째, 근접발달 영역 내의 학습은 사회적 상호작용이 풍부할수록 좋다는 점이다. 개인이 자신의 힘으로 학습할 수 있는 수준을 의미하는 실제적 발달 수준에서 사회적 상호작용은 필요가 없다. 그러나 근접발달 영역 내의 학습은 협력자나 동료가 학습자와 협력하는 수업이다. 학습자들이 혼자 힘으로 할 수 없는 것을 하도록 이끌어야 하는 것이 바로 비고츠키가 말하는 학습인 것이다. 따라서 이런 경우 가장 적절한 학습은 협력학습이다.

□ 거겐(Gergen)의 이론

거겐은 인지와 지식을 인간 발달 심리의 측면에서 다룬 비고츠키와는 달리 언어의 사회적 속성에서 찾고 있다. 다시 말해 비고츠키가 개인의 인지 과정이 어떻게 사회적 속성을 띠며, 이에 따라 어떤 학습이 필요할까에 관심을 두었다면 거겐은 순수하게 언어나 지식이 지닌 사회적 속성에 관심을 가지고 있으며, 인간의 발달 과정이나 교육 과정은 이에 따른 자연스러운 하위 과정으로 생각하고 있다. 거겐은 비고츠키보다 언어와 인지의 사회적 속성을 따지는 데 훨씬 더 원론적이며 냉엄하다. 그러다 보니 거겐의 논의는 비고츠키의 이론보다 훨씬 더 사회적 관점으로 기울어 있다.

사회구성주의에 관한 거겐 이론의 핵심은 언어가 지닌 사회적 속성에 있다. 우리는 언어가 사회적 성격을 지닌다는 사실을 익히 알고 있지만 거겐의 논의는 이보다 훨씬 더 원론적이며 본질적이다. 거겐은 지금까지의 철학에서 지식을 보는 관점은 두 가지 있다고 말한다. 하나는 지식이 외부세계에 의해 만들어진다는 외인적 관점이며, 다른 하나는 우리의 내면이 스스로 지식을 구성한다는 내인적 관점이다. 그런데 거겐은 사회구성주의가 외인적 관점도 아니고 내인적 관점도 아닌, 언어의 사회성에 관심을 두는 새로운 관점이라고 주장한다. 왜냐하면 지식이라는 문화적 구축물은 대부분 언어적 고안물로 이루어져 있는데, 거겐이 볼 때 언어는 주체 내부나 주체 외부가 아닌 주체와 주체 사이에서 파생하는 사회적 산물이기 때문이다. 우리가 지적 생산물로 접하게 되는 책, 잡지, 신문, 보고서 등은 대부분 이와 같은 언어로 구성되어 있다.

거겐의 주장은 근본적으로 언어가 사회적 고안물이라는 데서 비롯된다. 지식은 판단 능력과 분별 능력에 의해서 정당화되는 것이 아니라 사회적 교섭 과정에 의해 정당화된다고 본 것이다. 우리가 책상이라고 말을 할 때 그 의미가 통용되는 것은 사회적으로 교섭된 동의가 있기 때문이다. 그렇지 않으면 우리는 그 언어를 사용할 수 없다. 또 다른 예를 들어 보자. 우리가 흔히 말하는 보편적 지식은 특별한 개별적 지식이 일반화되거나, 추상화되면서 나타난 것이다. 그래서 우리는 그런 지식을 시대와 역사를 넘어 영원히 통용될 것으로 믿는다. 그러나 엄밀한 의미에서 보편적 지식 역시 특정한 시대와 역사의 산물로서 한정된 의미만을 가진다. 보편적 지식을 정신의 영역에서 보지 않고 언어의 영역에서 본다면 보편적 지식은 언어적 대상을 가져야 하고 그 대상은 시간과 상황에 의해 제한될 뿐만 아니라 상호관계에 의해 규정된다. 따라서 보편적(순수) 지식이 가능하다고 말은 할 수 있지만 실제 그 의미와 내용은 시간과 상황에 따라 달라질 수밖에 없다(Gergen, 이명근 역, 2005 : 45~47쪽).

이렇게 본다면 언어로 구성된 지식은 순수하게 현실을 반영하는 것도, 개인을 반영하는 것도 아니게 된다. 왜냐하면 거겐에게 지식은 언어를 통해 만들어지는 방식, 또 인정되고 유지되는 방식에 의해 생성되고 소멸되기 때문이다. 거겐은 비트겐슈타인(Wittgenstein, 1953)의 논의를 빌려 이를 '언어의 게임'으로 부르고, 또 '관계 속의 기능'으로 설명하고 있다. 예컨대 '나는 이 판단이 옳다고 생각한다'란 예문을 보자. 여기서 '생각하다'란 표현은 나의 인지상태를 의미하기보다 관계의 수사학적 표현에 가깝다. 이 표현은 특정한 인간관계 속에서 나의 입장을 드러낼 뿐 아니라 상대방으로 하여금 이에 대한 생각에 동의해 달라는 뜻을 은연중에 품고 있다. 아니면 상대방의 의견에 동의할 수 없다는 부정의 뜻이 강하게 내포된 것으로 볼 수도 있다. 이와 같은 뜻으로 본다면 과학적 이론도 마찬가지이다. 과학적 이론은 세계를 설명해 주는 진리가 아니라 특정 과학 공동체의 공유된 가치를 표현하는 것이 된다. 또 이를 통해 과학연구를 둘러싼 그들의 행위가 정당성을 얻게 된다(Gergen, 이명근 역, 2005: 47쪽). 그래서 사회구성주의 입장에서 볼 때 모든 지식은 맥락과 상황에 의해 결정되는 관계의 산물이라고 말할 수 있다. 거겐이 비고츠키보다 훨씬 더 사회적 구성의 입장에 가까이 가 있는 것도 이런 관점 때문이다.

거겐의 입장에서 교육은 대화와 토론, 협상을 통해 공동체적 구성물을 만들어 내는 과정이다. 모든 문화와 지식은 사회적 관계에서 발생하는 소산물이다. 따라서 거겐은 무엇보다 교육에서 대화를 강조하고 있다. 교육적 대상인 지식은 학습자들이 만들어 내는 대화의 관계망 속에서 만들어지기 때문에 많은 지식을 얻기 위해서는 이런 상호교류를 활발히 할 수밖에 없다. 교실 현장에서 일어나는 활발한 의사소통은 결국 상호관계를 통해 지식을 활발하게 생산하는 데 도움을 줄 수 있다. 특히 거겐의 관점에서 지식은 진리를 전달받고 암기하는 데 있는 것이 아니라 상대방으로 하여금 나의 생각을 알게 하는 데 있다. 내가 무엇을 생각하는지 상대방이 알게 하고, 또 그것을 받아들임으로써 지식이 성립하는 것이다. 이와 같은 교육이 성립되기 위해서는 대화와 협상이 중심이 되는 교육방법을 강구해 보아야 한다. 사회구성주의 교육 원리가 협력학습의 교육 원리와 일치하는 것도 이와 관련된다.

이 밖에 거겐의 입장과 관련하여 한 가지 알아야 할 것은 지식 생성은 반드시 특정한 상황과 맥락에서 이루어진다는 것이다. 거겐의 입장에서 지식은 상호대화와 상호관계의 맥락 속에서 발생하기 때문이다. 전통적인 학습법에서는 배워야 할 대상을 분리하여 단계적으로, 또 부분적으로 학습하는 방법을 취한다. '부분에서 전체로'나 '전체에서 부분으로'는 모두 이런 단계별 방법에 속한다. 사회구성주의 입장에서 보면 그런 방법은 좋은 방법이 아니다. 거겐은, 대화는 가능한 한 적용 상황과 밀접하게 관련되어야 한다고 말한다(Gergen, 이명근 역, 2005: 60쪽). 교육은 특정한 학습의 내용이 특정한 맥락과 연결될 때 효과를 거둘 수가 있는 것이다. 맥락과 관련된 총체적 교육은 어떤 특정한 교과 내용만을 추구하지 않는다. 오히려 어떤 문제를 해결하기 위해 모든 것을 찾고, 연결하고, 배치하며 구성하는 순간에 이런 지식, 저런 지식이 동원될 수 있으며, 그것이 종합적 지식, 총체적 지식으로 전환하게 되는 것이다. 거겐이 볼 때 참다운 지식은 교과서에 있는 지식이 아니라 상황과 맥락에 따라 변화하고 인지되는 그런 지식이다.

2장

구성주의와 협력학습

글쓰기 협력학습은 구성주의와 밀접한 관련이 있다. 구성주의가 내세우는 철학과 관점은 글쓰기 학습과 밀접한 관련이 있으며, 또 협력학습과도 관련이 있다. 이런 점은 글쓰기와 협력학습의 성격을 비교만 해보아도 금방 드러난다. 글쓰기는 상황과 맥락에 따라 자기 지식을 구성하는 행위이다. 또 협력학습은 다른 사람과의 협상과 조정을 통해 다양한 지식을 통합해 내는 활동이다. 위와 같이 두 가지 수업 방법은 근본적으로 고정된 지식, 형식화된 전달 방법, 규격화된 평가를 전제로 하는 전통적인 교육 방법과 차이가 있다. 진리 습득과 암기 숙달을 중시하는 전통적인 형식주의적 교육 방법으로는 글쓰기 학습이나 협력학습의 성과를 살릴 수가 없다.

쓰기 교육이나 협력학습은 1980년대 이후 활발하게 전개된 급진적 구성주의 운동 및 사회구성주의 운동과 밀접한 영향 관계에 있다. 글쓰기 학습과 협력학습은 구성주의의 영향을 받아서 성장하기도 했지만 또 구성주의의 확장에 일정한 영향을 미치기도 했다. 특히 사회구성주의와 협력학습은 서로 같은 이론적 바탕 위에 있다. 사회구성주의에서 협력학습을 주요한 학습 방법으로 설명하는 것이 바로 이런 배경 덕분이다. 결론적으로 말해 글쓰기 학습은 개인의 인지적 구성을 강조하는 인지구성주의의 영향을 받았다. 또 협력학습은 대화, 사회적 협상을 강조하는 사회구성주의의 영향을 받고 있다. 글쓰기 협력학습은 구성주의(인지구성주의, 사회구성주의)와 밀접한 관련을 맺고 있다.

그렇다면 구성주의의 어떤 요소들이 글쓰기 협력학습에 영향을 끼쳤는지를 살펴보기로 하자. 샤터(Shotter)는 다양한 구성주의 관점(사회적 구성주의, 급진적 구성주의, 정보처리구성주의)의 공통점을 다음과 같이 설명하고 있다(L. P. Steffe & J. Gale, 이명근 역, 2005 : 65~67쪽).

첫째, 출발점으로서 사물이나 실체가 아닌 활동에 초점을 둔다. 그러나 이때의 활동이란 일반적인 의미의 활동이 아니라 성찰적 유형의 구성적인 활동을 의미한다.

둘째, 의미를 찾는 것보다 의미를 형성하는 것이 더 중요하다. 또 창의적인 과정이 발견보다 중요하다.

셋째, 외부세계라고 하는 독립적인 세계가 존재하지 않기 때문에 절대적인 실재에 대해서 말하는 것은 무의미하다.

넷째, 만일 구성적인 틀을 넘어서는 어떤 사물이나 활동을 접한다면, 우리는 그 특성에 대해 알 수가 없다.

다섯째, 주장이나 이론이 외부세계와 일치하는지를 검토하는 대신 유용한지, 적절한지, 일관성이 있는지, 효과적인지를 판단하고 평가한다.

여섯째, 원인과 결과보다는 의미와 중요성을 고려한다.

일곱째, 사회적 상호작용의 과정과 결과에 관심을 두는 사람도 있지만, 개인 내에서 이루어지는 인지 구성 과정에 관심을 보이는 사람도 있다.

샤터가 규정한 구성주의의 공통적인 특성 중 가장 많은 비중을 차지하는 것이 바로 학습의 구체적 대상이 되는 지식과 앎에 관한 것이다. 위의 항목 내용을 보면 셋째와 넷째는 절대적 진리나 절대적 지식을 부정하는 내용이다. 전통적 관점에서 지식은 어떤 개념과 외적 대상이 일치하는가를 통해 진위 여부를 가려왔다. 어떤 개념이나 지식이 외적 사실과 부합하거나 일치하면 진리로 검증받을 수 있었고, 그렇지 않으면 진리로 인정받을 수 없었다. 학문은 이런 지식을 축적하고 전달함으로써 유지되어 왔다.

구성주의에서는 이런 관점을 부정하고 학습자 스스로 상황과 맥락에 따라 지식을 구성하는 것으로 파악한다. 따라서 구성주의 학습은 위의 둘째 항목에서 말하듯 의미를 찾는 것보다 의미를 구성하는 것을 더 중요하게 여긴다. 구성주의에서 특정 지식에 대한 가치 판단을 유용성과 적절성의 개념에 두는 것도 이런 구성적 관점과 관련이 있다.

글쓰기 협력학습은 규정된 지식이나 고정된 지식을 습득하기 위한 학습이 아니다. 글쓰기 학습은 의미 전달을 위한 수업이 아니며 스스로 지식을 구성하기 위한 수업이다. 또 스스로 지식을 구성하기 위해 여러 과정을 수반한다. 예컨대 자기 주도적 학습, 소모둠 활동, 피드백 활동 등이 이루어지며, 이해와 분석, 추론과 종합, 비판적 사고, 창의적 사고와 같은 사고 활동도 함께 이루어진다. 따라서 이런 관점에서 보자면 글쓰기 협력학습에서 고정된 지식이란 없으며, 지식은 학습자 스스로 만들어 가는 것이 된다. 또 다양한 소모둠 활동을 통해서 동료들과 협상하고 조정하며 통합하는 것을 배우는 과정이 된다. 글쓰기 협력학습은 구성주의를 구현하는 대표적인 수업방식이다.

■ 지식의 외인적 전통과 내인적 전통

통상 학습이론에서는 지식을 어떻게 정의하고 성격 짓느냐에 따라 학습의 방향과 성격이 결정된다고 한다. 학습의 대상이 되는 지식을 어떻게 보느냐에 따라 학습의 목표를 어디에 두어야 할지, 또 학습의 방법을 어떻게 해야 할지를 규정하게 된다는 것이다. 그래서 거겐은 '지식에 대한 상이한 개념이 교육에 대한 상이한 관점을 낳는다'고 말하고 있다(Steffe & Gale, 이명근 역, 2005: 37쪽).

구성주의에서 지식을 어떻게 바라보는가를 알기 위해 지식에 관한 거겐의 분석을 먼저 살펴보자(Steffe & Gale, 이명근 역, 2005: 37~63쪽). 거겐은 먼저 지식을 외인적 전통과 내인적 전통으로 나누고 있다. 지식에 관한 외인적 전통은 물질로 대표되는 외부 세계가 주관적·상징적인 내부 세계와 대치되어 존재한다는 이원론적 입장을 취한다. 이런 외인적 관점에서 지식은 내적 세계가 외적 세계를 반영할 때, 즉 정신이 자연의 거울 기능(mirror of nature)을 할 때 얻어진다. 다시 말해 올바른 지식이란 외부 세계가 주어지고, 정신이 그 외부 세계를 정확하게 반영할 때 얻을 수 있다. 외인적 전통에서 지식 습득을 위한 학습 방법은 주로 독서와 강의가 중심이 된다. 학습자는 백지 상태(tabula rasa)에서 출발하며, 학습을 통해 이를 메워야 한다. 따라서 외인적 전통의 입장에서 교수자는 학습자에게 외부 세계에 대한 지식을 어떤 방법으로든 전달해 주지 않으면 안

된다. 전통적 교육에서 주입식 방법을 잘 사용하는 것도 이 때문이다. 외인적 전통에서는 관찰, 실험, 견학과 같은 경험적인 학습을 중시한다. 사물을 관찰하고 봄으로써 외적 세계의 진리를 내면에 받아들이는 것이다. 평가도 얼마만큼 지식 습득이 이루어졌는지 계량 측정 방법(사지선다형 문제, 표준화된 검사, 통계적 측정)으로 이루어진다.

지식에 관한 내인적 전통은 외부 세계보다 내적인 정신세계에 더 중점을 두고 내부 세계가 어떻게 외적 세계를 표상화할까에 관심을 쏟는다. 그리고 지식에 대한 옳고 그름의 판단 기준을 외적 세계가 아니라 내적 세계에 둔다. 그래서 내인적 입장은 외인적 입장에 비해 인간 고유의 인지 능력이나 개념화 능력에 더 중점을 둔다. 거겐은 내인적 전통의 학자를 '개인에 귀인하는 선천론자(nativist)'라고 말하고 있다. 이들 학자들은 외적 실재를 받아들이되, 그것에 대한 관심보다 그것을 인식하는 선천적 인지 능력에 관심을 쏟기 때문이다. 칸트의 선험적 인식 체계, 촘스키(chomsky)의 언어에 대한 선천적 인지 능력 등이 바로 이런 경우에 해당한다. 내인적 전통에서는 개별 학습자의 인지 능력과 사고 능력을 강조하는 학습방법을 중시한다.

기겐은 지식에 관한 이 두 가지 관점을 모두 비판하고 있다. 외인적 관점은 외적 세계를 주관적으로 어떻게 정확하게 표상하는지 증명할 수도 없을 뿐만 아니라 그 진위 여부도 판별할 수 없다. 내인적 관점에서도 곤란하기는 마찬가지이다. 만약 이런 관점을 택하면 우리는 선험적으로 우리에게 주어진 앎의 범주 내의 것만 알 수 있지 그것을 넘어서는 어떤 것도 인지할 수 없게 된다. 그러나 실상 선험적 범주조차 무엇인지 알 수 없어 감각계에 의존해야 하는 것이 우리의 실상이다. 따라서 외인적 입장이든, 내인적 입장이든 어떤 경우라도 문제는 남아 있게 된다.

구성주의가 말하는 지식은 이런 관점과 근본적으로 구별된다. 우선 구성주의는 외인적 전통의 관점을 근본적으로 부정한다. 인간의 인식 외부의 세계가 객관적으로 존재하며, 또 적절한 인식 방법을 통해 이를 표현할 수 있다고 본 것 자체가 허상이다. 구성주의에서는 우리의 인지 경험 바깥에 있는 외적 세계는 알 수도 없으며 알 필요도 없다는 관점을 택한다. 지식은 상황과 맥락에 따라 인간 요구에 의해 구성되고 축적되고 변화하는 것이다. 따라서 이렇게 구성된 의미와 해석은 절대적 진리나 고정적 지식과 근본적으로 차이가 있다.

내인적 전통의 관점과 비교해 보더라도 구성주의적 지식관은 특별하다. 내인적 관점은 인간의 선험적인 인식 체계에 대한 관심을 말하는 것으로 지식이 상황과 맥락에 따라 개인에 의해 구성된다는 시각과는 차이가 있다. 지식을 구성하는 개인 내부의 인지 상황에 초점을 두는 것은 비슷하나 대체로 선험주의자들은 외적 실재를 고정된 지식으로 보는 경향이 많으며, 단지 정신이 외적 실재를 받아들이는 과정과 방법만을 탐구했다. 따라서 고정된 지식이나 절대적 지식 자체를 부정하는 구성주의의 관점은 이들과 근본적으로 차이가 있다.

■ **글쓰기 연구의 세 가지 모델**

구성주의와 관련하여 글쓰기의 관점을 설명한 사람으로 피츠제럴드(Fitzgerald, 1992)가 있다. 그는 앞서 말한 구성주의 학자 거겐의 이론을 이용하여 글쓰기 모델을 지식의 관점에서 분석하고 있다. 그의 논문을 보면 글쓰기 연구와 구성주의가 얼마나 밀접하게 연관되어 있는지 알 수 있다. 피츠제럴드는 구성주의 관점과 시각, 특성들이 글쓰기 연구에 그대로 적용된다고 보고 있다. 특히 지식 생산과 지식 해석 방법에 있어 구성주의와 글쓰기는 동일한 관점에서 해석하고 연구하며 탐구할 수가 있다.

피츠제럴드는 거겐의 이론을 응용하여 글쓰기 관점에 관한 세 가지 모델을 설명한다(Fitzgerald, 1992: pp. 14~28). 그는 거겐이 말한 외인성(실증주의) 관점과 내인성(해석주의) 관점이 글쓰기 모델에 반영되어 있다고 지적하면서 각각의 글쓰기 모델은 자신의 관점에 적합한, 또 자신의 관점에서 받아들인 지식관을 가지고 있으며, 이를 통해 글쓰기 과정을 설명하고 글쓰기 교육 방법을 세운다고 한다. 거겐의 이론처럼 글쓰기에서도 지식에 대한 견해(the view of knowledge)와 지식을 획득하는 방법(ways of knowing)이 각 모델의 경향을 결정짓게 된다.

피츠제럴드가 규정하는 글쓰기 모델은 세 가지이다. 첫 번째는 1980년대 이전의 작문 모델 단계로서 이를 단계 모델이라고 부른다. 작문 연구가로는 주로 브리턴(Britton), 마틴(Martin), 맥레오드와 로젠(McLeod & Rosen, 1975), 로먼(Rohman, 1965) 등이 있다. 두 번째는 문제 해결 모델로서 대표적인 연구가는 플라워와 헤이스(Flower & Hayes, 1981)이다. 다음 세 번째는 사회-상호작용 모델로서 대표적 연구가로는 니스트란드(Nystrand, 1989)가 있다.

1960년대 이후 작문 연구가 본격화되면서 자리 잡게 된 이런 모델들은 모두 각각 세계를 보고, 지식을 규정하며, 지식을 습득하는 방법과 관련을 맺고 있다. 예컨대 피츠제럴드는 이 세 가지 모델을 설명하기 위해 다음과 같은 질문을 하고 있다. 이런 질문의 특성들이 이 모델들에 반영되어 있으며, 이를 통해 각각의 특징적 경향이 드러나게 된다.

①어떤 현상을 설명할 때 초점이 되는 지식은 무엇인가? (what)
②지식은 어디에 위치하는가? (where)
③글을 쓰는 이(Writer)는 어떻게 지식을 얻고, 어떻게 창조하는가? (how)

(Fitzgerald, 1992: pp. 14~15)

이 세 가지 질문은 구성주의가 전통적인 인식론에 반대하면서 내건 문제 인식과 유사하다. 어떤 진리나 지식이 개인의 바깥에 있는지, 또 그것이 어떤 형태인지, 그것을 어떻게 배우고 학습하는지를 규정하는 것은 한 연구 패러다임을 결정짓는 주요 요소가 된다. 이들 질문에 대한 관점에 따라 연구의 방향과 연구의 틀이 결정되며, 글쓰기 현상을 바라보는 시각도 달라진다. 지식에 대한 구성주의 관점은 글쓰기 모델에도 동일한 영향을 끼치고 있다.

글쓰기 연구의 세 모델에서 첫 번째 단계 모델(A Stage Model of Writing)은 외인성/실증주의와 유사하다. 이 모델은 인지구성주의 이론이 본격화되기 전에 유행했던 것으로, 글쓰기를 일직선의 시간적 진행, 곧 '쓰기 전-쓰기-쓰기 후(Pre-writing, Writing, Rewriting)'로 간주하였으며, 텍스트를 중시한다. 특히 이 모델에서 중요하게 여기는 것은 텍스트를 '좋게(good)' 만드는 방법이다. 이 방법은 주로 작가의 외부에 있는 것으로, 글을 잘 쓰기 위해서 반드시 배워야 할 쓰기 규범들이다. 이 모델에서 지식은 인지 바깥에 있는 객관적이고 보편적이며, 규범적인 지식이다. 교수자는 지침서에 따라 이런 지식을 학습자들에게 전달해야 하며 학습자는 이를 받아 규범적인 글을 쓰도록 노력해야 한다.

반면에 두 번째 문제 해결 모델(A Problem-solving Model of Writing)은 앞의 모델과 관점이 다르다. 이 모델의 대표적 이론가 플라워(Flower)와 헤이스(Hayes)는 글쓰기를 '문제 해결 과정'으로 본다. 그들은 글을 쓰는 행위를 특정한 문제를 풀기 위한 수행 과정으로 보아 이에 관한 절차와 방법을 탐구하고자 했다. 그래서 그들은 한 편의 글이 만들어지는 데 필요한 다양한 요소들을 분석하고 이를 해명하는 데 관심을 쏟았다. 우리는 한 편의 글을 쓰기 위해 목표(purpose)를 세운다. 또 이에 따른 하위 목적(goal)을 정하고, 계획을 세우며, 작성에 필요한 여러 요소들을 진단한다. 예컨대 플라워와 헤이스는 주요 글쓰기 요소로 '과제의 환경'과 '작가의 장기 기억', '작문 과정'을 지적하고 이에 수반되는 여러 하위 요소를 규정했다. 문제 해결 모델은 이런 요소들 사이의 위계 관계를 분석하고 이에 맞는 학습 전략을 찾아 효과적인 학습을 강구하는 것을 목표로 삼는다.

피츠제럴드는 문제 해결 모델을 외인성 관점과 내인성 관점이 아닌 제3의 관점으로 보고 있다. 문제 해결 모델은 내인성의 특징과 외인성 특성을 함께 가지고 있다. 피츠제럴드가 이렇게 본 데는 상당한 이유가 있다. 문제 해결 모형에서는 일단 의미를 구성하는 주체를 개인으로 본다. 특별히 글쓴이가 외부에 있는 어떤 진리나 지식을 찾아내거나 탐구하는 것이 아니며 지식은 작가 자신이 구성하는 것이다. 이렇게 보면 문제 해결 모형은 내인성과 유사하게 보인다. 그러나 정작 이 모델에서 플라워와 헤이스가 강조하는 것은 글을 작성하는 데 필요한 절차적 지식과 절차적 방법들이다. 이런 인지들은 개인이 자신의 맥락에 따라 생산하는 내적인 규범들이 아니라 개인의 '밖'에 있어 작가가 배워야 할 보편적인 방법을 말한다.

플라워와 헤이스는 글쓰기의 개별적 과정보다 모든 사람에게 통용될 수 있는 글쓰기의 보편적 과정을 만들고자 했다. 또 그들은 과정 학습이나 전략 학습을 통해 글쓰기의 방법을 규범적으로 학습할 수 있는 것으로 믿었다. 피츠제럴드는 이런 점들이 외인성/실증주의와도 유사하다고 본 것이다.

그렇다면 거젠이 말한 내인성/해석주의는 글쓰기의 어떤 모델과 가장 흡사할까? 피츠제럴드는 글쓰기 연구에서 내인성과 가까운 경향은 사회-상호작용 모델(Social-interactive Model of Writing)에서 찾을 수 있다고 말한다.

사회-상호작용 모델은 니스트란드(Nystrand, 1989)가 주장한 것이지만 바르톨로메(Bartholomae), 비첼(Bizzel), 그리고 브루피(Bruffee, 1986) 모두가 관련이 있다. 사회-상호작용 모델은 의미가 개인의 외부에 있거나 아니면 개인의 내부에 있는 것이 아니라 개인과 개인 간의 상호작용 속에 있다고 본다. 다시 말해 지식은 개인의 인지 바깥이나 인지 내부와 상관없이 사회적 소통이나 협상, 대화와 같은 사회적 상호작용을 통해 형성되며 만들어진다는 것이다. 따라서 이런 모델에서 중요한 것은 개인의 인지 조건보다 작가가 소통하는 모둠과 커뮤니티이다. 모둠 속에 나타나는 다양한 상호작용이 의미를 구성하고 의미를 유지해 나갈 수 있기 때문이다.

사회-상호작용 모델에서 의미는 상호협상과 협의의 결과에서 발생한다고 본다. 마치 언어가 사회 공동의 합의에 의해서 나타나듯이 의미도 이런 과정을 거친다. 따라서 사회-상호작용 모델에서는 풍부한 의미 협상을 위해 다양한 공동학습이나 동료학습, 협력학습을 요구한다. 또 수업 방법으로는 구어체적 대화와 토론을 중시한다. 사회-상호작용 모델이 중시하는 수업 방식이 바로 협력학습, 협동학습이다.

피츠제럴드는 사회-상호작용 모델을 내인성/해석주의로 규정했다. 그러나 엄밀한 의미에서 사회-상호작용 모델을 내인성으로 보기에 어려운 점이 있는 것도 사실이다. 왜냐하면 이 모델에서 의미는 개인 내부에 있는 것이 아니고 개인과 개인의 관계와 사회적 협의 과정 속에 있기 때문이다. 피츠제럴드도 사회구성주의를 내인성으로 보지 않고 제3의 관점으로 보았던 거겐처럼 사회-상호작용의 모델을 글쓰기의 제3의 관점으로 보고 있다. 사회-상호작용 모델은 절대적 지식을 부정하고 개인 내부에서 의미를 구성한다는 점에서는 내인성이지만 실제 그들이 다루고 있는 것은 정신과 정신의 상호관계에 관한 것이다. 따라서 사회-상호작용 모델에서 중시하는 것은 구성원 간의 대화와 협상이다. 그리고 협력학습과 같은 대화 학습을 매우 중시한다(Fitzgerald, 1992: pp. 14~28).

브루피의 협력학습(Collaborative Learning) 이론

구성주의와 관련하여 협력학습(Collaborative Learning)의 이론을 펼친 사람은 바로 브루피(Bruffee, 1984)이다. 그동안 협력학습에 관한 연구는 주로 효과적인 면과 방법적인 면에 치중되어 왔다. 반면에 브루피의 논문은 협력학습의 이론적 배경과 원리를 살펴보고 있어 한 번 검토해 볼 필요가 있다. 브루피의 논문을 읽어 보면 협력학습이 인지적 관점과 사회적 관점에서 이전과 다른 철학을 지니고 있다는 점을 알 수 있다.

물론 그의 이론이 브루피 자신의 생각으로만 이루어진 것은 아니다.

그의 이론은 구성주의, 특히 사회구성주의의 영향을 크게 입고 있다. 예컨대 그가 협력학습의 원리로서 말하는 여러 견해들은 쿤(Kuhn), 비고츠키와 로티(Rorty), 거겐의 견해를 받아들인 것이었다. 브루피는 인간 인식의 사회적 선천성에 대해서는 비고츠키로부터, 담화 구성체의 특징에 대해서는 로티로부터, 또 지식에 대한 새로운 입장에 대해서는 거겐으로부터 영향을 받았다. 그는 자신의 한 논문에서 거겐의 논문('The Social Constructionist Movement in Modern Psychology')을 소개하면서 거겐의 이론 대부분을 바로 영어 연구(협력학습 포함)에 적용시킬 수 있다고 말하고 있다(Bruffee, 1986 : p. 779).

협력학습(Collaborative Learning)의 이론적 배경에 관한 브루피의 논의는 3가지 관점에서 이루어졌다. 첫째는 사고의 본질과 대화(Conversation)의 중요성에 관해서이며, 둘째는 로티의 정상 담화(Normal Discourse)에 관해서이며, 세 번째는 새로운 지식관(New Knowledge)에 관해서였다. 브루피는 위와 같은 세 가지 해명을 통해 협력학습이 사회적 관점에서 훌륭한 학습 방법이라는 점을 증명하고자 했다. 또 이와 같은 해명을 통해 협력학습이 인식론과 교육철학의 입장에서도 합리적인 근거와 타당성을 지닌 훌륭한 교육 방법임을 천명하고자 했다.

브루피가 먼저 내세운 것은 인간의 정신과 의식이 사회적 대화로 구성되어 있다는 주장이다. 이 주장은 인지적 지식이 사회적 관계의 산물로 대화나 담화로 이루어졌다는 사실을 의미한다. 이런 주장이 맞는다면 토의와 협상을 위주로 하는 협력학습은 다른 학습 방법보다 우수한 학습방법이 된다. 협력학습에서 사용하는 대화가 바로 우리 지식의 구성체가 되기 때문이다. 이를 증명하기 위해 브루피는 우선 인간의 대화 능력이 인간의 본질을 규정한다는 명제를 내세운다(Bruffee, 1984: p. 638).

인간이 출생 후 첫 번째 경험하고 배우는 것은 타인과의 대화에 동참하는 기술이다. 인간은 다른 사람과의 직접적인 대화를 통해 사회적 관계와 의식을 하나씩 배우게 된다. 그리고 인간은 이런 사회적 관계와 사회적 대화를 통해 자기 내면의 세계를 형성하기 시작한다. 브루피의 주장에 의하면 인간의 사고는 선천적인 것이 아니라 사회적 양식에 의해 구성된 인공물이라고 한다. 사회가 있기 때문에 의식도 존재하는 것이다. 그래서 그는 "정신 속에는 대화의 관습과 형식이 남아 있다"고 말하고, "반성적 사고는 내면화된 사회적 대화이다"라고 천명한다(Bruffee, 1984: p. 639).

브루피의 이런 주장은 두말할 필요 없이 비고츠키의 이론에서 나왔다. 인간의 정신을 사회적 관계의 산물로 본 것은 실상 비고츠키로부터 시작되었기 때문이다. 브루피가 비고츠키로부터 얻은 것은 우리의 의식이 대화와 언어의 양식을 띠고 있을 것이란 점이다. 비고츠키는 인지 구성에서 무엇보다 언어를 중시했다. 인간이 동물과 다른 것도 바로 상징이나 언어와 같은 기호체계를 효과적으로 사용할 줄 알기 때문이라고 보았다. 그래서 비고츠키는 인간만이 문화적으로 산출된 신호체계를 내면화할 줄 알고, 또 그것으로 행동의 변화를 야기시킨다고 말하고 있다(Vygotsky, 1978 : pp. 52~57).

다음으로 브루피의 주장 중에 로티의 정상 담화(Normal Discourse)가 있다. 로티의 정상 담화와 협력학습은 어떤 관계가 있을까? 이는 인간 사고를 사회적 구성물로 보는 것과 관계가 있다. 또 사고를 통해 만들어진 지식 역시 사회적 구성물이라는 점과 관계가 있다. 이를 증명하기 위해 그는 쿤의 패러다임 이론을 이용한다. 쿤은 과학적 지식이 자연에 대한 이해를 통해서 확정되는 것은 아니라고 말했다. 과학적 이론은 과학자 사회의 이해관계와 과학 공동체의 이익에 의해 결정된다. 과학적 지식은 과학 사회의 요구에 의해 구성되는 지는 사회적 산물이다.

다음으로 인간의 사고가 사회적 구성물이라면 인간은 대화를 통해 그 구성물을 만들어 갈 수 있다. 인간의 지식 역시 특정한 공동체의 산물이라면 그 공동체의 관습과 담화를 통해 나의 지식을 새롭게 구성할 수가 있다. 협력학습의 장점은 바로 이런 공동체적 담화와 관습을 익힐 수 있다는 점이다.

로티의 정상 담화란 특정한 사회 구성원들이 동의하고 합의한 대화 방식과 내용을 말한다. 특정한 집단 내의 구성원들은 그들이 인정하고 만족해하는 신념 체계를 가지고 있다. 집단의 의사소통은 특정 신념 체계를 통해 이루어지며, 이는 특정한 이데올로기를 결속시키는 기능을 한다. 이처럼 특정 분야에서 구축된 지식의 맥락 속에 이루어지는 담화의 양식이 바로 정상 담화가 된다. 한 집단의 이념 체계는 이런 정상 담화를 통해 유지되고 지속된다(Bruffee, 1984: p. 643).

그렇다면 정상 담화(Normal Discourse)가 가장 잘 유지되는 장소가 어디일까? 바로 대학이라는 학문 공동체이다. 브루피는 대학의 교육은 말과 글을 통해 이런 정상 담화를 배우는 과정이라고 말하고 있다. 특히 대학의 학문적 지식은 특정 집단의 지적인 구성원들이 특정 신념을 정당화하는 절차를 통해 만들어진다. 대학에서 학습의 과정도 마찬가지이다. 학습이란 지적인 집단의 동료들에 의해 협력적으로 지식을 세우고 유지하는 과정을 말하는데 그것은 정상 담화를 통해 새로운 지적 동료를 만들고 그 동료를 지적 집단으로 끌어들이게 된다(Bruffee, 1984: p. 646).

협력학습은 대학에서 지식이 사회적으로 합의되고 동의되면서 만들어지는 과정을 배우게 해준다. 협력학습 속에는 다양한 대화와 협상, 조정의 과정이 포함되어 있다. 또 특정 집단의 정상 담화를 자연스럽게 익힐 수 있는 특징도 있다. 그래서 브루피 역시 협력학습을 새로운 학습자를 지적 공동체에 참여 시키는 과정이라고 말하고 있다. 대학의 지적 공동체는 학습자에게 수동적으로 지식을 강요함으로써 이루어지는 것이 아니라 대화와 협상의 과정을 통해 학습자 스스로 지적 구성에 참여하게 함으로써 이루어지는 것이다. 협력학습은 바로 이런 기능을 한다.

협력학습에 관한 브루피의 이론은 객관적 지식이나 절대적 지식을 거부하고 지식이 특정 집단의 구성원에 의해 구성된다는 사회구성주의 입장을 그대로 반영하고 있다. 학습자들은 협력학습에서 대화와 협상을 통해 스스로의 지식을 구성하게 되는데, 이는 지식의 생산 과정에 잘 부합하는 방법이다. 거겐이 말하듯 지식은 사람들과의 상호작용을 통해 형성되는데, 그 속성이 무엇보다 언어적 구성이기 때문이다. 이런 관점에서 교육이란 절대적 지식을 전달하고 축적하는데 있는 것이 아니라 대화의 가치와 의미를 최대한 실현시키는 맥락을 창출하는데 있다(Gergen, 이명근 역, 2002 : p. 59). 브루피는 사회구성주의가 추구하는 이런 교육방법을 협력학습에서 찾고 있다. 브루피가 볼 때 협력학습은 사회구성주의 철학과 인식론, 지식관에 부합하는 가장 이상적인 학습 형태이다.

협력학습에 대한 브루피의 이론 중 대부분은 글쓰기 협력학습을 전제로 하여 작성된 것이다. 그의 주장 속에 있는, 사고가 대화로 이루어졌다는 점, 공동체의 관습과 이념이 담화를 규정한다는 정상 담화론, 지식이 언어를 통한 사회적 상호관계를 통해 구현된다는 주장들은 모두 글쓰기와 같은 문자 서술 행위를 염두에 둔 것이다. 브루피가 볼 때 글은 언제나 지적 사고의 중심에 놓여 있다.

　브루피는 글쓰기를 내면화된 사회적 대화가 다시 외면화되는 현상으로 보고 있다. 그래서 글을 잘 쓰기 위해서는 서로 많이 대화하게 하는 것이 좋다고 보고 있다. 브루피는 대화하는 방법이 생각하는 방법과 읽는 방법을 결정한다고 말하고 있다. 브루피는 글쓰기 교육에는 가능한 많은 대화에 학습자들을 참여시키는 것이 좋다고 생각한다. 글쓰기 협력학습은 학습자들로 하여금 많은 대화에 참여시킬 수 있으며, 또 대화 속에 잠재되어 있는 사회적 맥락을 제공해 줄 수가 있다. 뿐만 아니라 글쓰기 협력학습은 학습자들로 하여금 글쓰기가 사회적 교류를 위한 행위이며, 사회적 고안물이라는 사실을 일깨워 줄 수 있다(Bruffee, 1984: p. 642).

■ 브루피(Bruffee)에 대한 트림버(Trimbur)의 비판

　트림버(Trimbur, 1989)은 브루피의 협력학습 이론을 자유와 민주주의 신장을 추구하던 1970년대 민권 운동의 산물로 파악한다. 협력학습 속에는 교수자의 권위, 지식의 사물화, 학습자들의 권력에 대한 의존성, 전통적인 학습의 경쟁과 지식 축적 과정에 대한 비판이 내재되어 있으며, 고등교육에서 넓게 확산된 실력우선주의에 대한 비판이 포함되어 있기 때문이다. 브루피 자신도 자신의 글에서 협력학습을 민주주의에 대한 참여, 공동 의사 결정, 비권위적인 리더십을 위한 운동의 한 방안으로 생각했다고 말했다. 당시 시대적 분위기로 본다면 협력학습 운동은 흑인, 히스패닉, 근로 대중들의 문식성(Literacy) 확대와 대학 교육 참여 확대를 막으려는 정치적 억압에 대한 반동으로 일어난 것으로 볼 수가 있다(Trimbur,

1989: p. 605). 그런 점에서 협동학습은 교실 현장의 탈권위와 사회 관계의 탈권위를 추구한 것으로 교육의 평등화뿐만 아니라 사회의 평등화와 밀접한 관련을 맺고 있다고 할 수 있다.

협력학습에 관한 브루피의 이론은 새로운 관점으로 많은 환영을 받았지만, 비판이 없었던 것은 아니다. 브루피의 협력학습 이론에 대해 비판적이었던 사람은 앞서 말한 트림버였다. 트림버는 브루피의 협력학습 이론에 대해 여러 사람의 비판적인 견해를 소개하면서 자신도 이와 비슷한 견해를 제시했다. 우선 협력학습에 대해 비판적이었던 사람들은 협력학습을 전체주의적인 것으로 파악했다. 예컨대 협력학습은 개인의 목소리와 창의성을 억압하고, 사람들 사이의 차이를 무시하며 일치를 강요한다는 것이다. 존슨(Johnson)은 협력학습에 필요한 일치나 합의(Consensus)를 집단적 사고(group think)와 같은 것으로 보았다. 비드(Beade)는 협력학습의 일치나 합의를 '미친, 전체주의적인 상태(a crazy, totalitarian state)'를 정당화하기 위한 용어일 뿐이라고 비판했다(Trimbur, 1989: p. 605).

트림버도 합의가 모둠의 의사에 대한 불가피한 순응을 만들어 낼 것을 우려했다. 협력학습이 개인의 차이를 무시하고 개인의 자유의사를 무시할 수가 있다고 본 것이다. 트림버은 이를 '유사함의 공포(the fear of conformity)'라고 지칭했다. 협력학습에서 학습자들은 파벌주의를 조장하거나 악선전(demagoguery)을 퍼뜨리며, 상식에 근거한 편협한 견해를 호소거나, 대안 없는 합의를 이끌어 내어야만 하는 모순에 이를 수 있다. 마치 미국의 문화처럼 모든 것을 균질화시키려는 힘이 협력학습에 작용할 수 있다는 것이다. 이렇게 되면 학습에서 개인의 자유보다 집단의 사고(group-think)가 더 우선하게 된다. 또 당연히 이런 상황은 교수자 중심적이고 독재주의적인 것이 되고 만다(Trimbur, 1989: pp. 603~604).

브루피의 협력학습 이론에 대한 트림버의 비판은 협력학습의 한 측면을 지나치게 과장한 것처럼 보인다. 트림버가 브루피를 비판한 내용은 주로 일치나 합의에 관한 것이다. 협력학습에서는 특정 과제에 대해 단일한 답을 내기 위해 불가피하게 의견을 통일해야 하는 경우가 있다. 그러나 모든 협력학습의 과제가 그런 요구를 하는 것도 아니며, 또 그렇게 될 수도 없다. 때로 토의를 통해 개인의 의견을 확장하거나 새로운 의견을 도출하는 경우도 많다. 뿐만 아니라 토의와 협상이 꼭 단일한 의견을 만들기 위해 존재하는 것도 아니다. 토의를 통해 여러 의견이 나올 수 있다.

또 이런 점도 고려해 볼 필요가 있다. 엄밀하게 말해 브루피는 협력학습에서 합의를 절대 요건으로 내세운 적이 없다. 그가 중시했던 것은 지식이 어떻게 사회적으로 구성되는가 하는 점과 학습에서 사회적 맥락을 어떻게 얻을 것인가 하는 점이었다. 협력학습은 이런 조건을 만족시키는 학습 방법이라는 것이 브루피의 의견이다. 간혹 로티의 정상 담화(Normal Discourse)가 이런 일치나 합의를 필요로 한다고 여길 수도 있을 것이다. 그러나 정상 담화는 지식이 합의되고 생산되는 담화 방식을 말한 것이지 목소리의 단일화, 획일화를 이야기한 것은 아니다. 이렇게 본다면 브루피에 대한 트림버의 비판은 그렇게 타당한 것이라 볼 수 없다.

트림버의 비판을 통해 우리가 생각해 보아야 할 측면은 오히려 다른 곳에 있다. 트림버는 협력학습에서 일치나 합의가 목소리의 단일화로 바뀌는 것을 막기 위해 다른 대안을 제시한다. 트림버가 관심을 두는 것은 합의가 이루어지는 방식이다. 합의가 구성원 간의 차이와 다양한 목소리를 억압하는 방식으로 이루어진다면 그것은 획일이나 독재와 다름없다. 반면에 서로 간의 차이를 인정하면서 그 차이를 합의의 구조 속으로 끌어 들인다면 그것은 다양한 목소리가 담긴 다성(多聲)적인 합의가 된다.

우리는 합의(Consensus)를 동의(agreement)가 아니라 차이(difference)의 관점에서 볼 필요가 있다. 또 단일한 관점(monolith)이 아니라 다양한 갈등(conflict)의 관점에서 볼 필요가 있다. 합의를 갈등이나 차이의 개념에서 새롭게 정의할 수가 있다. 그럴 경우 합의는 이성적인 협상을 통해 다분히 화해되고 조정된 차이(reconcile difference)와는 거리가 있다. 오히려 새롭게 정의된 합의는 다른 사람과의 관계를 일정하게 조직하여 차이를 구조화하는 그런 전략적 개념을 의미한다(Trimbur, 1989: p. 608).

트림버처럼 합의를 차이나 갈등으로 보는 것은 정상 담화(normal discourse)보다 비정상 담화(abnormal discourse)를 더 중시하여 보게 하는 결과를 가져올 수 있다. 물론 브루피도 로티의 이론을 거론하면서 비정상 담화가 지식 생산과 창조성 발현에 의미가 있다고 인정한 바 있다. 브루피는 정상 담화가 참여자가 동의하고 합의할 수 있는 지식을 생산하는 반면 비정상 담화는 정상 담화로 벗어난 난센스(nonsense)로부터 지적 혁명에 해당할 무언가를 만들어 낸다고 본다. 비정상 담화는 정상 담화의 권위에 도전하고, 그것을 무너뜨린다. 그럼으로써 그것은 이전의 지식에 도전하고 새로운 지식을 생산하게 된다(Bruffee, 1984: p. 647).

브루피는 협력학습이 이런 비정상 담화를 익히는 데 도움을 준다고 생각하고 있다. 그는 세워진 지식을 유지하는 것뿐만 아니라, 거기에 도전하고 변화시키는 것까지도 협력학습이 기여할 수 있다고 보았다. 협력학습은 스스로 기성의 권위적 지식에 도전할 뿐만 아니라 새로운 지식을 수호하고 보호할 수가 있다고 본 것이다. 브루피에게 협력학습은 정상 담화로 이끄는 학습일 뿐 아니라 새로운 지식 생산을 위해 비정상 담화로 이끄는 학습도 된다.

비정상 담화에 대한 트림버의 생각은 이와 다르다. 트림버는 브루피처럼, 비정상 담론을 정상 담론의 보충물로 여기는 생각을 버려야 한다고 주장한다. 비정상 담론은 대화를 유지하고, 그럼으로써 공동체를 새롭게 하는 그런 항상적(恒常的)인 담론 기능과는 차이가 있다. 오히려 트림버는 비정상 담론은 의견의 불일치를 보여 주고, 주변의 목소리를 들려주며, 대화의 안과 밖에서 저항과 논쟁을 불러일으키는 그런 기능을 해야 한다고 주장한다. 비정상 담론은 모둠 속의 기능을 가지지만 이질적인 대화와 담론 사이의 갈등을 더 보여 주는 기능을 한다(Trimbur, 1989: p. 608).

차이와 갈등을 중심으로 합의를 해체하는 이런 전략 속에 다분히 해체주의 철학의 영향이 강하게 느껴진다. 트림버는 협력학습을 통해 토론을 하고 합의를 이끌어 내는 기능보다 합의를 무시하고 차이를 부각하는 전략을 더 중시한다. 또 이런 방법이 학습자 스스로 지식을 구성하는데 더 큰 도움이 되리라고 생각하고 있다. 따라서 그의 관점에 따르면 협력학습은 의견의 합의와 일치를 만들어 내는 과정이 아니라 서로의 관계 속에서 차이를 위치시키고, 차이를 확인하는 과정이라 할 수 있다.

트림버의 이런 시각은 지식이 협상을 통한 합의와 동의에서 얻어질 수 없으며 서로의 차이나 갈등 속에 파생되거나 부유하는 것으로 보는 후기

구조주의자의 관점과 일치한다. 그러나 협력학습의 입장에서 본다면 이와 같은 시각을 통해 실제 교실 현장에서 얻을 것은 많아 보이지 않는다. 우선 교실 현장의 학습은 소통과 맥락을 위해 일관된 어떤 지식을 배경으로 한다. 실제 어떤 지식을 생산하기 위해 기존의 지식을 부정하고 권위에 저항할 때도 기존 지식의 맥락 안에서만 가능하다. 새로운 지식은 이전의 지식을 벗어나서 형성되지 않는다.

브루피는 바로 이런 맥락과 지식 속에서의 대화를 강조한다. 협력학습이 일어나는 교실 현장에서의 맥락과 지식은 양방향의 의사소통을 갈등과 조정의 다양한 국면에서 조정하고 통제한다. 이런 국면은 때로 자유롭지만 때로 통제된 것으로 나타난다. 또 정상 담화를 지향하지만 때때로 비정상 담화를 사용하기도 한다. 따라서 브루피의 협력학습은 지식을 유지하면서 생산하는 정상적인 지적 공동체를 염두에 둔 것으로 볼 수 있다. 반면에 트림버가 생각하는 협력학습은 소통 맥락을 염두에 두지 않고 일치나 합의보다는 불일치와 차이를 더 중요한 것으로 여긴다. 이런 방법은 대화나 협상의 과정보다 소통을 억압하고 강제하는 권력구조로 눈을 돌리게 만든다. 그렇게 함으로써 학습의 차원에서 근원적인 사회 문제로 눈을 돌리는 것이다. 문학 작품의 경우를 든다면 브루피는 다양한 대화를 통해 작품의 다원적인 의미를 해석하는 데 중점을 둘 것이다. 반면에 트림버는 왜 대중 작품과 예술 작품이 구분되는지, 뛰어난 작가의 권위가 어디에서 오는지에 더 중점을 둘 것이다. 그리고 그런 사회적 관계를 해체하고자 할 것이다.

3부

협력학습과 협동학습

1장

Collaborative Learning & Cooperative Learning
협력학습과 협동학습

협력학습과 협동학습 ■

영미권에서 진행되는 협동학습에는 두 가지 용어가 있다. 하나는 Collaborative Learning이고 다른 하나는 Cooperative Learning이다. 대체로 국내의 책과 논문에서는 이 둘을 구분하지 않고 '협동학습'이라고 번역한다.

그러나 외국 논문을 접하다 보면 협동학습을 다루는 학자와 협력학습을 다루는 학자가 대체로 구분되어 있으며, 이들이 학습을 다루는 목표와 방식에도 차이가 있어 보인다. 협동학습을 다루는 학자들은 교육학자나 사회심리학자들이 많으며 협력학습은 인문학을 다루는 학자들이 많다. 슬라빈(Slavin), 케이건(Kagan), 존슨(Johnson)과 존슨(Johnson) 등은 협동학습의 권위자로 주로 사회과학과 교육학을 전공한 학자들이다. 반면에 브루피는 협력학습의 권위자로 인문학을 전공한 학자이다.

글쓰기 협력학습(Collaborative Writing)은 협동학습(Cooperative Learning)과는 영역이 다른 학습이다. 협동학습과 협력학습을 분리하여 볼 때 글쓰기 학습은 협력학습의 경우에 해당한다. 특히 브루피와 같은 학자는 학습의 원리나 방법 면에서 협동학습과 협력학습은 분명한 차이가 있기 때문에 이를 구분해 주어야 한다고 주장한다. 그래서 그는 글쓰기 협력학습을 Cooperative Writing이라고 부르지 않고 Collaborative Writing으로 부르고 있다.

그렇다면 실제로 협동학습(Cooperative Learning)과 협력학습(Collaborative Learning)은 어떤 차이가 있을까? 브루피와 몇몇 학자를 통해 이에 대한 해답을 들을 수 있다. 특히 브루피는 자신의 책 『협력학습(Collaborative Learning)』의 한 장을 할애해 이에 대한 설명을 하고 있다. 협동학습과 협력학습에 관한 브루피의 관점은, 교육 철학면에서는 양쪽이 비슷하지만 교육 원리나 방법, 용어 사용면에서 차이가 있다는 것이다. 그리고 그런 차이가 학습의 성과와 효력을 다르게 만들 수 있다고 보았다.

협동학습과 협력학습은 듀이의 관점을 따른다는 점에서 교육철학이 같다. 듀이는 지식을 교수자 중심에서 학습자 중심으로 옮기고 교실 현장을 살아 있는 삶의 현장으로 바꿔 놓은 대표적인 교육철학가이다. 그는 지식을 교수자가 소유하고 학습자에게 전달하는 이전의 형식주의적 교육에 저항하고 지식을 학습자 중심에서 능동적으로 구성하는 경험적이고 실제적인 교육을 해야 한다고 주장했다. 또 학교 교육은 생활을 위한 준비가 아니라 생활의 경험 그 자체가 되어야 하며, 이에 따라 교실을 실생활 중심, 경험 중심, 창조적 활동 중심으로 바꾸어야 한다고 주장했다. 듀이가 볼 때 교육의 목표는 한 마디로 개인의 경험을 학습에 연결시켜 줄 수단을 제공하는 것이다(Foote, Vermette & Battaglia, 2001: pp. 13~15).

협동학습과 협력학습이 추구하는 목적도 듀이의 입장과 크게 다르지 않다. 브루피는 두 입장 모두 '학교는 사회 교육기관이며, 경험은 교육'이라는 듀이의 관점을 따르고 있다고 보았다. 협동학습과 협력학습은 모두 살아있는 현장 경험과 사회적 경험을 중시함으로써 실질적이고 구체적인 학습효과를 얻고자 한다. 사람들이 서로 대화하고 협상하고 합의를 추구하는 과정을 통해 생산적인 대화와 공동체적인 삶을 경험하게 된다. 협동학습이든 협력학습이든 대화와 협상을 통해 변화의 공동체(transition community)를 지향한다는 점에서 이들은 듀이의 철학을 반영하고 있다(Bruffee, 1999: p. 84).

이렇게 보면 협동학습과 협력학습은 교수자의 권위적 성격과 학습의 주입적 성격을 부정하고 생산적인 대화와 협력을 통해 교육의 새로운 모형을 만들었다는 점에서 비슷한 성격을 가지고 있다고 볼 수 있다. 교수자와 학습자는 이 두 학습을 통해 교육에 관한 새로운 관점과 철학을 만나게 된다. 따라서 여러 학자들이 주장하듯이 협동학습과 협력학습은 단일한 현상을 설명하는 두 가지 용어가 될 수 있으며, 또 서로 의존하여 공동의 교육과제를 수행하는 상호 보완적인 학습이 될 수도 있다. 협동학습과 협력학습을 국내에서 동일하게 '협동학습'이라고 번역하는 것도 이와 무관하지만은 않다.

협력학습과 협동학습의 차이 ■

반면에 이 두 학습의 성격을 구분하는 학자도 많다. 앞서 말한 대로 브루피가 이런 관점의 학자이며, 바클리(Barkley et al., 2005) 등도 브루피의 의견과 같은 주장을 하고 있다. 또 힐(Hill) 역시 교육자들이 이 두 용어를 때때로 교환해서 사용하지만 이 두 방법 사이에는 명확한 차이가 있다고 말하고 있다(Hill, 1997: pp. 7~8). 이런 관점의 학자 중에서 가장 중요한 학자는 브루피이다. 브루피는 협동학습과 협력학습의 차이를 교육철학 내부의 실제 이념과 대상의 성격에서 찾고 있다.

일단 두 학습의 교육적 이념부터 살펴보자. 두 학습은 실제 학습 목표로 삼고 있는 이념에서 많은 차이가 있다. 협동학습은 교실의 경쟁 환경으로부터 학습의 문제를 제기한다. 전통적 교실에서 학습자들은 성적이라는 한 가지 목표를 두고 서로 경쟁을 벌여야 하는 관계로 설정되어 있다. 이런 경쟁 체제에서 학습 목표는 뚜렷하다. 어떻게 해서 상대방보다 더 나은 점수를 얻느냐가 모든 학습의 목표가 된다. 따라서 더 좋은 점수를 얻기 위해 전통적 교실에서 익숙한 모든 방법이 동원된다. 암기, 필기, 주입식 교육, 정량적 평가 등은 이런 경쟁적 교육 체제의 산물이라고 할 수 있다. 그러나 이런 방법을 쓴다고 해서 경쟁학습이 다른 학습보다 효율성이 높은 것도 아니다. 경쟁학습은 때로 협력학습보다 못할 때도 많다. 실제 사회는 구성원들이 서로 협동하면서 삶의 문제를 해결해 가는 과정을 보여 준다.

협동학습은 경쟁학습에 대한 저항에서 출발했다. 그래서 협동학습은 사회과 과목에서 협동적인 환경을 통해 사회화 과정을 훈련할 수 있도록 고안된 것으로 브루피는 보고 있다(Bruffee, 1999: p. 88).

협동학습은 수업 방식과 절차에도 협력학습과는 차이가 있다. 협동학습에서는 협동을 통해 학습의 성과를 높이는 것과 동시에 대화와 협상을 통해 사회적 기술을 익히는 것을 목표로 삼는다. 학습자들은 협동학습을 통해 높은 학업 성과를 얻기도 한다. 또 대화, 토론, 협상, 양보, 설득, 예절 등에 관한 모든 사회 관계의 기술도 배우게 된다. 협동학습은 학업 성적의 향상과 사회적 기술의 함양 모두를 목표로 삼는다. 그래서 협동학습은 이 두 가지 목표를 얻기 위해 학습의 방법을 구조화하고 정교화한다. 또 교수자가 이런 협동학습의 과정에 깊숙이 참여하고 관여하기도 한다. 예컨대 협동학습은 과제를 여러 방식으로 제시하기도 하고, 다양한 보상 제도를 두기도 한다. 협력학습보다 협동학습이 방법과 절차면에서 훨씬 세밀히 연구되어 있는 것도 학업 성과와 사회적 기술을 동시에 얻고자 하는 점과 관련이 있다.

반면에 협력학습은 경쟁적 교실 환경에 도전하고자 만들어진 협동학습에 비해 전통적인 교실의 권위적 질서에 도전하고자 생겨났다. 전통적 교실의 교육자 권위는 생산적이고 창조적인 지식 생산을 방해한다. 듀이의 주장처럼 교실을 살아 있는 생활의 장(場)으로 만드는 것도 불가능하게 할 뿐만 아니라 교수자와 학습자의 관계도 비민주적이며, 비교육적으로 만든다. 따라서 이 속에는 일방적인 지시와 명령, 주입만이 있게 된다. 브루피는 많은 교수자들이 교실에서 불필요한 담화나 패러디, 저항, 비판들을 없앨 때 자신들의 가르침이 성공했다고 믿는 경향이 있다고 말했다. 그는 교수자들이 교육을 지적 참여와 지적 생산의 과정으로 만들지 않고 자신의 의견을 따르게 하는 비생산적 과정으로 만들고 있다고 비판했다(Bruffee, 1999: p. 89). 협력학습은 이런 교수자의 권위를 무너뜨리고 교실을 대화와 협상의 공간으로 만드는 데 주된 목적을 둔다. 그래서 문제의 해결을 가르치기보다 문제를 대화와 협상으로 이끄는 과정을 더 중요하게 본다.

브루피는 협동학습과 비교하여 뚜렷이 대비되는 협력학습의 특징을 아래 세 가지로 보았다(Bruffee, 1999: pp. 90~91).

첫째, 협동학습에서 교수자는 학습자들의 모임 활동에 학습자와 동등하게 참여한다. 또 교수자가 모임 활동에 대해 책임을 지고 이를 직접 지도한다. 반면에, 협력학습에서 교수자는 학습자 활동에 간여하지 않는 것을 원칙으로 한다. 교수자는 될 수 있는 대로 협력학습에서 발생하는 문제와 절차를 그들 스스로 풀도록 권유한다.

둘째, 협력학습은 학습자들의 모임 활동과 그 과정에 대해 될 수 있는 대로 교수자들이 평가하지 않도록 권유한다. 그리고 실제 교수자들이 모임 활동을 평가할 자료도 가지고 있지 않다.

셋째, 협동학습은 의견 차이를 줄여서 합의에 이르는 것을 중요한 과정으로 여긴다면, 협력학습은 오히려 의견 차이를 격려하고 의견 불일치를 조장하는 경향이 있다. 협력학습은 교수자나 과제에 대해 저항하는 것이나 다른 사람의 견해에 대해 의문을 제기하는 것을 학습에 불가피한, 또 피할 수 없는 학습의 한 측면으로 본다. 협력학습은 상식처럼 되어 버린 의견에 대한 구성원들의 반대, 이의 제시, 반론 제시 등을 아주 좋은 교육적 도구로 여긴다. 따라서 어떤 문제이든 정답은 없으며, 또 정답을 요구할 수도 없다고 본다. 학습자들은 스스로 자신과 다른 학습자의 의견을 따져 보고 자신의 의견에 문제가 없는지 어떤 의견이 옳은지를 판단해야 하며, 또 이를 통해 자신의 지식을 구성해 가야 한다.

브루피의 견해를 종합하면 협동학습과 협력학습은 교수자 중심에서 학습자 중심으로 학습을 옮겼다는 점과 학습자들의 상호 활동과 동료 활동을 중시한다는 점에서 서로 유사하지만 동료 활동의 목표와 모임 운용 방식에서 차이가 난다. 모임 활동에서 협동학습이 결과와 외적 성과를 중시한다면 협력학습은 과정과 내적 성숙을 중시한다. 또 협동학습이 경쟁학습을 극복하기 위해 마련되었다면 협력학습은 주입식 교육을 극복하기 위해 마련되었다는 점도 알 수가 있다.

협력학습과 협동학습의 인식론적 배경

바클리 등(2005)은 협동학습과 협력학습의 밑바탕에 있는 이론적 배경에 관심을 두었다. 협동학습은 대체로 지식에 대한 전통적인 견해에 이론적 바탕을 둔다. 즉 어떤 문제에 대해 정확한 답이 있거나 아니면 최소한 가장 나은 해결책이 존재한다는 것이다. 각각의 학습자들은 과제에 대한 각각 다른 측면의 지식을 가지고 있다. 모임에서 교수자 및 동료들은 이런 각자의 지식을 서로 나누면서 더 나은 해답을 찾을 수 있다. 학습에 능동적인 학습자들은 동료들과 사회적 상호활동을 통해 훨씬 우수한 성과를 거둘 수 있다(Barkley et al., 2005: p. 6). 결론적으로 협동학습은 특정한 이념이나 철학의 변화에서 출발한 것이 아니라 학습 방법과 학습 활동의 변화를 통해 높은 교육적 목표를 얻고자 하는 동기에서 나왔다. 협동학습은 동료 활동을 구조화, 조직화함으로써 학습 효과를 극대화시키고자 한다. 그래서 이념이나 철학보다 방법과 효과면에 더 많은 관심을 보인다.

반면에 협력학습은 지식에 대한 견해에 있어 협동학습과는 다른 입장을 취한다. 바클리 등(2005)은 협력학습의 배경에 사회구성주의(social construction)가 있다고 말한다. 일반적으로 사회구성주의는 지식을 사회적 관계, 특히 언어 활동을 통해 구성되는 것으로 판단하고 있다. 세상에는 어떤 절대적 지식이나 영원한 진리가 존재할 수 없으며 모든 지식은 사회적 관계 속에서 생성되고 파생된다고 본다. 협력학습은 이런 사회구성주의 입장을 받아들이고 있다.

협력학습의 수업 방식은 사회구성주의 이념을 바탕으로 한다. 따라서 협력학습은 어떤 절대적 지식이나 해답, 해결책은 존재할 수 없다고 본다. 중요한 것은 해답이 아니라 그것을 찾기까지의 과정과 노력이다. 학습자들은 모임 활동을 통해 스스로 지식을 구성해 가야 하며, 결정된 정답이나 해결 방법은 없다. 또 해결 방법이 없기 때문에 교수자가 권위를 앞세우거나 특정 모임의 구성원이 권위를 앞세울 수 없다. 무엇보다 서로 평등하게 상호 활동을 통해 적절한 해결책을 찾아가는 과정이 중요하며, 그런 가운데 논리적 사고, 비판적 사고, 종합적 사고를 배우게 된다.

이렇게 보면 협동학습과 협력학습의 차이는 분명해 보인다. 협동학습은 구성원들이 특정한 협동학습의 구조 하에서 서로 협조하여 문제에 대한 가장 나은 해결책을 찾는 것을 강조한다면, 협력학습은 대화와 토론을 통해 서로의 차이를 확인하고 능동적으로 자기 생각을 구성해 가는 것을 중시한다. 협력학습은 협동학습보다 고차원적이고 통합적이며 잠재적인 능력을 함양하는 데 목적을 둔다고 말할 수 있다. 그래서 바클리 등(2005)은 협동학습은 초·중등 과정에, 협력학습은 대학 과정에 적합하다고 말하고 있다(Barkley et al., 2005: p. 7).

글쓰기 협력학습(Collaborative Writing)은 글쓰기의 과제를 동료 활동을 통해 협력적으로 해결하는 과정을 말한다. 글쓰기의 과제는 특정한 해답과 해결책을 요구하지 않는다. 또 반드시 한 가지 정답과 한 가지 방법만을 가지고 있다고 말할 수도 없다. 학습자들은 동료들과 대화하고 협상하고 합의해 가는 과정 속에서 자신의 지식을 구성하고, 그것을 표현할 방법을 찾게 된다. 또 글쓰기 협력학습에서는 엄격하게 모임 활동의 방법을 규정하지 않으며, 다양한 보상제도도 마련하지 않는다. 이런 점을 고려해 보면 글쓰기 학습은 협력학습의 예가 될 수 있다. 브루피도 협력학습의 대표적 경우로 글쓰기 협력학습을 내세우고 있다(Bruffee, 1984: pp. 641~642).

반면에 협동학습은 교육학과 사회학을 중심으로 활발하게 연구되어 왔다. 협동학습에 대한 연구는 주로 모둠 학습의 효과와 실질적 방법 면에 치우쳐 있다. 협동학습의 방법으로는 원탁토론(Round-table)과 같은 간단한 방법으로부터 직소(jigsaw) 모형과 같은 복잡한 모형에 이르기까지 다양하게 소개되어 있다. 협동학습이 이렇게 다양하고 정교한 방법에 관심을 두는 것은 협동학습을 통해 얻을 수 있는 보상과 목표 구조에 관심이 많기 때문이다(정문성, 2004: 74쪽). 협동학습에 관한 연구자들은 협동학습에서 학습자들이 열심히 노력하는 것은 모임이 성공해야 자신들도 보상을 받을 수 있다고 믿기 때문이라고 본다. 동료를 도와야만 자신이 성공하고 더 많은 보상을 받게 되는 제도 덕분에 협동학습이 성공할 수 있다고 믿는 것이다. 따라서 협동학습에서는 모임을 만드는 방법에서부터 모임 활동, 모임 평가에 이르기까지 모둠학습을 통해 성공할 수 있는 다양한 방법을 개발해 놓고 있다.

협력학습과 협동학습의 용어 문제 ■

이 책에서는 글쓰기 협력학습(Collaborative Writing)을 다루기 때문에 협력학습의 원리와 방법을 따랐다. 그렇지만 협동학습에서 나오는 여러 원리와 방법을 배척하지는 않았다. 글쓰기 학습에서도 모둠 기술을 중시하는 협동학습을 사용하는 경우가 많다. 특히 모둠활동의 특성과 원리에 대해서 협동학습에서 잘 정리해 두었기 때문에 다음 장에서 이를 소개할 예정이다. 또 모둠 구성 원리와 방법에 대해서도 협동학습의 많은 부분을 참고하고 응용했다. 협동학습과 협력학습은 세밀한 부분에서 차이를 뺀다면 많은 부분에서 서로 같은 원리와 방법을 공유하고 있다. 그래서 지금도 이 두 경향을 굳이 구분하지 않는 경우가 있다.

그러나 글쓰기 학습의 경우 추구하는 목표와 사용하는 절차가 협동학습과는 차이가 있다. 특히 글쓰기 학습 같은 절차적 지식을 공부하는 학습에서는 협동학습의 효율성보다는 협력학습의 대화성이 더 두드러져 보인다. 따라서 글쓰기 학습은 협력학습의 영역에 속하는 것으로 보는 것이 좋다.

문제는 협동학습과 협력학습의 용어 문제이다. 현재 국내의 논문들은 대체로 두 개념을 구분하고 있지 않으며 함께 협동학습이란 용어를 사용한다. 그러나 협동학습이란 용어를 이처럼 같이 사용하면 각 방법이 지니고 있는 구체적인 개념과 원리를 놓치기 쉽다. 그래서 이를 어떻게 구분하여 표기하는가가 문제가 된다.

협동학습에 대해서는 국내에 많이 소개되었다. 그러나 아직 협력학습에 대해서는 그다지 소개되지 않았다. Cooperative Learning을 국내에서 협동학습이란 용어로 사용하기 때문에 그대로 사용하는 것이 좋다. 다만 이와 구분하여 Collaborative Learning의 용어 규정이 어려운데, 이 책에서는 이를 '협력학습'으로 번역하고자 한다.

미국에서는 Collaborative Learning과 Cooperative Learning을 비교할 때 Collaborative Learning을 더 포괄적이고 상위적인 개념으로

표3. 협동학습과 협력학습의 차이

협력학습(Collaborative Learning)	협동학습(Cooperative Learning)
권위적 교육환경에 대한 저항으로 시작했다.	전통적 교실의 경쟁학습에 대한 저항으로부터 시작했다.
어떤 문제이든 정답은 없으며, 정답을 요구할 수도 없다.	어떤 문제에 대해 정확한 답이 있거나 최소한 가장 나은 해결책이 존재한다고 믿는다.
의견 차이를 격려하고 의견 불일치를 조장하는 경향이 있다.	의견 차이를 줄여서 합의에 이르는 것을 중요한 과정으로 여긴다.
모임 구조나 모임 활동 방법, 사회적 기술보다 모임 구성원을 중시한다.	모임 구조, 모임 활동 방법, 사회적 기술 등을 중시한다.
교수자는 학습자들의 모임 활동에 직접 참여하지 않는다.	교수자가 모임 활동에 간섭하고 참여할 수 있다.
학습의 결과나 평가보다는 과정을 중시한다.	학습의 결과와 과제의 해결을 중시한다.
모임 활동 방법이 단순하며 모임 활동 종류도 많지 않다.	모임 활동의 방법이 매우 다양하고 조직적이며, 모임 활동 종류도 매우 많다.
협력활동을 통해 높은 사고와 추론 능력, 절차적 사고 능력을 기른다.	어떤 결과를 얻기 위한 가장 효과적인 방법이 협동학습이라고 가정한다.
문학, 글쓰기 중심	교육학, 사회과학 중심

보고 있다. 따라서 협력학습을 상위 개념으로 협동학습을 하위 개념으로 상정하여 용어를 정리하는 것도 한 가지 방법이다.

글쓰기의 경우 글쓰기 협력학습이라고 부르는 것이 합리적이고, 타당하다. 몇몇 경우를 제외하면 대부분의 글쓰기 협력학습은 Collaborative

Writing으로 표기하지 Cooperative Writing이라 하지는 않는다. 협력학습(Collaborative Learning)과 협동학습(Cooperative Learning)의 차이가 분명하다면 글쓰기의 경우 글쓰기 협력학습이라고 표기하는 것이 좋다고 생각한다.

2장 협동학습의 일반적 특징

(1) 협동학습과 경쟁학습의 특성

협동학습의 권위자인 존슨과 존슨(Johnson & Johnson)은 인간이 타인과 관계 맺는 방식을 세 가지로 들고 있다. 첫 번째는 나의 행위가 타인의 성공을 촉진하고 권장하는 관계, 두 번째는 나의 행위가 타인의 성공을 방해하고 가로막는 관계, 세 번째는 나의 행위가 타인의 성공이나 실패와 아무런 상관이 없는 관계이다. 첫 번째를 협동적(cooperative) 관계, 두 번째를 경쟁적(competitive) 관계, 세 번째를 개인적(individualistic) 관계라고 말한다(Johnson & Johnson, 1989: p. 1). 이를 학습의 형태로 바꾸어 살펴보면 협동적 학습은 공동의 목표를 위해 구성원이 서로 협동하여 학습하는 것을 말한다. 경쟁적 학습은 일정한 목표를 획득하기 위해 학습 구성원 간에 상호 경쟁을 하게 되는 학습 형태이다. 개인적 학습은 한 사람의 학습이 다른 사람들에게 전혀 영향을 미치지 않는 학습 형태를 의미한다.

표4. 협동 · 경쟁 · 개별 학습 구조의 특징*

구분	협동학습	경쟁학습	개별학습
교수자활동 형태	고등사고력을 포함하는 깊이 있는 내용을 다양한 방법과 다양한 자료를 가지고 수업을 진행	학습 범위와 학습 방법, 평가 방법을 분명히 하고, 이를 경쟁의 규칙으로 삼음	이해하기 쉽고 단순한 과제 위주로 학습하게 하되 교수자의 시범을 익히고 숙달하게 하는 과정 필요
학습목표의 중요성 인식	학습목표는 각 학습자들에게 중요한 것으로 받아들여지며, 각 학습자는 모둠이 그 목표를 달성할 것으로 기대함	학습목표는 학습자들에게 중요하게 받아들여지지 않으며, 단지 성공과 실패에 관심을 가짐	학습목표는 학습자들에게 매우 중요하게 받아들여지며, 언젠가는 자신의 목표가 달성되기를 기대함
학습자의 활동	각 학습자는 다른 학습자와 긍정적 상호작용을 하며 아이디어와 자료를 공유하고, 공동책임, 모둠에 기여, 과제 분담, 구성원의 다양성을 이용함	각 학습자는 승리할 수 있는 기회를 균등히 가지며, 자신의 학습활동을 즐기며, 경쟁자의 진보 상태를 평가하며, 능력 · 기술 · 지식 등을 비교함	각 학습자는 다른 학습자에 의해 간섭받지 않으며, 과제 완성에 대해 자신이 책임지며 자신이 자신의 과제 수행의 질을 평가함
도움의 원천	동료 학습자	교수자	개별 학습자나 교수자

* D. W. Johnson & R. T. Jonhson, *Learning Together and Alone: Coopertion, Competition, and Individualization*, Allyn and Bacon, pp. 6~9. 정문성(2002), 『협동학습의 이해와 실천』, 교육과학사, 34쪽.

협동학습의 일반적인 특성을 알기 위해서는 협동학습과 다른 방식의 학습을 살펴볼 필요가 있다. 특히 그 중에서도 경쟁학습을 주목해 볼 필요가 있다. 협동학습의 의의나 장점은 경쟁학습의 부정적인 측면을 극복하고자 시도한 가운데 나타났기 때문이다. 협동학습에 관해 많은 책을 저술한 슬라빈(Slavin)은 협동학습의 방법이 발달하게 된 중요한 이유가 사회과학자와 교육자들에게 경쟁학습의 부정적 효과가 널리 알려졌기 때문이라고 말하고 있다(Slavin, 1995: p. 3). 경쟁학습이 인지교육에도 도움이 되지 않고, 인성교육에도 나쁜 영향을 미친다는 사실이 알려지면서 협동학습이 관심의 대상이 되었다. 이런 이유 때문인지 협동학습과 경쟁학습은 서로 상반되는 특성을 많이 품고 있다.

경쟁학습은 지금 초·중등 교육 현장에서 가장 많이 사용하는 교육방법이다. 경쟁학습은 동일 학습에 대한 성취 욕구를 자극하기 위해 학습구성원들에게 서로 경쟁을 하게 하는 방법이다. 상위 점수의 분포가 일정하게 정해져 있기 때문에 학습자들은 다른 학습자보다 더 좋은 점수를 얻기 위해 노력해야 한다. 이 학습방법은 많은 학습자들이 더 좋은 점수를 얻기 위해 서로 경쟁하게 되면 결국 학습량도 많아지고 개개인의 성적도 향상되리라는 믿음을 바탕에 깔고있다. 실제 경쟁학습은 경쟁 방법의 공정성과 합리성이 갖추어지고, 평가 방법의 객관성만 보장된다면 어느 정도 효과가 있는 것으로 알려져 있다.

그러나 경쟁학습 방법을 모든 교과목에 일률적으로 적용하거나, 장기간 실시하는 경우 문제가 많이 발생한다. 어떤 학습자들은 쉽게 경쟁학습에 적응하여 학업에 성공하지만 어떤 학습자들은 그렇지 않다. 또 성공의 척도도 문제이다. 무엇을 성공의 기준으로 볼 것인가? 학업 성취도가 낮은 학습자의 경우에는 열심히 노력해도 성공적인 점수를 얻기가 힘들지 않는가? 경쟁학급에서 성공은 상대적인 기준에 의해 평가되어야 한다 (Slavin, 1995: p. 4). 학업 성취도가 낮은 학습자의 성적이 하위권에 있다고 하더라도 그가 많은 양의 학습을 하였다면 성공적인 것으로 평가해야 한다. 학업을 통해 얻는 성취는 학습자들의 능력에 따라 달라질 것이기 때문이다.

이 밖에도 경쟁학습이 갖는 문제점은 상당히 많다. 상·중·하 성적 분포를 통해 학습자들을 일괄적으로 평가한다는 것은 공정한 방법이 아니다. 상위권 학습자들은 학습에 대한 이해력이 뛰어나기 때문에 학업 성취도나 성적 평가에서 유리한 위치에 선다. 상대적으로 하위권 학습자들은 학업 성취도나 성적 평가에서 상위권 학습자보다 뒤처지게 된다. 결국 학습에 있어 경쟁의 방식은 학습자의 능력이 동등하지 않기 때문에 공정하다고 볼 수 없다. 수업을 진행하는 교수자의 입장에서도 이는 마찬가지이다. 한국의 교육 현장은 입시교육의 영향 때문인지 우수 학생들을 중심으로 수업이 진행된다. 중위권이나 하위권 학생들은 교사의 관심을 얻기도 불가능할 뿐 아니라 수업을 따라가기도 힘들다. 이런 현실 속에서 경쟁학습은 결국 소수자를 위해 다수자가 들러리 서는 학습 방법이 된다.

존슨과 존슨은, 경쟁학습은 매우 조심스러운 학습구조를 지녀야 한다고 말하면서 그렇지 않을 경우 비효율적인 학습 방법이 되기 쉽다고 보았다. 그들은 비효율적인 경쟁학습의 특징으로 다음과 같은 것을 들고 있다 (Johnson & Johnson, 1989: p. 30).

① 부적절한 과제(Inappropriate tasks)

② 불공정한 경쟁에 따른 성취 동기 결여(Lack of achievement motivation)
③ 실패에 대한 두려움에서 비롯되는 높은 불안감(High anxiety levels)
④ 승자를 결정하는 기준이나 규범이 모호하고, 경쟁해야 할 곳과 그렇지 않은 곳에 대한 경계가 모호함에 따라 나타나는 부적절한 경쟁적 행동(Inappropriate Competitive behavior)
⑤ 결과를 너무 확대하여 일반화하는 것, 승리의 중요성을 너무 과장하여 결과적으로 적절한 문제 해결을 방해하는 것, 남을 속이는 것(Overgeneralization of results)
⑥ 경쟁 기술의 부족(Lack of competitive skills)

경쟁학습에 적절한 과제는 대체로 단순하고, 단일하며, 지속적인 것이다. 새로운 것이나 복잡한 것은 경쟁학습의 과제로는 적절치 않다. 몇몇 연구(Miller & Hamblin, 1963 ; Johnson & Johnson, 1974)에 의하면 단순하고 지속적인 과제는 협동학습보다 경쟁학습에서 더 좋은 성과를 얻었는 데 반해 새롭거나 복잡한 과제에는 협동학습이 경쟁학습보다 효과가 더 높았다(Johnson & Johnson, 1989: p. 30). 예를 들어 철자법을 익히거나 구구단을 외는 것과 같은 지속적 학습에는 경쟁학습이 효과가 있다.

뿐만 아니라 경쟁학습이 구조적인 기능을 발휘하기 위해서는 모든 참석자들이 승리할 수 있다는 신념을 가져야 한다. 또 승리할 수 있는 가능성도 항상 열려 있어야 한다. 그러나 학습 성취능력이 우수한 학습자와 그렇지 못한 학습자가 한 학급을 구성하여 학습을 수행하는 구조 속에서는 승자와 패자가 지속적일 경우가 많다. 이런 경우 승자는 학습에 대한 동기를 부여받지만, 패자는 그렇지 않다. 또 경쟁학습에서 승자가 가지는 경험은 항상 만족스러운 데 반해 패자가 느끼는 감정은 불만족스러운 것이 대부분이다. 한 연구에 따르면 경쟁학습에서 패자는 학습 경험을 따분하거나(boring), 불공정하며(unfair), 재미없다고(not fun) 느끼며, 스스로를 부정적으로 여긴다고 한다(Johnson & Johnson, 1989: p. 31 ; Crockenberg, Bryant, & Wilce, 1974).

경쟁학습은 실패에 대한 두려움 때문에 통상적으로 높은 불안감을 야기한다. 경쟁학습은 불안감을 증가시키고, 또 과제를 수행할 수 있다는 자신감을 감소시킨다. 경쟁학습에서 보상이 높아지면 상대적으로 불안감도 증폭된다. 한번 경쟁에서 실패한 학습자의 경우 다음 경쟁학습에서도 성취도가 낮게 나타난다(Johnson & Johnson, 1989: p. 31 ; Tseng, 1969).

경쟁학습에 대한 두려움은 경쟁과정의 절차나 방법, 기준 등이 모호하기 때문에 일어난다. 경쟁학습에서는 학습의 범위, 평가 수행의 과정과 방법, 서열이나 등급을 부여하는 기준이 명확해야 하는데, 그렇지 못한 경우가 많다. 또 비슷한 능력의 학습자들이 경쟁에 참여해야 하는데도 불구하고 실력 차이가 명백하게 나는 학습자들까지 경쟁에 참여하는 경우가 많다. 경쟁학습에서 공정한 경쟁 대상자를 선정하고, 경쟁 방법과 평가 기준을 명확히 결정하면 경쟁에 참여하는 학습자들은 자기 성취 수준을 인지할 수 있을 뿐만 아니라 결과까지 흔쾌히 승복할 수가 있다. 경쟁과정의 모호함은 학습 동기를 떨어뜨리고 학습 성취 의욕을 낮추는 결과를 만들어 낸다. 뿐만 아니라 결과에 승복하지 못하게 함으로써 전체적인 수업 신뢰도마저 떨어뜨릴 수가 있다.

이 밖에 경쟁학습에서 결과를 과장되게 일반화하거나, 결과의 중요성을 너무 강조하게 되는 것도 학습 내용에 대한 성취와 효과를 떨어뜨리며, 부정행위를 조장하는 결과를 가져온다(Johnson & Johnson, 1989 : pp. 32~33). 교수자가 경쟁학습의 중요성을 지나치게 과장되게 선전하면 학습자들은 경쟁학습의 결과를 일회성이 아니라 지속적인 것으로 파악할 위험이 있다. 특히 경쟁학습이 반복되면 결과적으로 학습자 스스로 자신을 우수한 학습자라고 여기거나, 실패한 학습자라고 여길 가능성이 많다. 따라서 경쟁의 결과가 능력의 모든 것을 의미한다는 인상을 교수자가 학습자에게 심어 주어서는 안 된다. 경쟁의 결과는 다양한 능력 중 일부분일 뿐이다. 경쟁학습에서 부정행위가 많은 것도 경쟁에 대한 지나친 가치 부여 때문이다. 경쟁학습이 효과적으로 되기 위해서는 이런 여러 사항을 고려한 경쟁 기술이 필요한데, 실제 이런 효과적인 기술을 적용하는 경우는 매우 드물다고 할 수 있다.

(2) 협동학습과 소모둠 학습 ■

전통적인 학습 방법 중에는 소모둠 학습이 있다. 특정한 학습 목표를 위해 학급 인원을 소모둠별로 나누어 학습 수행과 과제 수행을 같이 하게 하는 것이다. 협동학습도 소모둠 학습의 일종이다. 소모둠으로 분류해 특정한 학습 목표를 위해 학습하는 것은 같기 때문이다. 일반적으로 소모둠 학습 속에는 토의 및 발표 학습, 협동학습, 팀 프로젝트 학습(구안학습), 역할놀이 학습, 문제 해결 수업, 버스 모둠 학습, 학습자 상호협력 모둠학습 등이 있다(노은호·민경일, 2000 : 115쪽 ; 변영계, 2005 : 287~294쪽). 이들 다양한 수업은 적어도 2명 이상이 모둠을 형성해 학습 목표를 수행하는 점이 특징적이다.

토의 및 발표 학습은 특정한 주제에 대해 학습자들이 발표, 토론을 하기 위해 만든 모둠 수업이다. 학습자들에게 시사적이든, 학술적이든 특정한 주제가 주어지면 수업을 위해 사전에 많은 자료를 조사하게 된다. 이런 기초 자료를 가지고 학습자들은 소모둠을 이루어 자신의 견해를 발표하고, 타인의 견해를 듣게 된다. 토의 및 발표 학습은 특정 주제에 대해 학습자들의 이해도나 수준을 높이기 위해 한시적으로 모둠을 형성하는 경우가 많다. 모둠을 통해 얻은 지식은 주입식 수업을 통해 얻은 지식보다 훨씬 오래 가기 때문이다.

구안학습은 일종의 프로젝트 학습으로 자신이 고안하고 연구한 것을 구성해 가는 수업을 말한다. 그것은 무엇인가 마음속에 생각하고 있는 것을 구체적으로 실현하고 형상화하기 위해 자기 스스로가 계획을 세워 수행하는 학습 활동을 지칭하는데, 주로 공작이나 농업 가사와 같은 실기 과목에서 많이 실시한다(노은호·민경일, 2000: 122쪽).

역할놀이 학습은 실제 사회 현장의 다양한 문제들을 모의적인 상황으로 꾸며 이를 체험케 하는 학습 활동을 말한다. 이 방법은 모의적인 상황이지만 학습자들이 직접 타자의 경험을 체험하고 이를 이해하게 한다는 측면에서 효율성이 크다. 역할놀이 학습은 몇 명의 학습자들이 모여 모둠적으로 다양한 상황을 연출하여 학습하는 것이다.

문제 해결 수업은 학습 과정에서 나타난 다양한 인지적 과제들을 문제 해결식으로 바꾸어 학습자들로 하여금 스스로 문제를 해결하도록 하는 학습 방법이다. 학습자들은 문제의 인지 과정에서부터 문제의 분석, 문제의 이해, 자료 탐색, 해결책 강구, 대안 형성, 해결책 제시에 이르는 다양한 해결 과정을 거쳐야 한다. 이 과정을 진행하면서 모둠을 구성하여 동료들의 도움을 받을 수 있다.

버스 모둠 학습, 학습자 상호협력 모둠학습은 특정 문제를 효과적으로 학습하기 위해 한시적이며 임의적으로 꾸민 모둠학습들이다.

이처럼 소모둠으로 학습할 수 있는 경우는 상당히 많다. 짧게는 수분 동안 소모둠을 이루어 학습할 수 있게 할 수도 있으며, 길게는 몇 달씩 유지하는 소모둠도 있을 수 있다. 모둠 학습 자체를 목표로 하는 경우도 있지만 특정 학습 목표를 위해 한 학습 과정만을 모둠학습으로 행하는 경우도 있다. 중요한 점은 소모둠 활동이 구체적 학습 목표에 기여하기 위해 어떻게 조직되어 있는가 하는 점이다. 소모둠에 따라서는 특정한 학습 목표에 도움이 될 수 있도록 계획적이고 조직적이며, 구성적인 경우도 있지만 그렇지 못한 경우도 많다. 그저 학업 능력이 유사한 몇몇의 학습자들이 모여 학업과 과제 수행에 관한 정보를 교환하거나, 상대방에게 과제에 관한 유익한 정보를 얻거나 하는 정도에 그치는 경우도 있다.

소모둠 학습은 협동학습처럼 될 수 있는 대로 학습목표를 위해 구성적이고, 구조화되지 않는다면 좋은 결과를 얻기가 힘들다. 소모둠 학습이 협동학습으로 발전하기 위해서는 모둠학습의 수행 방법과 평가 방법을 바꿀 필요가 있다. 한 학습자의 학습 성취가 다른 학습자의 학습 성취에 영향을 미쳐야 하며, 서로 간의 '교수-학습'(동료 학습하기) 방법을 통해 시너지 효과를 올려야 한다. 평가가 필요하다면 평가 방법도 개인별 평가와 더불어 모둠 평가, 향상 점수 평가 등을 병행하는 등 다양한 방법을 사용할 수 있도록 해야 한다. 중요한 점은 소모둠 활동이라 하더라도 개인 교수 방법과 다르게 모둠학습의 효과가 분명히 드러나도록 계획적인 구성과정이 필요하다는 것이다. 또 전체 학습 과정에서 소모둠 활동의 결과가 성공적이었다는 것도 반드시 검증해야 한다.

존슨과 존슨은 학습에서 모둠을 사용하는 방법은 여러 가지가 있다고 말한다. 존슨과 존슨은 어떤 모둠 학습은 학습자들에게 친숙하여 학습 활동과 학습 능력을 향상시키는 데 반해, 어떤 모둠 학습은 학습자들의 학습을 방해하며, 학급 활동에 부조화와 불만족을 만들어 낸다고 말하고 있다. 그래서 그는 협동학습을 효과적으로 시행하기 위해서 반드시 협동학습에 해당하는 것과 협동학습이 아닌 것을 구별할 필요가 있다고 본다. 존슨과 존슨이 분류한 모둠 학습의 종류로는 다음과 같은 것이 있다 (Johnson & Johnson, 1984: chap. 1, pp. 9~11).

① 가짜 학습 모둠(Pseudo-Learning Group)

학습자들이 함께 학습하도록 설정되어 있지만, 아무도 그것에 흥미를 가지지 않는다. 협동학습이지만 학습자들은 학업 성취의 순서에 따라 개인별로 성적을 줄 것이라고 믿고 있다. 겉으로 볼 때 학습자들은 서로 협의하는 것처럼 보이지만, 내면적으로 보면 서로 경쟁을 하고 있다. 그들은 각자 상대방을 패배시켜야 할 라이벌로 보고 있으며, 각자의 학습을 간섭할 방해꾼으로 보고 있다. 그래서 서로 정보를 숨겨 다른 사람이 잘못되도록 이끌고 있다. 이런 학습을 통해 나타난 결과는 개인이 가진 잠재력의 총합보다 적다. 이 경우 학습자들은 혼자 공부하는 것이 더 낫다.

② 전통적인 학급학습 모둠(Traditional Classroom Learning Group)

학습자들은 소모둠 학습에 대해 인지하고 그것을 받아들인다. 과제가 구조화되어 있지만 실제 그것을 통해 얻을 것은 얼마 되지 않는다. 모둠으로 평가는 이루어지지만 실제 학습자들은 모둠의 구성원이 아니라 개인으로 평가받을 것이라고 믿고 있다. 학습 과제를 수행하기 위해 기본적인 상호작용은 이루어진다. 그러나 학습자들은 다른 사람의 정보를 얻으려고 하지, 모둠 구성원이 전체적으로 알아야 할 것에 대해서는 아무런 관심을 가지고 있지 않다. 과제 수행을 도와주고 과제 수행을 나누는 것은 최소화된다. 학습자들은 빈둥거리며 놀거나 더 뛰어난 학습자의 과제 수행에 무임승차하려고 한다. 학습 성취 능력이 있는 학습자들은 탐구의욕을 가지기는 하나 그렇게 크지 않다. 전통적인 소모둠 학습의 결과는 학습자들이 소유한 잠재적 능력 이상의 성과를 거두기는 하나 열심히 공부하는 학습자나 능력이 뛰어난 학습자들이 혼자 공부하는 성과만큼은 되지 않는다.

③ 협동학습 모둠

학습자들은 함께 학습하기로 규정되어 있고, 또 이런 학습을 즐겁게 생각한다. 학습자들은 자신의 성공이 모둠 구성원 모두의 노력에 달려 있다는 사실을 믿는다. 이런 협동학습은 다섯 가지 특성을 지닌다. 첫째, 구성원 모두의 학습 모둠 목표는 개개인의 학습을 통해 얻을 수 있는 것보다 더 많은 것을 배울 수 있고, 또 이를 위해 열심히 학습할 수 있다는 동기를 부여해 준다. 모둠 구성원은 한 사람이 실패하면, 모두가 실패한다는 것을 믿는다. 둘째, 모둠 구성원은 스스로 서로의 상호 목표를 도달하기 위해 높은 수준의 학습에 대한 책임을 공유한다. 셋째, 모둠 구성원은 협동

작업을 위해 면대면(face-to-face) 학습을 수행한다. 그들은 실제 의미 있는 학습을 수행한다. 학습자들은 서로 도와주고, 일을 나누며, 서로 협력하고, 설명하며, 용기를 북돋아 준다. 그들은 개인적인 일이나 학습적인 일에 대해 서로서로에게 관심을 가지고 책임의식을 공유한다. 넷째, 모둠 구성원은 협동에 관한 사회적 기술을 배우고 그것을 서로의 노력과 목표를 조정하고 통합하는 데 사용한다. 서로의 노력을 조정하고 통합하는 사회적 기술을 배운다. 개인적 과제 수행 기술이나 모둠 과제 수행 기술은 둘 다 강조된다. 모든 학습 구성원은 리더십을 발휘할 책임을 가진다. 마지막으로 모둠은 어떻게 하는 것이 효과적으로 자신들의 목표를 완수할 수 있는지, 또 어떻게 해야 구성원들이 잘 협동할 수 있게 되는지를 분석해야만 한다. 또 학습과 모둠 과제 수행에서 높은 질을 유지할 수 있도록 지속적인 개선 과정이 있어야 한다. 이런 협동학습의 결과는 학습자가 혼자 학습했을 때보다 더 많은 학문적 성취를 얻는 것이다.

④ 심화된 협동학습 모둠(High-Performance Cooperative Learning Group)
이 모둠은 가능한 기대 수준을 넘어서는 수행능력과 조건을 갖춘 학습 모둠을 의미한다. 심화된 협동학습 모둠은 모둠의 성공에 대해 구성원들이 지니는 책임의 수준이 훨씬 높다는 점에서 일반적인 협동학습과 차이가 있다. 또 구성원들은 서로 어떤 애정의 형식과 같은 감정적 공감대를 가진다. 서로를 신뢰할 뿐만 아니라 서로 존중하되, 일에 여유를 갖는 것에 대해 부정적이다. 동료 중 한 사람이 취약한 점을 드러내면 다른 동료들이 도와준다. 서로서로 개인적 성장에 대해 높은 관심을 가지고 있으며, 이런 점들이 과제를 수행하는 데 기대 이상의 성과를 가져오게 만들며,

또 즐겁게 일할 수 있도록 만든다. 이런 높은 수준의 협동조직은 매우 드물다. 대부분의 모둠은 이런 수준의 단계에 이를 수 없다.

존슨과 존슨이 이렇게 협동학습의 모둠을 구별하는 것은 협동학습이 전통적인 소모둠과는 차이가 있다는 것을 증명하기 위해서이다. 그는 다양한 소모둠, 예컨대 스터디 모둠(Study groups)이나 프로젝트 모둠(Project groups), 랩 모둠(Lab groups) 등은 전통적인 학습 모둠이지 협동학습 모둠은 아니라고 보았다. 그가 생각한 협동학습은 학습의 목적을 위해 효율적으로 조직화되어 있는 그런 모둠학습이다. 모둠 전체가 어떤 목표를 위해 세밀하게 구성되어 있어야 하고 과정과 평가가 모둠적으로 조직화되어 있어야 한다. 가짜 학습 모둠이나 전통적 학습 모둠에서는 이런 조직화를 찾아 볼 수가 없다.

이처럼 존슨과 존슨은 소모둠이 잘 수행되는가 못 되는가는 오로지 그 모둠이 어떻게 구조화되어 있는가에 달려 있다고 보았다. 그래서 존슨과 존슨은 모둠 학습을 효과적으로 이끌기 위해 우선 먼저 자신들의 모둠이 어느 모둠에 속하는지를 진단하라고 말한다(Johnson & Johnson, 1984: chap. 1, p. 11). 자신의 모둠학습이 세밀하게 구조화되어 있는 협동학습인지, 아니면 가짜 모둠이나 전통적인 소모둠 학습에 불과한지를 구별해야 더 나은 학습을 할 수가 있다고 본 것이다.

존슨과 존슨이 분류해 놓은 네 가지 모둠 학습 형태 중에서 가장 혼동하기 쉬운 것이 전통적 소모둠 학습과 협동학습이다. 실제 학교 현장에서는 다양한 모둠 학습 형태가 이루어지기 때문에 어느 것이 전통적 소모둠 활동인지, 아니면 협동학습 활동인지 구별하기가 쉽지 않다. 일반적으로 알려진 두 모둠활동의 차이를 설명하면 다음과 같다(정문성, 김동일, 1998: 35~36쪽).

첫째, 협동학습 활동에서는 구성원 사이에 긍정적 상호의존성이 존재한다. 하지만 전통적 소모둠 활동에서는 긍정적 상호의존성이 드물게 존재한다. 긍정적 상호의존성은 서로가 서로에게 도움이 되고 나의 성취가 타인의 성취에 도움이 되는 관계 속에서 이루어지는 상호활동 경향이다.

둘째, 협동학습 활동에서는 개별적 책임성이 존재한다. 그러나 전통적 소모둠 활동에서는 개별성 책임성이 잘 드러나지 않는다. 여기서 개별적 책임성이란 자신의 성취가 모둠 전체의 성취와 밀접한 관련이 있기 때문에 개인이 전체 구성원을 위해 헌신하는 의무를 말한다.

셋째, 협동학습 활동에서는 주로 이질적 모둠으로 이루어진다. 그러나 전통적 소모둠 활동은 동질적인 학습자로 이루어지는 경우가 많다.

넷째, 협동학습 활동에서는 구성원이 서로 도와 목표 달성을 이루기 위해 노력한다. 목표에 이르는 과정에 상호 협력이 이루어지며, 상호 책임을 지게 된다. 반면에 전통적 소모둠 활동에서는 그런 책임이 없다.

다섯째, 협동학습 활동에서는 구성원 모두가 리더가 될 수 있다. 그러나 전통적 소모둠에서는 주로 학습 능력이 우수하거나 학업성취도가 높은 학습자가 리더를 맡는다.

여섯째, 협동학습 활동에서는 학업목표를 이루고, 학업 성취를 높이기 위해 구성원들이 서로 협력적 관계를 이루는 것이 매우 중요하다. 반면에 전통적 소모둠 활동에서는 구성원의 협력적 관계보다 과제를 완성하는 데 더 중점을 둔다.

일곱째, 협동학습 활동에서는 모둠생활에 필요한 의사소통 기술, 리더

표5. 전통적인 학습 소모둠과 협동학습 모둠의 차이*

전통적인 학습 소모둠 (Traditional Learning Groups)	협동학습 모둠 (Cooperative Learning Groups)
상호의존성이 낮다. 구성원은 단지 자신의 활동에만 책임을 진다. 개인적 수행 과정에 초점을 둔다.	긍정적 상호의존성이 높다. 모둠 구성원은 자신뿐만 아니라 동료들에 대해서도 책임감을 진다. 협력 수행에 초점을 둔다.
개인적 책무감만 있다.	개인적 책무감 및 모둠적 책무감을 함께 가진다. 구성원은 질 높은 수행 과정을 위해 서로 책임을 진다.
학습과제와 다른 사람의 학습에 대해 소극적인 협력 과정만 있다.	모둠 구성원은 서로서로 성공을 촉진하는 관계에 있다. 다른 사람의 학습을 도와주고 지원하고 서로 함께 학습한다.
모둠활동 기술이 무시된다. 리더는 구성원의 참여와 활동을 지시하기 위해 임명된다.	모둠활동 기술이 강조된다. 구성원들은 사회적 기술을 배우고 이를 사용한다. 모든 구성원은 리더십과 책임감을 공유한다.
학습에 질 높은 모둠 과정이 없다. 개인적으로 보상을 받는다.	학습에 질 높은 모둠 과정이 있다. 또 구성원들이 효과적으로 함께 공부할 수 있는 방법을 가지고 있다. 지속적인 촉진 과정이 있다.

* D. W. Johnson, R. T. Johnson, E. J. Holubec(1984), *Cooperration in The Classroom*, Interaction Book Company, chap. 1, p. 12.

십, 의견 조정력, 갈등, 화해의 기술과 같은 사회적 기술을 배운다. 반면에 전통적 소모둠 활동에서는 상호작용은 있으나 사회적 기술에 대해서는 무관심하다.

여덟째, 협동학습 활동에서 교수자는 학습목표를 이루기 위해 모둠을 효율적으로 구조화하고자 한다. 반면에 전통적인 소모둠 활동에서 교수자는 모둠 구조화에 대해 관심을 두지 않는다.

아홉째, 협동학습 활동에서 교수자는 모둠을 관찰하여 상호 협력하는 과정, 과제를 수행하는 과정, 의견을 조정하고 통합하는 과정 등에 대해 피드백을 제공해 주지만 전통적인 소모둠 활동에서는 이런 피드백 과정이 없다.

3장

협동학습의 기본 원리

(1) 협동학습의 기본 원리와 개념

협동학습은 과제 수행을 위해 일정한 인원이 모여 협력하며 학습하는 모형이다. 협동학습이 개인학습과 차이가 나는 것은 구성원 서로가 상호작용을 하면서 공동의 성과를 추구한다는 점이다. 이 과정에서 중요한 것은 구성원 서로가 상호 관련을 맺고 상호작용을 하는 것이다. 협동학습이 성과를 얻기 위해서는 동료 간의 협력 활동이 필수적이다. 따라서 협동학습의 기본 원리도 이와 같이 동료 협력 방법과 과정에 많이 의존하게 된다.

협동학습의 기본 원리에 대해서는 존슨과 존슨(Johnson & Johnson)의 이론이 가장 잘 알려져 있다. 존슨과 존슨은 협동학습의 기본 원리로 아래와 같이 다섯 가지를 제시했다(Johnson, Johnson & Holubec, 1994: chap. 1, pp. 9~12).

① 긍정적 상호의존성(Positive Interdependence)
② 개인 및 모둠 책임성(Individual and Group Accountability)
③ 촉진적 상호작용과 면대면 상호작용(Promotive interaction and Preferably face-to-face)
④ 개인 상호 간의 기술과 소모둠 기술(Interaction and Small group skill)
⑤ 모둠 수행 과정(Group processing)

'긍정적 상호의존성'은 협동학습에서 모둠의 성공이 개인의 성공과 밀접하게 관련되어 있기 때문에 구성원 서로가 긍정적으로 협력해야 하는 것을 의미한다. 또 '개인 및 모둠 책임성'은 모둠의 목표를 이루기 위해 개인이 모둠에서 자기 업무를 성실하게 수행해야 하는 책임감을 의미한다. 아울러 '촉진적 상호작용과 면대면 상호작용'은 협동학습이 구성원 서로 서로의 접촉을 통해 이루어지며 이런 활동을 통해 구성원의 상호활동과 성장을 촉진하게 되는 것을 뜻한다. '개인 상호 간의 기술과 소모둠 기술'은 협동학습을 성공적으로 수행하기 위해서 개인 간의 상호관계에 관한 기술과 모둠활동 방법에 대한 기술을 학습해야 하는 것을 의미한다. 효과적인 협동학습을 위해 구성원들은 모둠활동에 필요한 개인적인 기술을 익혀야 하고, 모둠활동 기술을 습득해야 한다. '모둠 수행 과정'은 모둠 구성원이 자신들의 목표를 성취하기 위해 효과적인 작업 관계(effective working relationship)를 구성해야 하는데, 이런 제반 과정을 일컫는 말이다.

존슨과 존슨이 말한 협동학습의 구성 원리는 모둠 구성원의 상호활동에 초점을 두고 있다. 협동학습은 여러 사람의 협력을 바탕으로 이루어지기 때문에 구성원들 간의 상호작용은 과제를 달성하는데 매우 중요한 요소이다. 특히 구성원 간에 상호 협력이 이루어지지 않을 때 협동학습의 성격은 경쟁이나 개인적 학습과 다를 바 없게 된다. 따라서 협동학습의 기본 원리는 구성원의 모둠활동에 초점을 두며, 이는 협동학습을 규정하는 중요한 정체성의 기준이 된다. 협동학습의 성패는 이런 기본적 원리를 어떻게 인지하고 이를 어떻게 모둠 조직과 구성에 반영하느냐에 달려 있다.

이 밖에 협동학습의 기본 원리에 대해서 여러 사람이 언급한 것이 있다. 그러나 대개의 내용은 존슨과 존슨의 견해에 포괄된다.

퍼트넘(Putnam, 1997)은 협동학습의 기본 원리로 긍정적 상호의존성(Positive Interdependence)과 개인적 책무성(Individual Accountability), 협동적 기술(Cooperative skill)과 면대면 상호작용(face-to-face Interaction), 모둠 반성과 목표 설정(Group reflection and goal setting)을 제시했다(JoAnne Putnam, 1997: pp. 11~17).

퍼트넘의 항목 중 앞의 항목 네 가지는 존슨과 존슨의 항목과 큰 차이가 없다. 그러나 마지막 항목(모둠 반성과 목표 설정)은 존슨과 존슨의 것과 차이가 있어 설명이 필요하다.

일반적으로 협동학습의 진행은 개인 간의 다양한 상호작용을 통해서 이루어지는데, 그 과정은 매우 복잡하다. 협동학습의 모형에 따라 진행 과정이 달라지며, 또 모둠활동이 어떻게 이루어지는가에 따라 협력 방법이 달라진다. 모둠 구성원 간에 상호활동이 성공적으로 이루어지면 문제가 없지만 그렇게 되지 않을 때는 수행 과정을 수정하거나 취소해야 한다. 이 과정에서 가장 중요한 것이 바로 모둠 반성과 목표 설정 확인이다.

퍼트넘은 협동학습이 올바르게 긍정적으로 진행되기 위해서 자기 검열 과정을 중요하게 여겼다. 모둠활동이 진행되는 과정 중간에 학습자들은 자체 평가를 통해 활동 방향을 점검해야 하며, 교수자는 이를 위해 여러 방법으로 피드백(feedback)을 해 주어야 한다. 그는 이런 일련의 과정을 '모둠 반성과 목표 설정'으로 규정하여 협동학습의 기본원리로 삼고 있다.

협동학습의 구조에 관심을 쏟고 있는 케이건은 협동학습의 원리로 네 가지를 지적했다. 긍정적 상호의존성(Positive Interdependence), 개인적 책임성(Individual Accountability), 동등한 참여(Equal Participation), 동시다발적 상호작용(Simultaneous Interaction)이 그것이다(Kagan, 2003: p. 66). 여기서 긍정적 상호의존성과 개인적 책임성은 협동학습의 원리를 설명하는 데 빠지지 않고 나오는 항목으로 케이건의 경우도 예외는 아니다. 긍정적 상호의존성과 개인적 책임성은 다음 장에서 자세히 다룰 예정이다.

케이건의 경우 다른 사람에게 없는 요소로 주목해 보아야 할 것은 동등한 참여와 동시다발적 상호작용이다. 동등한 참여는 경쟁학습이 협동학습이 모둠 구성원 사이에 동등한 참여가 이루어지고 동등한 상호작용이 일어난다는 점을 강조한 것이다. 교수자의 직접 교수법을 통해 이루어지는 경쟁학습의 경우 주로 성적이 우수한 학습자를 중심으로 수업이 진행된다. 이런 수업에서 학습자들 사이에 공평한 참여가 이루어지리라고 기대하기는 어렵다. 협동학습에서 모둠 과제 수행은 학습자들 사이의 동등한 참여를 통해 이루어진다. 케이건은 이런 점을 협동학습의 원리로 지칭한 것이다.

　동시다발적 상호작용은 경쟁학습에 비해 협동학습이 학습자들의 참여도가 높다는 점을 강조한 것이다. 전통적인 학습 구조에서는 늘 교수자나 소수의 학습자 중심으로 수업이 이루어졌다. 이런 수업은 대체로 교수자가 혼자 말하거나, 아니면 소수의 학습자가 질문에 발표하는 식으로 진행되었다. 이런 경우 학습자들의 수업 참여도는 매우 낮을 수밖에 없다. 협동학습은 이런 제한된 참여 방식을 개선한다. 협동학습은 모둠 학습을 통해 여러 학습자들이 의견을 발표하고 문제를 해결하는 과정을 수반하기 때문에 높은 참여도를 유지한다. 케이건은 협동학습의 이런 특성을 동시다발적 상호작용이라고 부르고 협동학습의 한 원리로 삼고 있다.

　다음으로 변영계와 김광휘는 협동학습의 기본 원리로 긍정적 상호의존성과 동시적 상호작용성, 개별 책무성(책임성)을 들고 있다(변영계·김광휘, 2002: 69~92쪽). 이런 의견은 앞서 존슨의 견해와 큰 차이가 없다. 긍정적 상호의존성과 개별 책무성(책임성)에 대해서는 앞에서 설명했으며, 동시적 상호작용성(promotive interaction)은 촉진적 상호작용과 면대면 상호작용의 내용과 다를 바 없다. 존슨과 존슨은 다른 책에서 촉진적 상호작용과 면대면 상호작용의 내용을 동시적 상호작용성(promotive interaction)으로 바꾸어 설명하고 있다(Johnson, Johnson & Holubec, 1994: chap. 1, p. 9). 변영계와 김광휘도 존슨과 존슨처럼 협동학습의 성격을 규정하는 데 구성원 간의 상호작용이 중요하다는 사실을 강조하고 있다.

　국어과 협동학습의 기본 원리도 앞의 내용과 유사하다. 신헌재 등(2003)은 국어과 협동학습의 기본적 요소로 긍정적 상호의존성과 개인적 책무성, 그리고 상호작용 기술의 자동화를 들고 있다. 여기서 상호작용 기술은 소모둠 구성원들 사이의 대인관계 기술과 의사소통 기술을 포괄한 말이다(신헌재 외, 2003: 33~37쪽). 이들은 특히 언어교육 활동에 필요한 다양한 진술 방법과 청취 방법, 대화 기술을 이에 포함시키고 있다. 궁극적으로 이런 기술들은 협동학습의 목표를 성취하기 위해 모둠 구성원들 사이에 사회적 상호작용이 원만히 이루어지도록 하는 것이기 때문에 존슨과 존슨의 규정과 크게 다를 바 없다고 볼 수 있다.

이 장에서는 협동학습의 기본적 원리를 존슨과 존슨과 케이건의 항목을 중심으로 하나씩 살펴보기로 한다. 협동학습의 기본 원리는 협동학습의 구성과 진행에 중요한 의미를 갖는다. 그것은 모둠의 구성과 구성원의 활동에 밀접한 관련을 가지기 때문이다. 글쓰기 협동학습의 경우도 모둠을 구성하고 운용하는 데 이런 기본 원리가 필요하다.

■ (2) 긍정적 상호의존성

긍정적 상호의존성이란 모둠의 목표 달성을 위해 구성원이 서로 협력하고 도와야 하는 사회적 상황을 의미한다. 존슨과 존슨은 이를 '모든 사람이 성공하지 못하면 아무도 성공할 수 없다'는 사실과 또 그런 방법으로 '서로가 연결되어 있다'는 사실을 인지할 때 이루어진다고 하였다 (Johnson, Johnson & Holubec, 1994: chap. 1, p. 9). 긍정적 상호의존성은 모둠의 목표가 모둠 구성원의 개별적 성취를 통해서 이루어지기 때문에 서로가 협력을 위해 강력한 유대가 이루어지는 상황을 의미한다. 모둠의 입장에서 보자면 전체 구성원의 성공이 모둠의 성공과 연결된다. 또 구성원의 입장에서 본다면 개별 구성원의 성공이 모둠의 성공과 연결되기 때문에 자신의 학습에 최선을 다해야 하며, 동료들의 학습도 도와야 할 의무를 가진다. 그래서 존슨은 '긍정적 상호의존성'이 자기 자신과 동시에 다른 사람의 성공을 만들어 내는 상호 약속이며, 이것이 곧 협동학습의 핵심이라고 파악했다. 긍정적 상호의존성이 없다면 협동의 과정도 없다(Johnson, Johnson & Holubec, 1994: chap. 1, p. 9).

긍정적 상호의존성이 작용하는 원리는 개인의 과정과 모둠의 과정으로 나누어 볼 수 있다. 한 모둠 내에서 개인 간에 작용하는 긍정적 상호의존성은 각 구성원들이 학습 과제와 그 수행을 통해 강력한 유대감을 형성하고 있는 상황을 말한다. 모둠 구성원은 자신의 과제를 성실히 수행해야 할 뿐만 아니라 동료의 과제 수행도 도와야 한다. 모둠 전체가 성공하기 위해서 구성원 모두의 성공이 전제되어야 하기 때문이다. 예컨대 학급 신문을 발간하고자 했을 때 기사 작성, 편집, 사진, 그림 등의 작업을 나누어야 하며, 구성원들이 자신의 일을 모두 완수했을 때 신문이 나올 수 있다. 긍정적 상호의존성은 모둠 구성원을 '나(me)'가 아니라 '우리(we)'라는 의식으로 묶는 모둠활동 의식이다(JoAnne Putnam, 1997: p. 11).

모둠의 입장에서 긍정적 상호작용은 모둠의 목표와 성격이 뚜렷한 가운데서 나타난다. 어떤 단기간의 필요에 의해 임의적으로 만든 집단에서는 긍정적 상호의존성이 생길 수 없다. 개별적인 정보를 서로 나눌 수는 있지만, 서로의 성공이 다른 사람의 성공을 보장하지 못하기 때문이다. 이런 과정 속에 서로의 협력과 성공을 이끌어 내는 긍정적 상호의존성은 발휘되기 힘들다.

또 모둠의 목표가 뚜렷하지 않거나 과제의 성격과 수행 방법이 분명하지 않으면 긍정적 상호의존성이 생기지 않는다. 모둠의 목표는 반드시 구성원 모두 공유할 수 있고 또 동의를 얻을 수 있는 것이어야 한다. 공유된 목표는 모둠 모두의 협력을 이끌어 낼 수가 있기 때문이다. 과제도 구성원들이 일정한 협의 하에 서로 분담하여 나누어 갖는 것이 좋다. 과제의 분담은 구성원에게 자기 역할을 담당할 기능성을 부여하기 때문이다. 구성원들의 상호작용도 이런 과제와 역할의 분담을 통해 이루어진다. 구성원들은 계획 단계에서부터 의사결정 단계, 상호협상 단계에 이르기까지 모든 과정에서 긍정적 상호의존성 아래 자신의 역할을 수행하게 된다.

한 모둠의 긍정적 상호의존성은 다른 모둠 간의 관계로 확대될 수 있다. 이럴 경우 한 모둠의 성공이 전체 학급의 성공으로 이어질 수가 있다. 한 모둠의 실패는 곧 학급 전체의 실패로 끝나기 때문에 각 모둠은 다른 모둠의 학습과정을 도와야 한다. 이처럼 긍정적 상호의존성이 각 모둠 간의 의무로 확대될 때 전체 학급의 유대감은 한층 더 강력해질 수가 있다. 긍정적 상호의존성을 모둠 간으로 확대하기 위해 모둠 과제만이 아니라 전체 학급 과제가 설정되어야 한다. 학급 과제는 각 모둠의 과제 성과가 모여 전체의 성과가 되도록 구성된 것을 의미한다.

존슨과 존슨은 긍정적 상호의존성을 여러 요소로 나눈다.* 존슨과 존슨은 긍정적 상호의존성을 성과 상호의존성(outcome interdependence)과 수단 상호의존성(means interdependence)로 나누고 그 아래 여러 가지 하위요소를 두었다. 그 내용은 〈표6〉과 같다(Johnson & Johnson, 1989 : pp. 24~27).

---

* 존슨과 존슨은 긍정적 상호의존성을 사회적 상호의존성의 틀 아래에서 설명하고 있다. 사회적 상호의존성은 개인의 성과가 서로서로에게 영향을 받을 때 일어난다. 사회적 상호의존성이 긍정적으로 형성되어 있으면 협동학습이, 부정적으로 형성되어 있으면 경쟁학습이 일어난다. 이 장에서는 부정적 상호의존성에 대한 설명을 생략하고 긍정적 상호의존성에 관한 항목만을 다룬다(Johnson & Johnson, 1989 : pp. 24~27).

표6. 전통적인 학습 소모둠과 협동학습 모둠의 차이

긍정적 상호의존성(협동학습)	
긍정적 성과 상호의존성	긍정적 수단 상호의존성
긍정적 목표 상호의존성 긍정적 보상 상호의존성	긍정적 자원 상호의존성 긍정적 역할 상호의존성 긍정적 과제 상호의존성

여기서 긍정적 성과 상호의존성은 모둠 구성원이 얻고자 하는 목표나 보상에 의해 형성되는 상호의존성을 의미한다. 일반적으로 협동학습에서 모둠 구성원들은 원하는 목표와 결과, 보상에 따라 행동하는 경향이 있다. 협동학습에는 모둠활동을 통해 추구하는 목표가 있으며, 이에 따라 얻게 될 보상이 있다. 만약 모둠활동의 목표와 보상이 없다면 모둠 구성원 사이의 상호활동이 불가능해질 것이다. 그래서 존슨과 존슨은 만약 성과 상호의존성이 없다면 협동 활동이나 경쟁 활동도 없다고 말한다.

긍정적 성과 상호의존성 속에는 긍정적인 목표 상호의존성(positive goal interdependence)과 긍정적인 보상 상호의존성(positive reward interdependence)이 있다. 긍정적인 목표 상호의존성은 자신의 목표 달성뿐만 아니라 다른 개인의 목표 달성도 함께 이루어질 때 모둠의 목표도 이루어진다는 믿음을 통해 형성된다. 다시 말해 모둠 구성원이 공동의 목표를 위해 함께 노력할 때 모둠의 목표도 이루어질 수 있다는 것을 인지하는 것이다. 공동의 목표를 인식하고 이를 달성하기 위해 서로 노력하는 것이 바로 긍정적인 목표 상호의존성의 내용이다.

긍정적인 보상 상호의존성은 모둠 목표가 달성될 때 모둠 구성원들이 보상을 받게 될 것이란 기대 때문에 일어나는 상호의존성이다. 특히 모둠 구성원 모두의 노력에 대해 모둠 전체가 보상을 받을 때 긍정적 보상 상호의존성이 가장 잘 나타난다. 예컨대 모둠 구성원 모두가 90점 이상을 받았을 때 모둠 전체에 보상이 주어진다면 구성원 사이의 상호 협력이 훨씬 강화된다. 다른 모둠보다 많은 보상을 받기 위해 구성원들 사이에 돕고 협력해야만 하는 동기가 부여되기 때문이다.

보상 상호의존성에서 중요한 것은 보상에 대한 공정한 분배이다. 구성원 사이에 보상이 공정하게 이루어질 것이란 보장이 없으면 상호의존성이 일어나지 않는다. 보상에 대한 형평성이 보장될 때 보상은 협동학습의 효과를 얻는 데 가장 유효한 수단이 된다.

긍정적 수단 상호의존성(positive means interdependence)은 협동학습의 과제가 모둠 구성원들이 서로 힘을 합쳐야 할 수 있도록 구조화되어 있을 때 나타나는 상호의존성이다. 협동학습은 구성원들이 역할 분담, 과제 분담을 통해 서로 맡은 역할을 충실히 수행할 때 과제가 이루어지도록 구조화되어 있다. 학습자들은 과제 수행을 위해 서로 협력할 수밖에 없다는 인식이 일어날 때 수단 상호의존성이 나타난다.

긍정적 수단 상호의존성은 자원(resource), 역할(role), 과업(task)의 세 가지 상호의존성으로 나뉜다. 자원 상호의존성은 모둠 과제를 수행하기 위해 구성원들이 서로 정보와 자료를 나누어야 할 상황에서 일어나는 상호의존성을 말한다. 역할 상호의존성은 학습자들이 자신의 역할 분담을 잘 알고 이를 수행할 때 일어나는 상호의존성을 지칭한다. 다음으로 과업 상호의존성은 과제가 하위 분류로 분화되어 하위 과제를 잘 결합해야만 전체 과제가 완성될 때 일어나는 상호의존성이다.

자원 상호의존성, 역할 상호의존성, 과업 상호의존성은 서로 융화되며 상호보완적으로 수행될 수 있다. 예컨대 협동학습에서 특정 모둠에 속한 학습자는 분할된 과제의 한 부분을 맡아야 하며, 거기에 대한 역할을 수행해야 하고, 자신이 가진 자원을 동료에게 나누어 주어야 한다. 긍정적 수단 상호의존성은 협동학습에서 과제가 전체 과제로부터 하위 과제로 전문화되어 있을 때 특히 잘 발휘된다(Johnson & Johnson, 1989 : p. 24).

존슨과 존슨은 성과 상호의존성과 수단 상호의존성이 어떻게 결합하느냐에 따라 협동학습의 세 가지 형태가 결정된다고 본다. 첫째 성과 상호의존성과 수단 상호의존성이 둘 다 존재하면 모둠 목표를 위해 구성원 사이에 대등한 상호작용이 일어나고 효과적인 협동학습도 이루어지게 된다. 일반적으로 바람직한 협동학습은 이 두 가지가 모두 존재하는 경우를 말한다. 두 번째로 수단 상호의존성이 없고 성과 상호의존성만 있다면 협동학습은 수단이나 방법에 있어 전문성이 없는 상호의존성으로 나타난다. 모둠 구성원은 자원이나 역할, 과업에 대한 전문화되고 구조화된 할당이나 분배 없이 서로 상호작용하게 된다. 통상 복합적인 의사 결정이나 문제 해결 같은, 하위 과제로 나눌 수 없는 과제일 경우 이런 상호작용이 일어난다. 세 번째로 성과 상호의존성은 없고 수단 상호의존성만 있는 경우이다. 이런 경우는 모둠 구성원들은 서로에게 공유된 과제가 없이 방법적으로 서로 협력하기만 한다. 서로 자원과 역할, 과업에 관한 기능을 수행하지만 모둠의 목표를 위해서가 아니라 개별적인 목표를 위해서 학습하게 된다. 이때 모둠 구성원의 개인적 성공은 모둠 전체의 성공으로부터 독립된다(Johnson & Johnson, 1989 : p. 25).

마지막으로 긍정적 상호의존성이 가지는 효과를 서술하면 다음과 같다.

첫째, 모둠 구성원은 긍정적 상호의존성을 통해 서로가 한 가지 목표로 결합되어 있는 운명공동체임을 깨달을 수 있다. 자신의 실패는 동료의 실패를 의미하며, 동료의 실패는 곧 자신의 실패가 된다. 따라서 어떤 과업을 수행하는 데 전체가 개별 학습자가 아니라 공동 학습자임을 실감할 수 있다.

둘째, 모둠 구성원은 긍정적 상호의존성을 통해 상호이익을 얻기 위해 협력할 수 있다. 자신의 동료를 돕는 것이 곧 자신을 돕는 것이기 때문에 동료의 이익이 곧 자신의 이익이 된다는 점을 긍정적 상호의존성을 통해 인식할 수 있다.

셋째, 모둠 구성원들 사이에 학습의 장기적 시각을 공유할 수 있다. 긍정적 상호의존성은 동료들과의 협력 활동을 통해 단기적인 개인의 이익보다 장기적인 공동의 이익을 추구하는 것이 더욱 효율적이란 사실을 깨닫게 해준다. 긍정적 상호의존성이 동료에 대한 믿음과 신뢰를 높임으로써 성공에 대한 가능성을 높여 주기 때문이다.

넷째, 모둠 구성원은 모둠의 일원으로 자신에 대한 정체성을 느낄 수 있다. 긍정적 상호의존성은 성과 상호의존성과 수단 상호의존성을 통해 동료와의 협동이 서로의 성공을 위해 필수적임을 알게 된다. 또 이런 과정을 통해 동료에 대한 믿음과 의지가 형성되며, 정서적인 유대감이 만들어진다. 뿐만 아니라 동료애를 통해 성공에 대한 기대감이 높아지며, 자신의 역할에 대한 자부심도 키울 수 있다. 이런 제반 과정을 통해 모둠 속의 개인으로서 자신의 정체성을 확인할 수가 있다(Johnson & Johnson, 1989: p. 25).

▌ 긍정적 상호의존성의 유형*

- 약한 형태
  ① 구성원 각자의 성과가 다른 구성원들에게 어느 정도 도움이 된다.
  ② 각 개인의 성과에 따라 모둠의 성취도가 향상될 수 있다.

- 중간적인 형태
  ① 구성원들에게 개인적 성과가 다른 구성원들에게 직접 영향을 끼친다. 그러나 개별적으로 과제를 수행한다.
  ② 한 모둠의 성공은 그 소속 구성원들의 성과에 따라 좌우되며, 각자의 기여나 성과가 없을 때에도 모둠은 존속된다.

- 강력한 형태
  ① 서로의 도움 없이는 모든 구성원들이 성과를 얻을 수 없다.
  ② 모둠 전체의 성과는 각 구성원들이 성과나 도움에 의해서만 얻어진다.

* 스펜서 케이건, 기독초등학교 협동학습 연구모임 역(2003), 『협동학습』, 디모데, 68쪽.

(3) 개인 및 모둠 책임성(Individual and group Accountability)

일반적으로 협동학습은 자신의 책임과 모둠의 책임이 같이 결합되어 있는 상태를 말한다. 모둠은 모둠이 지닌 책임을 완수해야 하고, 개인은 자기에게 부과된 책임을 완수해야 한다. 이를 개인 및 모둠의 책임성이라고 말한다(Johnson, Johnson & Holubec, 1994: chap. 1, p. 10). 협동학습에서 중점을 두는 것은 개인적 책임성이다.

개인적 책임성은 모둠에게 부과된 의무를 완수하기 위하여 자신의 학습을 책임져야 할뿐만 아니라 동료의 학습을 도와야 하는 의무를 말한다. 협동학습은 모둠 구성원이 협력해야 과제를 완수할 수 있도록 구조화되어 있기 때문에 개인이 자기 책임을 완수하지 않으면 모둠 전체가 성공할 수 없다. 뿐만 아니라 동료의 실패는 곧 자신과 모둠의 실패를 의미하기 때문에 동료가 책임을 완수하도록 도와야 한다. 이는 곧 개인이 자신의 책임을 다른 사람에게 전가하거나, 다른 사람의 노력에 무임승차하지 않는 것을 말한다. 또 노력을 해도 성과가 없는 동료들을 그대로 방치하지 않음을 의미한다.

모둠 학습에서 개인적 책임성은 보상 책임과 과제 책임 두 가지 형태로 나타난다. 첫째, 보상 책임이 있다. 모둠 학습에서 모둠의 성과를 평가할 때 개인별 점수보다는 모둠 전체의 점수를 채택하는 경우가 많다. 예컨대 모둠 소속의 개별 학습자들이 평가를 받고 그 점수를 합산하거나 평균을 내어 모둠의 석차로 삼을 때 학습자들은 강한 개인적 책임성을 느낀다. 이런 경우 학습자들은 자신의 성적이 동료 학습자들의 성적에 영향을 끼치기 때문에 최선의 노력을 다하게 된다.

둘째, 과제 책임이 있다. 협동학습에서는 모둠 구성원에게 과제를 나누어 일정 부분을 책임지게 하는 경우가 있다. 한 학습자가 자신의 과제를 완수하지 못하면 전체 과제를 완성할 수 없게 된다. 그렇기 때문에 개별 구성원은 자기 과제를 완수하기 위해 최선을 다하게 된다.

이처럼 개인적 책임성은 개인이 모둠과 자신을 위해 자신의 과업을 책임질 때 발생한다. 그런데 개인적 책임성이 효과를 발휘하려면 구성원들에게 과제의 성격, 보상의 성격 등을 분명히 하고, 과제와 보상에 형평성을 유지할 수 있어야 한다. 왜 과제가 공동으로 협동할 수밖에 없는 구조인지, 또 자신이 책임을 다하지 못하면 왜 전체 과제가 완성될 수 없는지 모둠 구성원에게 처음부터 인지할 수 있도록 해 주어야 한다. 또 과제 완수에 따른 보상이 어떻게 주어지는지도 처음부터 명확해야 한다. 과제와 보상의 성격을 교수자나 모둠의 리더만이 알고 있다면 개인적 책임성의 효과는 떨어진다.

이와 아울러 과제와 보상의 분담에 있어 형평성이 떨어지면 개인적 책임성의 효과도 떨어진다는 사실을 명심할 필요가 있다. 특정한 구성원에게 지나치게 어려운 과제가 분담되거나, 지나치게 쉬운 과제가 분담되면 구성원들 사이에 이에 대한 불만이 생기게 된다. 이런 불만은 동료학습이나 협동학습을 불가능하게 만든다. 보상의 경우도 마찬가지이다. 보상은 일의 분담에 따라 형평성에 맞게 이루어지는 것이 좋다. 될 수 있으면 과제의 분담을 비슷하게 하여 동일한 보상을 해 주는 것이 좋지만, 때에 따라 과제 부담이 높은 학습자에게 더 높은 보상을 줄 수도 있다. 모둠 보상의 경우는 각 모둠 사이에 보상의 형평성이 유지되도록 하여야 한다.

학습자들이 개인적 책임성을 느끼게 하기 위해서는 모둠활동에 있어 개인별 수행과정과 모둠별 수행과정에 대한 측정과 이에 대한 공지가 필요하다. 존슨과 존슨은 개인적 책임성은 각 개인의 수행 정도가 평가되고 그 결과가 다시 모둠에 공지될 때 가장 효과를 발휘한다고 하였다. 그렇기 위해서 ① 과제 수행에 따른 진행 상황, ② 모둠 구성원 개인의 노력이 측정되어야 한다고 보았다(Johnson, Johnson & Holubec, 1994: chap. 1, p. 10). 이를 통해 학습자들은 개인별 책임을 완수하기 위해 더욱 노력하거나 동료별 협동을 더 강화할 수가 있다.

협동학습에서 개인적 책임성을 통해 학습자들이 얻게 되는 효과는 다양하다. 첫째 학습자들의 학습 효과를 향상시킬 수 있다. 학습자들이 어쩔 수 없이 타의적으로 하는 학습은 높은 성과를 얻기가 힘들다. 학습자들에게 스스로 학습하게 하는 성취동기가 형성될 수 없기 때문이다. 반면에 자신이 학습해야만 하는 동기가 뚜렷할 때 학습 효과를 거둘 수가 있다. 개인적 책임성은 학습자들에게 강한 학습 성취동기를 부여한다. 학습자들은 자신의 학습 성과에 따라 동료들에 대한 보상이 달라지기 때문에 자신뿐만 아니라 동료들을 위해서 학습하게 된다. 자기 때문에 동료들에게 피해를 줄 수 없다는 인식이 적극적인 학습 태도를 만들어 내기도 한다. 결국 개인적 책임성은 자기 자신뿐만 아니라 동료에 대해서도 책임을 짐으로써 학습의 성과를 크게 높이게 된다.

둘째, 개인적 책임성은 협동학습을 효율적으로 만들 수 있다. 협동학습은 개인과 모둠의 상호작용을 중심으로 조직된 학습 방법이다. 모둠의 성격, 과제의 종류, 보상의 방법 등에 의해 모둠을 조직하고 운용하는 방법이 달라지기는 하지만 변할 수 없는 것은 개인과 모둠의 상호작용이다. 모둠은 구성원 개개인의 활동을 조정하고 통합하는 데 반해 구성원은 모둠으로부터 학습의 방향과 방법과 협업의 과정 등을 배우게 된다. 결국 구성원과 모둠은 서로 도와야 살 수 있는 상생의 관계인 것이다. 이런 개인과 모둠의 관계에 기초가 되는 것이 개인적 책임성이다. 모둠도 개인을 바탕으로 이루어지기 때문에 개인이 자신의 역할을 해 주지 못할 때는 모둠도 기능을 발휘할 수가 없다. 따라서 엄밀한 의미에서 협동학습의 기초적 바탕은 개인적 책임성에 있다고 말할 수 있다.

마지막으로 개인적 책임성은 학습자들로 하여금 동료에 대한 관심과 애정, 모둠에 대한 소속감, 자긍심, 협동심, 희생정신 등을 높일 수 있다. 협동학습에서 개인적 책임성은 개인이 해야 할 일과 그에 대한 책임감만을 의미하는 것은 아니다. 오히려 개인적 책임성은 구성원 간의 학습활동 외에 다양한 사회적 기술을 내면화할 수 있도록 해 주는 기능을 가지고 있다. 모둠의 목표는 자신의 목표 달성과 직접 연결되기 때문에 자기 일에 대한 책임감을 높일 수 있다. 또 동료의 학업을 돕지 않으면 모둠 목표가 달성될 수 없기 때문에 협동감과 희생정신을 키울 수 있다. 또 각자 자신의 책임을 다하는 동료들을 보면서 서로에 대한 믿음과 친밀감, 동료애를 키울 수 있다. 개인이 자신의 책임을 다하는 것은 모둠학습의 성과를 올리는 데도 보탬이 되는 것은 물론 다양한 사회적 기술을 습득할 수 있는 기회를 제공해 준다.

마지막으로 개인적 책임성을 구조화하는 일반적 방법을 소개하면 다음과 같다(Johnson, Johnson & Holubec, 1998: pp. 17~18).

① 모둠의 크기를 작게 하라. 모둠의 크기가 작으면 작을수록 개인의 책임성은 더 커진다.
② 각 학습자에게 개인적인 테스트를 실시하라. 누가 시험을 볼 준비가 되어 있는지를 알기 위해 실무적인 테스트를 시행한다.
③ 무작위로 개인적인 구술시험을 실시하라. 무작위로 모둠의 작업 상태를 말해 주거나 문제의 답을 설명해 줄 학습자를 뽑아 시험을 실시한다.
④ 각 모둠과 모둠 구성원을 관찰하라. 그리고 각 구성원들이 모둠의

작업에 기여하는 것을 자주 기록한다.

⑤ 각 모둠마다 한 학습자를 뽑아 모둠의 학습 이해도를 점검하는 역할을 맡긴다. 점검을 맡은 학습자는 다른 구성원들에게 과제에 대한 이론적 배경과 원리 등을 설명하도록 요구할 수 있다.

⑥ 학습자들로 하여금 그들이 배운 것과는 다른 내용들을 가르치게 한다. 모든 학습자들이 이런 방법을 수행할 때, 그것을 동시적 설명(simultaneous explaining)이라고 말한다.

⑦ 모둠 구성원들에게 각자 다른 사람의 작업을 편집하도록 시킨다.

⑧ 학습자들로 하여금 자신들이 배운 것을 가지고 다른 문제를 풀도록 지시한다.

■ (4) 촉진적 상호작용과 면대면 상호작용(Promotive interaction and Preferably face-to-face)

소모둠 협동학습은 근본적으로 학습자와 학습자의 활발한 접촉을 요구한다. 모둠에 주어진 과제를 해결하기 위해 학습자들은 서로 접촉하여 충분한 의사소통을 해야 하기 때문이다. 면대면 상호작용이란 이와 같이 모둠 구성원 간에 활발하게 일어나는 직접적 의사 교환의 활동을 의미한다.

면대면 상호작용이 활발하게 일어날 수 있는 구조는 역시 모둠 구성원이 직접 참여하는 모임이다. 소모둠 협동학습에서 학습자들이 직접 참여하는 모임은 협동학습의 과제와 밀접한 관련이 있다. 협동학습에서는 통상적으로 모둠 구성원 간의 상호 협조를 통해 해결해야 하는 과제가 일반적으로 제시된다. 이런 문제는 정해진 답이 없으므로 모둠 구성원의 다양한 아이디어가 반드시 필요하다. 협동학습의 과제를 해결하기 위해서는 소모둠 구성원들의 아이디어를 모아, 이를 상호작용의 과정을 통해 통합하거나 융합해야 한다. 협동학습의 활동은 이를 통해 좀 더 상승된 문제 해결의 방법과 답안을 찾게 된다.

이와 관련하여 퍼트넘(Putnam)은 교수자가 '대화식 개인학습(individualistic learning with talking)'과 면대면 상호작용을 혼동해서는 안 된다고 말한다(Putnam, 1997: p. 17). 일반적으로 특정한 내용을 암기해야 하는 과제나 음악과 같은 개인적인 기술을 습득해야 하는 과제에는 개별학습이 적당하다. 그런데 이런 개별학습에도 학습자는 서로 만나 대화를 통해 더 나은 기술 습득을 위한 정보를 공유할 수 있다. 개별학습에도 면대면 상호 활동이 가능할 수 있는 것이다.

그러나 이런 경우 협동학습의 면대면 상호작용과 엄밀하게 구별해야 한다. 협동학습의 면대면 상호작용은 구성원이 서로 협력해야 해결할 수 있는 과제에서 흔히 일어나므로, 구성원 간의 상호 협력 작용이 뚜렷하다. 다시 말해 협동학습의 면대면 상호작용 속에는 학습을 위한 구성원 간의 긍정적 상호의존성이 담겨 있는 것이다.

면대면 상호작용은 구성원 간의 학습을 촉진하고 향상시키는 이점이 있다. 학습자들은 주어진 자료를 같이 읽고, 토론하며 의견을 나누는 과정을 통해 서로의 학습 의욕을 고취시킬 뿐만 아니라 학업이 향상되기를 유도한다. 이처럼 면대면 상호작용을 통해 학습이 촉진되는 현상을 촉진적 상호작용(Promotive interaction)이라고 말한다.

모둠 구성원들은 서로 협력하여 모둠의 성공을 위해 노력할 때 모둠 구성원들 사이에 두 가지 지원시스템이 형성된다. 존슨과 존슨은 이런 시스템을 학문적 지원시스템(an academic support system)과 개인적 지원시스템(a personal support system)으로 구분하여 설명한다. 학문적 지원시스템은 모든 구성원들이 동료들의 학습을 도와주도록 스스로 구성하는 시스템이다. 개인적 지원시스템은 모든 구성원들이 한 개인으로서 책임을 다하도록 조직되는 시스템이다(Johnson, Johnson & Holubec, 1994: chap. 1, p. 10) 면대면 상호작용을 통해 촉진적 상호협력이 이루어질 때 협동학습은 이런 구조적인 성격을 띠게 된다. 이런 모둠일수록 모둠의 목표를 완수하기 위해 서로를 격려하고 서로를 도우며 학습을 용이하게 할 수가 있다.

끝으로 존슨과 존슨이 모둠 구성원들 사이에 촉진적 상호작용이 일어날 수 있도록 만드는 세 가지 요소를 설명했는데 이를 소개하면 다음과 같다(Johnson, Johnson & Holubec, 2002: chap. 1, p. 10).

첫째, 모둠 구성원이 만날 수 있는 시간을 계획하라. 이는 단순한 문제일 수 있지만 많은 학습 모둠들이 과제를 풀 수 있도록 논의를 발전시키고 숙성시킬 수 있는 충분한 시간을 얻지 못하고 있다. 구성원들 사이에 합의된 충분한 시간을 확보하는 것이 무엇보다 중요하다.

둘째, 모둠 목표를 성취하기 위해 구성원이 함께 과제를 수행해야 한다는 것을 인지할 수 있도록 긍정적 상호의존성을 고취해라. 그 방법은 구성원 각자에게 성공할 수 있다는 것을 확증시키는 것이다.

셋째, 모둠 구성원들에게 촉진적 상호작용을 고무시켜야 한다. 모둠의 수행 과정을 점검해 보고 구성원들 사이에 촉진적 상호작용이 일어날 경우 이를 격려하고 칭찬하는 것이 한 방법이다.

(5) 개인 간의 기술과 소모둠 기술(Interaction and Small group skill) ■

협동학습은 개인학습과 달리 동료가 서로 접촉하여 상호활동을 함으로써 이루어진다. 그렇기 때문에 동료와 동료 사이의 관계와 상호 작용에 대한 일정한 기술을 필요로 한다. 협동학습에서 사회적 기술(social skills)이 중요한 요소가 되는 것도 이 때문이다. 대부분의 협동학습 교재에서는 사회적 기술을 다루는 항목을 두고 있으며, 이를 중요한 교육의 한 과정으로 취급하고 있다. 글쓰기 협력학습에서도 이런 소모둠 기술이 필요하다. 특히 초등학교 학생처럼 모둠의 구성원이 어린 경우 이런 소모둠 기술은 반드시 필요하다. 모둠 구성원으로서 과제를 해결하기 위해 자신이 어떤 태도와 자세를 지녀야 할지 잘 모르기 때문이다. 대학의 경우도 소모둠을 운영하면 구성원 사이에 다양한 문제가 발생할 수 있다. 특히 모둠 안에서 서로 경시하거나 경쟁하는 관계가 발생하면 바람직한 모둠활동은 거의 불가능해진다. 따라서 모둠활동이 있는 곳이면 반드시 인간 상호관계의 기술을 배우고 습득해야 한다.

협동학습 이론에서 사회적 기술(social skills)은 사람 사이의 상호관계를 통제하고 조절하며, 향상시키는 기술을 말한다. 협력학습에서는 이에 대한 이론이 발달되어 있지 않다. 따라서 협동학습의 사회적 기술을 협력학습에서도 사용할 수가 있다. 왜냐하면 여러 명의 동료가 모여서 학습하는 모둠에서는 반드시 인간관계의 문제가 발생하기 때문이다. 그래서 사회적 기술이 반드시 필요한 곳이 바로 모둠활동이다.

모둠은 동일한 목표나 동기를 가진 둘 이상의 사람이 모인 사회적 단위이다. 그렇기 때문에 구성원 사이에 목표를 향한 상호 의존과 상호 영향력, 상호 갈등이 존재한다. 모둠은 특정 목표를 위해 동일한 동기를 가진 사람들의 집합이기 때문에 이런 목적을 달성하기 위해 사회적 기술이 필요한 것이다. 특히 거리의 군중이나 극장의 관객처럼 목적 활동이 미비한 집합체와는 달리 모둠은 특정한 학습 목표를 달성하기 위해 강한 상호 활동을 요구하기 때문에 높은 사회적 기술을 요구한다. 또 이런 기술을 지닌 모둠일수록 목표 달성에 성공하기 쉽다. 그래서 개인 상호 간의 기술과 소모둠 기술은 협동학습이든 협력학습이든 반드시 필요한 기술이라 볼 수 있다.

존슨과 존슨은 협동학습에서 모둠이 역동성을 가지기 위해, 또한 모둠이 높은 생산성을 가지기 위해 구성원들에게 사회적 기술이 있다는 것을 전제로 해야 한다고 말했다(Johnson & Johnson, 1984 : p. 112). 존슨과 존슨은 사회적 기술에 대해 여러 가지 분류를 하고 학습 항목을 설정했다. 그 속에는 개인 상호 간의 기술(interpersonal skills)과 소모둠 기술(small group skills)들이 있다. 이에 대해서는 다음 장 〈협동학습과 사회적 기술〉에서 자세히 다룬다. 다만 한 가지 기억해야 할 것은 사회적 기술을 단순히 정서적 요소로 보아서는 안 된다는 사실이다. 모둠활동을 위한 인간관계의 기술로 설정했기 때문에 동료 간의 예절이나 규범의 문제로 보기가 쉽지만, 사회적 기술은 그런 것이 아니다. 다음 장에 자세히 나오겠지만 사회적 기술 속에는 '상세화하기'나 '자기 주장의 정당성 증명하기'처럼 인간관계의 기능을 넘어 협동학습의 방법으로까지 확장된 것이 많다. 따라서 협동학습에서는 학습 기술 못지 않게 사회적 기술을 중요하고 가치 있는 것으로 다루어야 한다.

(6) 모둠 수행 과정(Group processing)

　모둠 수행 과정(Group processing)은 모둠의 구성원이 효과적으로 목표를 수행하기 위해 모둠활동을 점검하고 구조화하는 것을 말한다. 협동학습이나 협력학습이 성공적으로 끝나기 위해서는 모둠활동을 효율적으로 수행할 수 있는 방법을 강구해야 한다. 그리고 그 효율적인 방법을 끝까지 유지하도록 해야 한다.

　예컨대 교수자가 특정한 과제를 어떤 방법으로 수행하라고 지시하였다면 각 모둠은 교수자의 지시 방법대로 모둠활동을 하게 된다. 그런데 어떤 모둠은 성공하고, 어떤 모둠은 실패하게 된다. 여기서 성공한 모둠은 모둠 수행 과정이 훌륭한 모둠이라고 볼 수 있다. 모둠 수행 과정은 모둠활동을 성공적으로 이끄는 어떤 수행 능력이라고 볼 수 있다.

　효율적인 모둠활동을 위해서는 어떤 모둠활동이 효율적인가를 구성원들이 서로 상의하고 의논하는 과정이 필요하다. 또 효율적인 방법이 있다면 그것을 지속하기 위해 구조화하는 과정도 필요하다. 이를 위해 모둠활동을 관찰하고 기록하고 연구하는 자세가 필요하다. 존슨과 존슨은 효율적인 모둠 수행 과정을 위해 어떤 행동이 도움이 되는지를 기록해야 하며, 또 어떤 행동을 지속해야 할지, 어떤 행동을 수정해야 할지를 결정해야 한다고 말했다. 그래서 모둠활동에 대한 주의 깊은 분석과 탐구만이 협동학습의 과정을 지속적으로 발전시킬 수가 있다고 말하고 있다(Johnson & Johnson, Holubec, 1994: chap. 1, p. 11). 모둠 수행 과정은 모둠 구성원 모두가 성공적인 모둠 활동을 위해 함께 연구하고 지켜야 할 과제이다.

　존슨과 존슨은 모둠 수행 과정을 구조화하는 데 필요한 다섯 단계에 대해 말하고 있다(Johnson & Johnson, 1984: pp. 115~117). 이 다섯 단계는 모둠 수행 과정을 가장 효율적으로 설정할 수 있는 단계적 방법을 설명한 것이다.

첫 번째 단계는 모둠활동을 이끄는 교사나 학생 관찰자가 학생들이 수행하는 모둠활동을 관찰하고 평가하는 것이다. 이 단계에서 가장 중요한 것은 평가표를 작성하는 것이다. 교사와 학생들은 효과적인 모둠활동을 위해 필요한 항목을 설정하고 이를 점검해야 한다. 이 항목 속에는 학생들의 과제 이해 정도, 학습의 주요 개념과 전략 이해 정도, 동료 협력 정도, 자기 점검과 평가 정도가 포함된다. 또 사회적 기술에 관한 항목을 따로 설정할 수 있다. 예컨대 대화하기, 협상하기, 과제에 집중하기, 동료 칭찬하기, 동료 의견에 동의하기 등등 앞 장에 나왔던 다양한 사회적 기술을 평가 항목에 삽입할 수 있다. 이와 함께 존슨과 존슨은 모둠에서 나온 결과물을 점검해 보는 것도 반드시 필요하다고 말하고 있다(Johnson & Johnson, 1984: p. 115). 특히 모둠과 모둠의 활동을 비교할 때는 모둠 활동을 통해 나타난 결과물이 활동의 질을 대변해 주는 경우가 많다. 또 결과물을 면밀하게 검토해 보면 어떤 단계에서 문제가 있었는지를 찾아낼 수 있다.

두 번째 단계는 첫 번째 단계를 통해 나타난 결과에 대해 피드백을 해 주는 것이다. 첫 번째 단계에서 교사나 관찰자는 각 모둠의 활동을 점검하고 평가했다. 두 번째 단계는 그 결과를 모둠 구성원에게 공지하고 이를 극복할 방안을 찾도록 권고하는 단계이다. 관찰 평가표나 항목표에는 각 모둠에서 효율적인 활동 내용과 그렇지 못한 활동 내용이 평가되어 있다. 피드백 단계는 이를 구성원이 인지하도록 하는 과정이며, 이를 통해 좀 더 활성화된 모둠 활동을 모색해 가도록 하는 과정이다.

존슨과 존슨은 피드백의 활동 내용은 반드시 명시적이어야 하고 정직해야 하며, 긍정적이어야 한다고 말했다(Johnson & Johnson, 1984: p. 115). 피드백은 평가표에 의해 진행된다. 그렇기 때문에 반드시 구체적 항목으로 명시되어 있어야 한다. 학생들은 구체적 항목을 통해 자신들의 장, 단점을 파악하게 된다. 다음으로 피드백은 결과에 대해 정직해야 한다. 나타난 결과를 과소평가하거나 과대평가해서는 안 된다. 피드백을 담당하는 교사는 결과는 객관적이며 중립적인 입장에서 냉정하게 평가하도록 애써야 한다. 마지막으로 무엇보다 중요한 것은 학생들에게 항상 긍정적인 입장에서 피드백을 해 주어야 한다는 사실이다. 모둠 활동을 잘 유지하기 위해서는 많은 노력이 필요하다. 그래서 처음부터 모든 것을 잘하기를 기대하기는 어렵다. 협동학습에 익숙하지 않은 학생들에게는 긍정적 관점에서 항상 피드백을 해 주는 것이 좋다.

세 번째 단계는 피드백에 나타난 문제점을 극복하고 효율성 높은 모둠 과정(Group Process)을 설계하기 위해 목표를 설정하는 일과 방법을 강구하는 일이다. 피드백 과정을 통해 모둠 구성원에게 모둠 활동에 긍정적인 요소와 부정적인 요소를 제시한 바 있다. 이번에는 이런 요소들을 검토하여 구성원들이 모둠활동을 향상시킬 수 있는 목표와 방법을 제안하고 이를 실천하도록 한다. 학생들은 과제를 수행하기 위해 모둠이 어떤 방법으로 활동을 전개하고 활동을 이끌어야 하는지 목표를 정하고 이에 도달하기 위한 개별적 지침을 정한다. 그리고 그 지침을 구성원 모두가 실천하고 평가를 받는다. 이런 활동을 반복함으로 해서 그 모둠은 원활한 모둠 활동을 수행할 수 있는 기술을 가지게 된다.

네 번째 단계는 전체 학급의 활동 과정(Whole Class Processing)이다.

협동학습이 끝날 때 교사는 전체 학급의 학생을 모아 각 모둠의 활동의 장단점을 지적하고 평가할 필요가 있다. 또 교사는 자신이 관찰한 사항을 각 모둠의 학생들에게 공지할 필요가 있다. 이런 평가 활동을 통해 개별 모둠은 다른 모둠의 활동과 비교할 수 있으며, 또 전체 학급의 활동에 어떤 기여를 했는지를 알 수 있다. 네 번째 단계는 전체 학급의 관점에서 개별 모둠의 활동 상황을 점검하는 것이다.

다섯 번째는 개별 모둠과 전체 학급의 공과를 따져 칭찬하는 단계이다. 협동학습이 성공적으로 끝났다면 교사는 전체 학급 학생들에게 성공적으로 학습을 수행하게 된 것을 칭찬해야 한다. 마찬가지로 개별 모둠별로는 과제 수행의 질에 따라, 또 기록해 놓은 모둠 기술(group process)의 특징에 따라 칭찬과 격려를 해 준다. 이런 칭찬과 격려를 통해 다음 수행을 위해 준비하는 학생들은 큰 힘을 얻게 된다.

존슨과 존슨은 모둠 수행 과정이 이 다섯 단계를 통해 이루어진다고 보았다. 이들은 특히 셋째와 넷째 단계에서 이루어지는 과정을 중요하다고 보았다. 하나는 학습 모둠을 통해 이루어지는 모둠 수행 과정이며, 다른 하나는 학급 전체를 통해 이루어지는 학습이다. 학생들이 과제 수행을 마쳤을 때 무슨 행동이 좋았으며, 무슨 행동을 고쳐야 할지를 아는 것은 다음 작업 수행을 위해 반드시 필요하다. 마찬가지로 학급의 경우도 이런 평가와 점검의 시간을 가져야 한다. 협동학습은 개별 학습자를 통해, 또 개별 모둠을 통해 모둠 활동을 점검하고 더 나은 활동 방향을 찾아가야 하는데, 그것이 바로 모둠 수행 과정이다.

협동학습과 사회적 기술

〔1〕 사회적 기술(social skills)의 의미

협력학습과 협동학습은 개인학습과 달리 타인과의 활발한 상호관계와 접촉을 통해 이루어진다. 그래서 협력학습과 협동학습은 사람과 사람 사이의 관계와 상호작용에 대한 일정한 기술을 필요로 한다. 글쓰기 협력학습도 동료들과의 사회적 관계를 통해 학습을 하는 방법이다. 특히 글쓰기 협력학습은 대화뿐만 아니라 쓰기 행위까지 협력하는 경우가 많다. 그렇기 때문에 동료와 협조적 관계를 유지하는 것은 중요하고 필요한 일이다.

대학 글쓰기 교육에서 협동적 기술을 배우기 위해서 무엇을 해야 할까? 교수자가 수업을 시작하기 전 그저 몇 마디 학습자들에게 당부하는 것으로 끝나야 할까? 이에 대한 이론을 제공해 주는 것이 바로 협동학습의 사회적 기술에 대한 항목이다. 글쓰기 협력학습은 협동학습 이론에서 제공하는 다양한 사회적 기술을 배우고 익힐 필요가 있다. 또 이를 글쓰기 교육 속으로 끌어 들여 글쓰기 교육에 맞는 사회적 기술을 개발하도록 힘써야 한다. 이 장에서는 협동학습에서 제시하는 사회적 기술에 대해 알아보고 이를 글쓰기 교육에 적용하는 문제에 대해 간략히 살펴보고자 한다.

일반적으로 사회적 기술(social skills)은 사람 사이의 상호 관계를 통제하고 조절하며, 향상시키는 기술을 말한다. 많은 사람들은 유아기와 청소년기, 청년기를 거치면서 이런 기술을 습득하고 내면화한다. 사람들은 가정교육과 제도교육, 사회화 과정을 통해 사람 사이의 관계를 조절하고 유지하는 법칙을 깨닫게 된다. 또 이를 자신도 모르게 내면화하여 지니게 된다. 많은 사람들은 인간 상호 간의 관계를 특정한 방식으로 유지하는 내면적 법칙을 소유하고 있다고 보아야 한다.

그러나 우리가 알아야 할 사실은 인간관계 기술에 대한 내면화와 자동화가 바로 모든 인간 상호 간의 관계와 활동을 원만하게 보장해 주는 것은 아니라는 것이다. 학습 상황과 다른 비교적 느슨한 사회적 관계 속에서도 인간은 불필요한 행동으로 오해를 받고 다른 사람과 갈등 관계를 형성하기도 한다. 또 사람 사이의 관계를 개선하기 위해 여러 방안을 강구하지만 실패하기도 한다. 사회적 기술은 사회관계를 원만히 유지하기 위해서 우리가 배워야 하는 필수적인 기술이다.

사회적 기술이 가장 필요한 곳은 역시 집단이다. 집단은 동일한 목표나 동기를 가진 둘 이상의 사람이 모인 사회적 단위이다. 그렇기 때문에 구성원 사이에 목표를 향한 상호 의존과 상호 영향력, 상호 갈등이 존재한다. 집단은 특정 목표를 위해 동일한 동기를 가진 사람들의 집합이기 때문에 이런 목적을 달성하기 위해 사회적 기술을 요구한다. 특히 거리의 군중이나 극장의 관객처럼 목적을 향한 상호작용이 미비한 집합체와는 달리 집단은 특정한 목표 달성을 위해 강한 상호 작용을 수단으로 한다. 또 이 때문에 높은 수행 능력을 요구하는 집단일수록 높은 사회적 기술을 필요로 한다. 그 뿐만 아니라 이런 기술을 지닌 집단일수록 목표 달성에 성공하기 쉽다.

집단의 속성과 특성*

집단이 무엇인가를 규정하기란 쉽지가 않다. 많은 학자들은 집단을 여러 방향에서 정의내리고 있기 때문이다. 존슨과 존슨은 여러 학자들의 견해를 빌어 집단의 속성을 다음과 같이 정리한다.

① 집단은 목적이 있어야 존속한다. 집단은 목표를 달성하기 위해 모인 개인들의 집합이다.(목적성)

② 집단은 특정한 방식으로 상호의존적인 개인들의 집합이다. 집단은 한 구성원에게 영향을 주는 사건이 모두에게 영향을 준다는 점에서 상호의존적이다.(상호의존성)

③ 집단은 서로 상호작용하는 개인들의 모임이다. 집단은 구성원 간의 상호작용이 있어야 비로소 존재할 수 있다.(상호작용)

④ 집단은 자신이 집단에 속한다는 인지가 일어날 때 만들어진다. 집단은 스스로 집단적 소속감을 인지하는 구성원으로 이루어진다.(소속감의 인지)

⑤ 집단은 규칙과 규범에 의해 구조화되고 조직되는 구성원들의 집합체이다.(구조화)

> ⑥ 집단은 서로 영향을 미치는 개인들의 집합이다. 개인들 간에 서로 영향을 주고받지 않으면 집단이 형성될 수 없다.(상호영향력)
> ⑦ 집단은 집단의 구성원이 되기 위한 동기를 가진 사람들의 집합이다. (동기)
>
> * Johnson & Johnson, 박인우 외 역(2004), 『협동학습을 위한 참여적 학습자(Joining Together)』, 아카데미프레스, 16~19쪽.

집단 중에서 사회적 기술이 가장 많이 필요한 곳이 바로 협력학습이나 협동학습의 소모둠이다. 협동학습은 개인의 능력을 통해 과제를 수행하는 학습방법이 아니라 서로 협동하여 과제를 생산하는 학습 방법이다. 따라서 구성원 사이의 상호 작용을 반드시 필요로 한다. 협동학습에서 상호작용이 중시되는 이유는 과제 해결이 개인의 인지 능력에 의존하는 것이 아니라 구성원 상호 간의 정보 교환, 토론, 합의와 양보, 재산출을 통해 만들어지기 때문이다. 그래서 구성원 상호 간에 서로 존중하고, 협조하며, 의견을 조율하는 태도가 필요하다. 협동학습이 성과와 구성원의 상호작용의 상관관계를 비교해 보면 대체로 상호작용이 많은 집단이 그렇지 못한 집단보다 성과가 높다고 한다(Webb, 1985: p. 147).

협동학습에서 구성원 사이의 상호작용을 높이기 위해서 사회적 기술은 가장 필요한 요소이다. 존슨과 존슨은 협동학습에서 집단이 역동성을 가지기 위해, 또한 집단이 높은 생산성을 가지기 위해 구성원들에게 사회적 기술이 있다는 것을 반드시 전제로 해야 한다고 말했다(Johnson & Johnson, 1984: p. 112). 사회적 기술은 협동학습을 실시하기 위한 기본 조건에 해당한다.

그렇다면 협동학습에서 필요한 사회적 기술을 어떻게 얻어야 할까? 로이(Roy, 1994)는 고등학교에서 협동학습을 처음 실시한 어떤 교사의 예를 통해 이에 대한 답을 찾고 있다. 어떤 교사가 협동학습을 하면 학생들이 열정적으로 집단 속으로 들어가 웃는 얼굴로 더 나은 학습을 수행할 것으로 생각했다. 그러나 결과는 이런 기대와 달랐다. 학생들은 정반대의 행동을 보여 주었다. 무엇이 문제일까? 나중에야 이 교사는 자신이 잘못된 가정을 하고 있었다는 사실을 깨달았다. 다시 말해 그는 학생들이 협동적 상황에서 함께 일하는 방법을 자동적으로 숙달하고 있다고 생각했던 것이다. 그러나 실제 그렇지는 않았다(Roy, 1994: p. 18).

협동학습의 사회적 기술에 대해 잘못된 오해 중 하나는 사회적 기술을 선천적으로 가지고 태어난다고 믿는 가정이다. 사람들은 대부분 인간관계에서 자신이 어떤 행동을 취하면 상대방의 반응은 어떠할 것이라고 기대하며 행동한다. 그 결과가 달라지면 이를 수정하여 사회적 상황에 적응한다. 그러나 이런 행동은 본능적인 것이기 때문에 이를 사회적 기술로 취급하기에는 무리가 있다. 이런 행동은 인간의 심리 현상에 따라 달라질 수가 있다. 또 그것은 조직적이고 규범적인 것이 아니기 때문에 이런 사회적 행동을 사회적 기술이라고 할 수는 없다.

협동학습은 전통적인 학습보다 복잡하고 어려운 학습 방법이다. 모둠으로 과제를 수행하는 방법도 필요하며, 구성원들 사이의 의견을 조정하고 협상하는 과정도 필요하다. 따라서 이에 맞는 다양한 사회적 기술을 학습하는 것이 필요한 것이다.

그동안 전통적인 학습 방법으로 개인학습과 경쟁학습의 방식을 취해

왔다. 이런 방식은 협동학습처럼 모둠별로 서로 협력하여 과제를 수행하는 것을 방해하고 역행하게 만든다. 학습자들은 모둠을 구성하더라도 구성원을 경쟁자로 볼 것이며, 협력하기보다 개인학습에 더 치중하게 될 것이다. 따라서 모둠에서 동료를 어떻게 존중하고, 어떻게 협력하며, 어떻게 협상할 것인가에 대한 사회적 기술이 없다면 협동학습은 성공할 수가 없다.

로이는 협동학습에서 교수자의 직접적인 감독 없이도 학습자들이 생산적으로 협동학습에 임하기 위해서 반드시 사회적 기술을 배울 필요가 있다고 말했다(Roy, 1994: p. 19). 그는 협동학습을 진행하는 교수자라면 협동학습을 진행하기에 앞서 무엇보다 학습자들이 서로 협동하여 과제를 수행할 자세가 되어 있는지 확인하는 것이 필요하고, 부족하다면 이를 교육시켜야 한다고 말한다.

또한 존슨과 존슨은 사회적 기술을 학습하는 것은 협동학습 과정의 한 부분이라고 언급했다. 그리고 사회적 기술을 가르치기 위해 교수자는 다음 사항을 인지하고 있어야 한다고 말했다(Johnson & Johnson, Holubec, 1998: chap. 5, p. 4).

첫째, 교수자는 사회적 기술이 학습되어야 할 대상이라는 점을 알아야 한다.

둘째, 교수자는 '사회적 기술 학습의 밑바탕을 이루는 가정'들을 이해해야 한다. 또한 학습자들에게 무슨 기술을 가르쳐야 할지를 알아야 한다.

셋째, 그 기술을 어떻게 가르칠지를 알아야 한다.

존슨과 존슨은 협동학습에서 사회적 기술이 학습 대상이라는 점을 분명히 하고 교수자가 이에 대한 지식과 교수방법을 갖출 것을 요구한다. 그는 사회적 기술의 중요성을 강조하기 위해 '사회적 기술 학습의 밑바탕을 이루는 가정'을 설정해 언급하고 있다. '사회적 기술 학습의 밑바탕을 이루는 가정'이란 교수자들에게 사회적 기술의 기본 성격과 원리를 알려주기 위해 설정한 배경 전제이다. 이런 전제를 이해하면 사회적 기술이 협동학습에 왜 필요한지 알 수가 있다.

사회적 기술 학습의 밑바탕을 이루는 가정★

① 사회적 기술은 반드시 학습되어야 한다

사회적 기술 없이 학생들이 협동학습에서 성공할 수가 없다. 학생들은 집단 속에서 효과적으로 상호작용을 하기 위해서 반드시 사회적 기술을 배워야 한다.

② 모든 협동학습에는 학습과제와 함께 사회적 기술이 포함되어야 한다

학생들은 학습 과제(taskwork)와 함께 개인 상호 간 기술(Interpersonal skills)과 팀워크 기술(teamwork skills)을 배워야 한다.

③ 교사는 어떤 모둠 기술을 가르쳐야 할지, 또 어떻게 가르쳐야 할지를 이해해야 한다

④ 교사는 모둠 기술을 가르치는 데 필요한 세 가지 원칙을 알고 이를 따라야 한다

- 필요한 사회적 기술을 명시하라.

> - 처음부터 너무 많은 사회적 기술 가르치지 마라. 한두 가지부터 시작하라.
> - 사회적 기술을 충분히 익히도록 반복해서 가르쳐라.
>
> * Johnson & Johnson, Holubec(1998), *Cooperation in the Classroom*, Interaction Book Company, chap. 5, pp. 4~5.

(2) 사회적 기술의 종류

협동학습에 사용되는 사회적 기술로는 크게 개인 상호 간의 기술(Interpersonal skills)과 소모둠 기술(Small group skills)이 있다. 개인 상호 간의 기술은 모둠 내 활동에서 모둠이나 다른 구성원에 피해를 주지 않기 위하여 지켜야 할 기술을 말하며, 소모둠 기술은 모둠을 유지하고 존속하기 위해 구성원들 사이에 지켜야 할 기술을 의미한다.

사회적 기술 ─┬─ 개인 상호 간의 기술(Interpersonal skills)
            └─ 소모둠 기술(Small group skills)

협동학습에 필요한 사회적 기술 중 전자가 개인의 활동에 초점을 두고 있다면 후자는 개인보다 모둠의 활동에 초점을 둔다. 그러나 개인에 의해 모둠이 구성되고, 모둠 역시 개인들을 통해 구현된다는 점을 감안하면 두 요소는 엄격히 구분되지 않는다. 이 밖에 팀워크 기술(Team-Work skills)과 협동적 기술(Cooperative skills)이 있는데, 이는 사회적 기술보다는 작은 개념으로 구성원들 간의 조화와 협동을 중시하는 기술이다. 의미상으로 소모둠 기술과 큰 차이가 없다.

일반적으로 사회적 상호작용 속에는 수단적 상호작용이 있고 정의적 상호작용이 있다. 수단적 상호작용은 특정한 목적을 이루기 위해 구성원이 서로 상호작용을 하는 것을 의미하며, 정의적 상호작용은 인간 정서를 충족시키기 위해 구성원이 상호작용을 하는 것을 말한다(전병재, 1986: 378쪽). 그런데 이 두 가지 개념은 서로 분리되는 개념이 아니다. 사람들은 어떤 목적 달성을 위해 서로 상호작용을 하지만, 그것이 정서적 충족과 만족으로 이어지는 경우가 많다. 사람들은 특정한 목적을 달성하여 정서적으로 만족을 느끼기도 한다. 반대로 정서적인 만족감이 목적을 달성하는 데 도움을 주기도 한다.

협동학습에서 사회적 기술은 이런 정서적 기능을 수행한다. 협동학습의 사회적 기술은 모둠 구성원으로 하여금 동료들을 신뢰하고, 동료들을 도울 마음을 가지게 함으로써 궁극적으로 목적을 달성하는 데 기여하도록 한다. 다시 말해 협동학습에서 사회적 기술은 개인 상호 간의 기술이든, 소모둠 기술이든 대체로 바람직한 구성원 간의 심리적 경향과 학습 태도를 의미한다. 존슨과 존슨은 협동학습에서 구성원 상호 간에 공동의 목표를 성취하기 위해 학습자들은, 첫째, 서로에 대해 알아야 하고 서로에 대해 믿어야 하며, 둘째, 정확한 의사소통이 필요하고, 셋째, 서로를 받아들이고 지지하는 태도를 가져야 하며, 넷째, 건설적으로 분쟁을 해결하는 것이 필요하다고 말했다(Johnson & Johnson, 1984: p. 113). 이런 태도는 모두 협동학습을 성공적으로 이끌기 위해 구성원들이 반드시 가져야 할 심리적, 태도적 경향으로 사회적 기술에 속한다.

로이(Roy, 1994)는 사회적 기술을 기초 단계(Begining)와 기본 단계(Basic), 그리고 발전 단계(Advanced)로 나누었다. 그는 교수자가 학습자들에게 사회적 기술을 가르칠 때 처음부터 모든 것을 가르치려 애쓰지 말고 기초 단계부터 하나씩 필요한 기술을 점검하며 다음 단계로 나갈 것은 권고한다. 로이가 사회적 기술을 분류한 것을 보면 초등학교 학생들에게 필요한 항목도 있지만 중등학교나 대학교 학생들에게도 필요한 항목이 있다. 담당 교수나 교사는 학생들의 학습 수준과 정서적 단계에 맞추어 필요한 기술들을 선택한다.

로이는 이런 기능을 발달시키기에는 오랜 시간이 걸린다고 말한다. 한 학기 동안 사회적 기술을 학습하더라도 대개 4~5개 정도의 기술만을 발전시킬 수 있을 뿐이다. 그래서 교수자는 어떤 기술을 학습할지 선택하는

표7. 사회적 기술의 기본 요소

기초 단계(Begining)	기본 단계(Basic)	발전 단계(Advanced)
집단에 머물기	점검하기	사람을 비판하지 말고 아이디어를 비판하기
발표자를 응시하기	질문하기	사람이 아니라 행동을 묘사하기
집단과제 완성을 돕기	타인을 인정하기	관점 채택하기
자료를 공유하기	커뮤니케이션 기술	바꾸어 말하기
아이디어를 공유하기	- "나"라고 말하기	의견 합의하기
차례 지키기	-적극적으로 듣기	요약하기
이름을 불러주기	-재언급하기	아이디어 구별하기
부드러운 목소리 사용하기	칭찬하기	부드럽게 반대하기
과제에 집중하기		

* Roy, P., *Cultivating Cooperative Group Process Skills Within the Social Studies Classroom*, p. 25.

것이 중요하고, 학습자들의 요구수준을 알기 위해 학습 상황을 항상 점검해야 한다고 말한다(Roy, 1994: p. 25).

로이의 견해보다 훨씬 더 세밀하게 사회적 기술의 종류에 대해 언급한 사람은 존슨과 존슨이다. 존슨과 존슨(Johnson & Johnson, 1998)은 협동학습의 사회적 기술이 네 단계로 나누었다. 첫 번째 단계는 형성 단계(Forming)로 기능적인 협동학습 집단을 만들기 위해 필요한 가장 기초적인 단계이다. 두 번째 단계는 기능화 단계(Functioning)로서 효과적인 과제수행을 위해 구성원 사이의 모둠활동을 조정하는데 필요한 사회적 기술 단계이다. 세 번째 단계는 조직화 단계(Formulating)로서 학습 자료들을 깊이 이해하는데 필요한 기술 단계이다. 이 단계에서는 주어진 자료를 효과적으로 이용하기 위해 질 높은 추론 전략을 사용하기도 한다. 네 번째 단계는 활성화 단계(Fermenting)로서 학습할 자료를 재개념화하고, 인식적인 의견 충돌을 장려하며, 추가적인 정보를 찾기 위해 사회적 기술을 사용하는 단계이다. 존슨과 존슨이 각각 단계에서 사용하는 사회적 기술은 다음과 같다(Johnson & Johnson, Holubec, 1998: chap. 5, p. 6).

❶ 형성 단계(Forming)

- 소음을 점검하기(Noise Monitor) ― 학습자들은 모둠을 구성하고 옮길 때, 또 몇 가지 모둠활동의 절차를 수행할 때 다른 사람을 방해하지 말아야 한다.

- 참여도 점검하기(Participation Monitor) ― 모든 모둠 구성원은 협동학습 중에 모둠에 머물러야 하며, 모둠 활동에 참여해야 한다.

- 목소리 점검하기(Voice Monitor) ― 모든 모둠 구성원은 조용한 목소리

를 사용해 모둠 활동에 임해야 한다.

• 차례 지키기 점검하기 (Turn Taking Monitor) — 모든 모둠 구성원은 과제 수행 활동 중 차례와 순서를 지켜야 한다.

• 다른 형성 기술(Other forming skills) — 손동작과 발동작을 조심하기, 이름 사용하기, 발표자 응시하기, 혹평 삼가기.

❷ 기능화 단계(Functioning)

• 아이디어와 의견 나누기 — 모든 구성원의 아이디어와 자료를 서로 나누어야 한다.

• 사실적인 부분과 추론적인 부분에 대해 질문하기 — 구성원들은 아이디어와 생각을 공유할 목적으로 서로 질문해야 한다.

• 과제에 집중하기 — 모둠 구성원은 과제에 대한 방향성을 놓치지 않기 위해 과제의 목적을 반복해서 언급하고, 규정 시간을 상기하고, 효과적으로 과제를 완수하는 절차를 찾아야 한다.(우리는 그렇게 하기로 되어 있는데 ……, 우리에게 남겨진 시간 안에 이런 방법으로 과제를 완수할 수 있을까? 왜 우리는 이렇게 할 수 없지?)

• 구성원의 참여를 고무하기 — 모둠 구성원은 공통된 생각을 얻기 위해 구성원 각자가 가진 의견과 아이디어가 무엇인지 묻고 질문해야 한다.(수현아, 무엇을 생각해?)

• 도움과 설명을 요구하기 — 모둠 구성원은 필요할 때 동료들에게 도움과 지지를 구해야 한다.

• 다른 구성원을 지지하거나 인정하기 — 구성원들에 대해 지지를 표명하는 것은 말을 통해서 하는 방법과 말을 통하지 않고 하는 방법이 있다. 말을

통하지 않고 지지하는 방법은 눈을 맞추거나, 고개를 끄떡이거나 관심을 가지는 것이다. 말을 통해 지지하는 방법은 다른 사람에게 의견을 구하거나 다른 사람의 의견을 찬양하는 것이다.

- 설명을 요구하거나 명료화해 줄 것을 제안하기 — 다른 구성원의 견해를 이해하지 못했을 때 다시 설명해 달라거나 명확하게 해 줄 것을 제안할 수 있다.
- 재진술하기 — 메시지를 명확히 하기 위해 다른 구성원들의 견해를 재진술하도록 요청할 수 있다.
- 모둠에 힘을 불어넣기 — 모둠 구성원들은 동기가 약화되었을 때 열심히 작업하고 목표를 달성할 수 있도록 모둠에 힘을 불어넣을 수 있다.
- 감정을 표현하기 — '나 지금 기분이 좋아!' 하는 말처럼 때로 감정을 표현하는 것이 모둠에 도움이 될 수가 있다.

❸ 조직화 단계(Formulating)
- 큰 소리로 요약하기 — 지금까지 읽었던 내용이나 토의한 내용을 될 수 있는 대로 큰 소리로 요약한다. 중요한 아이디어와 사실은 요약 속에 모두 포함된다.
- 정확성 추구하기 — 구성원이 요약한 것을 수정케 함으로써 정확성을 기한다. 또 이를 통해 몰랐던 내용을 첨가할 수 있다.(나는 그것이 옳다고 확신할 수 없어, 내가 생각하기에 그것은……)
- 상세화하기 — 상세화하기는 학습하고자 하는 자료가 이전에 배웠던 자료나 새로운 자료와 관련될 때 필요한 기술이다.(이것은 지난주 우리가 학습한 내용과 같아! 이것이 그것과 어떻게 관련되지?)

• 기억 연상하기 — 모둠 구성원은 중요한 아이디어나 사실들을 기억해 낼 수 있는 방법을 찾아야 한다. 그림이나 연상구조, 그밖에 기억 연상을 위한 다양한 도구를 사용할 수 있다.(이것을 기억하는 좋은 방법은……)

• 이해도 점검하기 — 다른 구성원들이 분명히 알 수 있도록 함축적인 추론과정도 말로써 직접 설명한다.

• 큰 소리로 계획 설명하기 — 구성원들은 동료들에게 학습 자료들을 어떻게 다룰 것인지, 그 계획을 큰 소리로 말해야 한다.(내가 자료를 여러분에게 가르칠 방법은……)

❹ 활성화 단계(Fermenting)

• 사람을 비판하지 않고 아이디어를 비판하기 — 상대방을 존중하면서 상대방의 의견을 비판할 수 있는 매우 지적이고 도전적인 모둠 동료들이 가지는 사회적 기술.(나는 당신을 존경해요. 하지만 이번 일은 당신의 생각에 동의할 수 없어요.)

• 아이디어나 추론의 차이점을 알아내기 — 먼저 구성원의 생각이 얼마나 다른가를 알아야 한다.(우리들이 내린 정보와 결론이 서로 어떻게 다르죠?)

• 아이디어를 한 가지 관점으로 모으기 — 구성원들의 아이디어를 식별한 후 그것들을 모아 한 가지 견해로 통합한다.(모든 사람의 아이디어를 하나로 모을 수 있을까요?)

• 자기 주장의 정당성 증명하기 — 구성원은 다른 구성원에게 왜 자신의 결론이나 대답이 옳은지를 증명해야 한다.(왜 이 대답이 옳다고 생각하지?)

• 대답을 확장하기 — 구성원들은 다른 구성원의 대답이나 결론을 보충해 더 나은 대답이 되도록 한다.(여기 고려해 봐야 할 다른 것이 있어요

......)

- 깊이 있는 질문 던지기 — 구성원들은 깊이 있는 이해와 분석에 따른 질문을 던져야 한다.(이 상황에서 일할 수 있을까요? 너는 어떤 점을 신뢰해?)
- 더 나은 답 만들어 내기 — 학습자들은 선택 가능한 답을 여러 가지 만들어 냄으로써 자신의 처음 대답을 더 나은 대답으로 확장해 나가야 한다.(이것이 또 다른 가능성일까?)
- 모둠활동을 점검하기 — 구성원들은 교육 현황, 시간, 그 밖의 다른 문제에 관한 모둠의 현재 상황을 점검해야 한다.(이런 방법으로 이 과제를 수행할 충분한 시간이 있을까?)

* Johnson & Johnson, Holubec, 1998: chap. 5, pp. 7~11.

    로이와 존슨과 존슨이 제시한 사회적 기술 항목을 보면 사회적 기술은 협동학습의 과정에 수반되는 여러 활동과 밀접하게 관련된 행동 양식 전체를 말하는 것처럼 보인다. 그 속에는 모둠활동을 위해 필요한 기초 항목이 있는가 하면, 모둠 목표를 달성하기 위해 수준 높은 활동을 요구하는 항목들도 있다. 예컨대 로이의 항목 중에서 '집단에 머물러 있기', '발표자를 응시하기', '차례 지키기'와 같은 것은 원만한 모둠활동을 위해 구성원들이 지켜야 할 기본적인 항목들이라면, 존슨과 존슨의 항목 중 '아이디어나 추론의 차이점 알아내기'나 '자기주장의 정당성 입증하기'와 같은 것은 고차원적인 과제를 수행하기 위해 필요로 하는 항목들이다.

    그런데 이런 항목들을 살펴보면 사회적 기술은 모둠활동의 과정(group

processing)과 밀접한 관련이 있음을 알 수 있다. 존슨과 존슨이 세운 사회적 기술의 4단계(형성 단계, 기능화 단계, 조직화 단계, 활성화 단계)는 모둠활동의 진행 과정과 아주 흡사하다. 사회적 기술의 발달 단계와 모둠활동의 활성화 단계는 서로 분리할 수 없어 보인다. 사회적 기술은 과제 해결을 위한 모둠 과정에서 프로그램 활동에 수반되는 구성원의 자세와 태도를 말하며, 이런 자세와 태도는 과제의 성격과 프로그램의 내용에 영향을 미치게 된다. 한편 사회적 기술은 과제의 성격이 어떠한지, 모둠 구성원이 어떻게 이루어지는지, 과제의 기간이 얼마인지, 과제의 보상이 어떠한지에 따라 영향을 받는다. 뿐만 아니라 모둠 구성원의 문화적 성격에 따라서도 사회적 기술의 내용은 달라질 수가 있다. 퍼트넘(Putnam)은 사람 사이의 기대되는 관계는 문화에 따라 달라지기 때문에 사회적 기술을 채택할 때 이를 충분히 고려해야 한다고 주장한다(Putnam, 1997: p. 16).

■ (3) 사회적 기술에 대한 교육

협력학습이나 협동학습에서 사회적 기술을 학습자들에게 가르쳐야 할까? 가르친다면 어떻게 가르칠까? 사회적 기술을 교육하는 일에 대해서는 세 가지 관점이 있다. 우선 사회적 기술은 모둠활동을 통해 자연스럽게 형성되는 것이기 때문에 이를 따로 가르칠 필요가 없다는 관점이 있다. 이런 관점은 사회적 기술이 과제 구조나 보상 구조에 의해 자연스럽게 숙지되는 영역이지 학습의 대상 영역은 아니라고 본다. 많은 교수자가 그렇게 생각한다. 일반적으로 교수자들은 학습자들에게 서로 토의하고 협상해야만 할 과제를 주고 협동할 환경만 만들어 주면 사회적 기술은 자연스럽게 발휘될 수 있다고 본다.

두 번째로 사회적 기술은 반드시 배워야 할 학습 항목이라고 생각하는 관점이다. 특히 이런 관점은 사회적 기술을 협동학습의 성공과 실패를 가름할 중요한 요소로 보고 이를 정규 과목에 포함하여 학습자를 학습시켜야 한다고 주장한다. 사실 협동학습에서 구성원 간의 원활한 대화와 토론, 타협과 조정이 없다면 과제를 달성하기는 무척 어렵다. 사회적 상호작용은 능숙한 사회적 기술의 발휘 여부에 따라 실제 내용이 달라지기 때문이다. 그래서 사회적 기술을 다른 과제 항목과 함께 하나의 학습 항목으로 잡기도 한다.

협동학습에서 사회적 기술을 학습 대상으로 가르쳐야 한다고 주장하는 사람은 존슨과 존슨이다. 존슨과 존슨은 협동학습이 경쟁학습이나 개인학습보다 훨씬 복잡하다고 말하면서 협동학습을 성공적으로 이끌기 위해서는 사회적 기술에 관한 교육이 필요하다고 말하고 있다. 그는 모둠 구성원들이 어떻게 리더십을 촉진시키는지, 의사결정을 어떻게 하는지, 신뢰구축을 어떻게 해야 하는지, 또 분쟁을 어떻게 조정해야 하는지를 배울 필요가 있다고 주장한다. 그는 사회적 기술을 협동학습을 위한 필수적인 요소로 보아 협동학습의 중요 요소로 꼽고 있다(Johnson & Johnson, Holubec, 1994: chap. 1, p. 10).

반면에 케이건(Kagan, 1998)은 이와 다른 관점을 택한다. 케이건은 사회적 기술을 하나의 학습 항목으로 삼아 가르쳤던 전통적인 교육 방식은 실패로 돌아갔다고 말하면서 학습자들에게 사회적 기술을 자연스럽게 교육해야 한다고 주장한다. 학습자들이 갈등 해결을 위한 여러 방식을 학습하지만 구체적 상황 속에 들어가면 곧 그것을 잊어버리게 된다. 사회적 기술을 배운다고 해서 그것이 특정한 과제 상황에 전이된다는 보장을 할 수가 없다.

　케이건은 사회적 기술을 특정 상황에 맞게 그 상황에서 일어날 수 있는 현상으로 해석한다. 사회적 기술을 배워 어떤 모둠에서 잘한다고 해서 다른 모둠에서 그럴 것이라고 보장할 수가 없다. 그렇기 때문에 그는 협동학습에서 사회적 기술을 각 상황과 단계마다 자연스럽게 익히는 것이 바람직하다고 보고 있다. 케이건은 저학년에서는 형식적인 접근 방법으로, 고학년에 가면 자연스러운 접근 방식으로 교육할 것을 주장하고 있다(Kagan, 기협연 옮김, 1998: 297~299쪽).

　케이건의 입장을 따른다면 초등교육에서는 사회적 기술을 단독 항목으로 학습하게 하는 것이 바람직하다. 반면에 중등교육 과정과 대학교육 과정에서는 사회적 기술을 모둠활동의 과정 중에 자연스럽게 학습하도록 하는 것이 바람직할 것이다. 그러나 그렇다고 하여 중등학교나 대학에서 교사나 교수가 사회적 기술의 중요성을 잊고 이를 방치하라는 뜻은 아니다. 협동학습과 협력학습이 구성원들 간의 상호 작용을 통해 이루어지는 만큼 사회적 기술을 발휘하는 것은 학습의 성패를 좌우할 중요한 의미를 가지기 때문이다.

　사회적 기술의 학습과 관련하여 존슨과 존슨은 협동학습 절차에 필요한 사회적 기술의 학습 단계를 다음과 같이 이야기한다(Johnson & Johnson, 1994: pp. 126~127).

① 학습자들이 사회적 기술이 무엇인지, 그리고 언제 그것이 사용되어야 하는지를 개념적으로 배우는 단계

② 학습자들이 배운 개념적인 이해를 모둠활동에서 일련의 행동적 절차로 옮

기는 단계

③ 사회적 기술을 적용하여 잘못된 것을 고치면서 그것을 숙련시키는 단계

이 단계는 기술을 적용하고, 피드백을 받고, 피드백 받은 것을 반영하여 자신의 행동 규칙을 수정하고, 그 기술을 다시 적용시켜 반복하는 과정이다. 이런 과정은 사회적 기술을 적절한 협동학습 수행 과정에 자동적으로 적용시킬 수 있을 때까지 반복한다.

존슨과 존슨은 이런 절차적 학습의 궁극적 목표를 각 단계마다 학습자들이 사회적 기술을 아무 어려움 없이 사용하도록 하는데 있다고 말했다. 그는 교수자라면 학습자들을 이런 단계에 이를 수 있도록 끊임없이 관찰하고, 부족한 기술을 어떻게 가르쳐야 할지를 파악해야 한다고 지적했다. 이를 위해서 교수자는 모둠별로 활동한 목록, 개인별 활동사항과 특징을 기록하여 가지고 있어야 한다. 또 관찰자가 필요하다면 모둠별로 특정한 학습자를 지정하여 보고하게 할 수도 있다.

사회적 기술을 적절히 사용하면 협동학습의 능률을 최대화하는 데 도움을 받을 수 있다. 그러나 사회적 기술의 기본적 항목을 제외한다면 어떤 상황에 어떤 기술을 적용해야 하며, 어떻게 가르쳐야 하는지를 발견하는 것은 쉽지가 않다. 가장 좋은 방법은 협동학습을 구상할 때 각 단계별로 필요한 협동학습 기술을 기록해 두고 학습자들을 관찰하여 필요할 때 그것을 주지시키고 인지하게 만드는 것이다. 글쓰기 협력학습의 경우 쓰기 과정에 따라 협력학습을 계획할 때 각 단계마다 필요한 사회적 기술을 기록해 두는 방법이다. 존슨과 존슨의 말처럼 사회적 기술을 학습 대상으로 삼아 미리 교육하는 것도 좋으나, 이럴 경우 너무 많은 시간을 소비될

가능성이 있으며, 정작 과제에 집중하지 못할 위험성도 생긴다. 따라서 중등 과정이나 대학의 협동학습에서는 모둠별 관찰자를 두어 필요한 항목을 점검케 하는 것도 바람직하다.

이 밖에 사회적 기술을 어떤 범위 내에서 가르쳐야 할지도 고려해 보아야 한다. 중등학교와 대학의 경우 특별한 경우가 아니라면 사회적 기술을 전체 학습자에게 정규 학습 대상으로 가르칠 필요는 없다. 학습자들에게 협동학습의 진행 절차를 적절하게 소개하고, 이를 수행하면서 중간 중간 적절한 방법으로 사회적 기술을 가르칠 수가 있다. 만약 몇몇 모둠이 사회적 기술의 부족으로 활동에 지장을 받는다면 교수자는 특정한 모둠만을 대상으로 사회적 기술을 가르칠 수가 있다. 또 특정한 모둠의 몇몇 학습자가 사회적 기술의 부족으로 어려움을 겪는다면 이들 학습자만 선별하여 교육을 실시할 수도 있다. 중요한 것은 협동학습이 효율적으로 수행되는 것을 방해하는 요소를 제거하는 일이다.

글쓰기 협력학습 역시 이런 협동학습의 사회적 기술 이론을 받아들일 필요가 있다. 초등 글쓰기 교육에서 사회적 기술은 무척 중요하다. 학습자들은 타인과 상호작용하는 기술을 모른다면 학습의 효과를 기대할 수 없기 때문이다. 중등학교 과정과 대학 과정에서는 이를 직접 교육 대상으로 삼을 필요는 없다. 그러나 중등과 대학의 교수자는 사회적 기술을 내면적 학습 대상으로 인지할 필요가 있다. 내면적 학습 대상이란 직접적인 학습 대상은 아니지만 교수자가 학습 대상 이상으로 신경을 써야 하는 학습 항목을 말한다.

사회적 기술은 교육 과정의 배경이나 기반을 이루는 것이므로 학습의 처음부터 끝까지 관심을 놓아서는 안 되는 주요 항목이다. 특히 글쓰기 협력학습에서 중등 과정이나 대학 과정은 협상의 과정에서 많은 문제가 발생한다. 그렇기 때문에 교수자는 모둠활동에서 일어날 수 있는 다양한 상호관계의 문제들을 학습자들이 자율적으로 조절하고 통제할 수 있도록 교수자 기술을 발휘해야 한다. 그래서 글쓰기 협력학습에서 사회적 기술은 학습자의 문제이기도 하지만 교수자의 문제가 되기도 한다.

표8. 사회적 기술 학습 단계*

사회적 기술 학습 단계	학습 항목
1단계 : 사회적 기술의 필요성 수립	1. 학습자들이 필요한 기술을 선택한다. 2. 교수자가 선택하고 이를 설득한다. 3. 역할 놀이를 통해 부족한 기술을 인지한다.
2단계 : 사회적 기술에 대한 설명	1. T-차트(T-chart)를 이용해 사회적 기술을 한정한다. 2. 사회적 기술을 설명하고, 예를 보여 주며 구체화한다.
3단계 : 기술의 실행	1. 사회적 기술의 역할 할당 2. 사용빈도와 수준 기록하기 3. 주기적으로 기술을 추가하기 4. 간섭하여 명료화하기 5. 지도하기
4단계 : 피드백과 반영	1. 학습과 집단, 개인에 대한 보고서 작성 2. 자료에 대한 그래프 작성 3. 자료 분석하기 4. 피드백해 주기 5. 개선해야 할 목표 설정해 주기 6. 집단 활동 칭찬하기
5단계 : 3단계와 4단계 반복하기	각 단계에 따라 사회적 기술을 반복적으로 사용한다. 이를 통해 기술이 발전하고 있음을 지속적으로 강조한다.

* Johnson & Johnson, Holubec(1998), *Cooperation in the Classroom*, Interaction Book Company, chap. 5, p. 16.

4부

글쓰기 협력학습의 원리와 유형

글쓰기 협력학습의 기본 원리

[1] 글쓰기 협력학습의 특징

　존슨과 존슨(Johnson & Johnson, 1994)은 협동학습의 원리를 다섯 가지로 제시했다. 그 다섯 가지는 다음과 같다. 긍정적 상호의존성(Positive Interdependence), 개인 및 모둠 책임성(Individual and Group Accountability), 촉진적 상호작용과 면대면 상호작용(Promotive interaction and Preferably face-to-face), 개인 상호 간의 기술과 소모둠 기술(Interaction and Small group skill), 모둠 수행 과정(Group processing)이다. 존슨과 존슨은 협동학습에서는 이런 기술들이 어울려서 효과적인 집단 활동을 수행하게 된다고 보았다(Johnson et al., 1994: chap. 1, pp. 9~12).

　존슨과 존슨이 추구하는 모둠활동의 목표는 집단 구성원의 협동적인 상호작용을 통하여 주어진 과제를 효과적으로 수행하는 것이다. 협동학습에 관한 존슨과 존슨의 정의 속에는 협동학습이 경쟁학습보다 효율성이 높다는 것을 전제로 하고 있다. 협동학습(cooperative learning)의 모형 속에는 효율성과 생산성의 개념이 내포되어 있는 것이다. 개인 한 사람이 해답을 만드는 것보다 여러 사람이 함께 해답을 만드는 것이 효율성과 경제성에서 이익이 많다.

그러나 글쓰기 협력학습(Collaborative Writing)의 경우는 이와 성격이 다르다. 우선 글쓰기 협력학습은 모둠활동을 통해 어떤 결과를 얻는 것을 목표로 삼지 않고 결과에 이르는 과정을 더 중시한다. 글쓰기를 잘하기 위해 지식의 습득이나 축적 과정이 필요한 것이 아니라 지식을 만들어 내고 형성해 내는 과정을 익히는 것이 더 필요하다.

우리가 학교 교육을 통해 배우는 많은 교과목들은 추상적 지식과 명제적 지식을 중요하게 취급한다. 반면에 반복된 수행 과정을 요구하는 언어 교과나 예술 교과는 절차적 방법을 익히고 이를 자동화하는 과정을 더 중요하게 여긴다. 글쓰기 학습 역시 결과보다 절차적 과정을 익히는 것을 더 중요하게 생각한다. 예컨대 글쓰기 학습에서 능숙한 필자는 미숙한 필자보다 아이디어를 조직하는데 더 성공적이라고 한다. 이는 개념적 지식을 많이 알아서 되는 것이 아니라 절차적 수행 능력이 뛰어나기 때문에 그러한 것이다(Gagne' et al., 이용남 역, 2002: p. 417). 따라서 글쓰기에서는 어떤 목표만을 목적으로 삼을 수 없으며 또 그것에 이르는 효율성만을 따질 수도 없다.

글쓰기 협력학습의 성격은 협력학습의 이론가인 브루피(Bruffee, 1984)의 사상에서 잘 드러난다. 브루피는 글쓰기를 내면화된 사회적 대화가 다시 외부로 표출된 것으로 본다. 인간의 사고가 사회적인 대화가 내면화하여 이루어진 것이라면 글쓰기는 그 사고를 다시 표상의 '형식으로 외부로 재현한 것이다(Bruffee, 1984: p. 641). 브루피의 논리에 따른다면 글은 사회적 대화의 성격을 담지한 것이 된다. 글쓰기는 단순히 어떤 선언적 지식을 생산하고 전달하는데 목적이 있는 것이 아니라 상황과 맥락 속에서 구체적인 대화를 재구성하는 데 목적이 있다.

글쓰기 협력학습은 모둠을 사용한다는 측면에서 존슨과 존슨의 협동학습과 유사하지만 학습의 목적과 방법에서는 상당한 차이가 있다. 글쓰기 협력학습과 일반적인 협동학습(cooperative learning)은 협동학습 공통의 성격과 특성을 같이 공유한다. 반면에 글쓰기 협력학습은 일반적인 협동학습이 지니지 못한 독특한 특성을 가지고 있다. 이를 증명하기 위해 존슨과 존슨이 언급한 협동학습의 다섯 가지 원리에 대해 한번 살펴보도록 하자.

존슨과 존슨이 첫 번째로 언급한 긍정적 상호의존성(Positive Interdependence)은 모둠의 성공이 개인의 성공과 밀접하게 관련되어 있기 때문에 구성원 서로가 긍정적으로 협력해야 하는 것을 의미한다. 글쓰기 협력학습에서는 공동작가(co-author)의 경우를 제외하면 모둠의 성공과 개인의 성공이 꼭 일치한다고 볼 수 없다. 동료지도(peer tutoring)는 모둠에 초점을 둔 협력학습이 아니라 협력하는 관계에 초점을 둔 학습이다. 동료지도에서 중요한 것은 면 대 면으로 서로 관계를 맺는 방식이다. 한 사람은 도와주는 사람으로 한 사람은 도움을 받는 사람으로 설정되어 있어 개인의 성공이 모둠의 성공이란 말을 하기가 어렵다.

'개인 및 모둠 책임성' 역시 모둠의 의미가 상대적으로 약한 글쓰기 협력학습에서는 협동학습에 비해 중요성이 떨어진다. '개인 및 모둠 책임성'은 모둠의 목표를 이루기 위해 개인이 집단에서 부과한 자기 업무를 성실하게 수행해야 하는 책임감을 의미하는데 개인의 책임감과 집단의 책임감을 동시적으로 중요하게 다루었다는 점에서 글쓰기 협력학습과는 차이가 있다. 글쓰기 협력학습 역시 개인과 모둠 모두 중시하지만, 그래도 모둠은 개인을 위해 존재하는 것으로 본다.

'촉진적 상호작용과 면대면 상호작용'은 협동학습과 상호작용이 구성원 서로 서로의 접촉을 통해 이루어지고 이런 활동이 구성원의 상호활동과 성장을 촉진시키게 되는 것을 뜻하는 말인데, 이것은 글쓰기 협력학습에서도 상당한 의미가 있다. 글쓰기 협력학습 역시 동료 상호작용을 중시하는 학습 모형이기 때문이다.

'개인 상호 간의 기술과 소모둠 기술'은 협동학습에서 요구하는 개인 간의 상호관계에 관한 기술과 모둠활동 방법에 대한 기술을 학습해야 하는 것을 의미한다. 글쓰기 협력학습에서 사회적 기술 역시 중요하다. 동료와 협력하여 과제를 수행할 때 구성원 상호 간의 인간관계가 무엇보다 중요하기 때문이다. 다만 글쓰기 협력학습에서는 사회적 기술을 직접적인 학습 대상으로 규정하지는 않는다.

'모둠 수행 과정'은 모둠 구성원이 자신들의 목표를 성취하기 위해 효과적인 작업 과정(effective working relationship)을 수행해 가는 과정을 일컫는 말이다. 협동학습에서는 이 과정을 매우 중시한다. 글쓰기 협력학습 역시 '모둠 수행 과정'을 익히는 것이 필요하다. 그러나 글쓰기 협력학습은 높은 사고력과 구성력을 얻고자 하기 때문에 실제 상호관계에서 나오는 다양한 인지 과정을 익히는 것을 더 중요하게 본다. 형식적이고 틀에 박은 듯한 모둠 수행 과정은 오히려 창의적인 상호관계를 방해할 수 있다.

그렇다면 글쓰기 협력학습의 특성을 어떻게 설명할 수 있을까? 글쓰기 협력학습의 특성은 브루피의 언급에서 잘 드러난다. 브루피는 글쓰기 협력학습이 가지고 있는 특성을 다른 전공과목은 물론 심지어 문학 수업과도 다른, 글쓰기만이 가지는 독특한 성격과 밀접하게 관련된 것으로 보고 있는데, 이 점에 대해 그는 이렇게 말하고 있다(Bruffee, 1972: p. 640).

첫째, 글을 배우는 것이 다른 것을 배우는 것과 차이가 있다. 글을 배우는 것은 무언가를 '하는' 것을 배우는 것으로, 마치 테니스나 목수일 혹은 바이올린을 배우는 것과 유사하다. 하지만 글을 배우는 것은 이런 종목들과 달리 완전히 새롭게 시작하는 것을 의미하는 것은 아니다. 우리는 이미 상당한 정도로 모국어를 익혀 왔으므로 완전한 초보자로서 처음부터 시작하는 것과는 차이가 있다.

그런데 모국어를 아는 수준에 있어서도 사람마다 상당한 차이가 있다. 이런 차이는 쓰기 형성 수준의 다양성을 말하는 것으로 글쓰기 협력학습이 대화를 사용하는 근본 이유가 된다. 글쓰기 협력학습에서는 다양한 수준과 다양한 방법, 다양한 표현, 다양한 동료들이 존재한다. 우리는 쓰기 협력학습을 통해 서로 다른 수준의 다양성을 경험하게 할 수 있다. 이런 점은 글쓰기 협력학습에서 학습자들이 왜 그렇게 다른 학습보다 많은 도움을 받게 되는지에 대한 하나의 답이 된다. 차이성, 다양성, 이질성은 근본적으로 글쓰기 협력학습을 이루는 기본 바탕이 된다.

둘째, 글쓰기를 배운다는 것은 모국어로서 우리 언어를 적극적이고 새롭게 보는 것과 관련이 된다. 이는 관습화, 자동화된 언어 습관을 새롭게 일깨우는 것으로 브루피는 이를 고통스러운 과정이라고 말하고 있다. 대상에 대한 새로운 인지적 충격은 글쓰기가 사유적이며 창의적인 과정이라는 사실을 보여준다.

셋째, 글쓰기는 글을 쓰는 작가인 동시에 독자가 되기 때문이다. 학습에서 이런 경우는 쉽지 않다. 어떤 학습이든 넓은 의미에서 지식의 전달자와 전수자가 있기 마련이다. 그러나 글쓰기에서는 지식의 전달자와 전수자가 명확하지 않다. 지식을 배우는 학습자가 글을 만드는 주체가 된다. 그리고 다른 동료의 글에 대해서는 객체가 된다. 학습 대상에 있어 주체와 객체가 이렇게 이중적으로 병행할 수 있는 것은 쉽지 않다. 이는 글쓰기에서 동료 학습이 왜 유용한지를 보여 주는 측면이다.

위와 같은 특징들을 보면 글쓰기는 지식을 이해하고 기억하며 풀이하는 일반적인 학습과 차이가 있음을 알 수 있다. 글쓰기 학습에서는 어떤 특정한 목표에 도달하기 위한 방법과 절차가 규정되어 있지 않다. 오히려 글쓰기 학습은 규정되지 않은 그런 방법과 절차를 학습에 이용하고 학습의 유용한 도구로 삼는다. 또 이렇게 열린 속성이 글쓰기 학습을 다양하고 폭넓게 만드는 요소가 된다. 협력학습도 그런 다양한 방법 중의 하나라 할 수 있다.

글쓰기 학습은 언어적 소통의 문제를 다루고 있다. 언어는 상대방을 전제로 하여 만들어진 상호작용의 역동적 산물이다. 글쓰기 학습에는 다른 어떤 학습보다 동료 간에 활발한 상호작용이 필요하다. 글쓰기 협력학습은 이런 글쓰기의 다양한 상호관계적 속성을 가장 잘 반영한 학습 방법인 것이다. 대화적 성격, 상호작용, 인지적 충격, 동료 반응, 작가와 독자의 이중성 등은 글쓰기가 동료학습, 협동학습의 속성을 지니고 있음을 명확히 보여 주는 요소들이다.

(2) 글쓰기 협력학습의 원리 ■

글쓰기 협력학습의 원리로 네 가지를 들 수 있다. 첫째 쓰기-읽기의 상호성 원리, 둘째 작가-독자의 원리, 셋째 인지 역동성의 원리, 넷째 학습 전이의 원리, 다섯째 피드백의 원리이다. 작가-독자의 원리는 쓰기 과정 중에 작가의 역할과 독자의 역할이 복합적으로 뒤섞여 수행된다는 점을 지적한 것이며, 인지의 역동성 원리는 쓰기의 학습이 고정된 인지 획득 방법에 따라 움직이지 않고 인지 불균형 상태를 극복하려는 역동적 인지 과정을 통해 이루어진다는 사실을 지적한 것이다. 또 학습 전이의 원리는 한 사람의 지식이 상호작용을 통해 다른 사람에게 전이된다는 학습 원리를 설명한 것이며, 피드백의 원리는 글쓰기가 반복된 피드백을 통해 가장 효과적으로 학습된다는 원리를 말한 것이다. 글쓰기 협력학습의 이런 원리를 바탕으로 움직인다.

□ 쓰기-읽기 상호관련성 원리

언어학습과 관련하여 구분하기 힘든 것 중 하나가 바로 쓰기와 읽기의 구별이다. 일반적인 언어활동에서도 읽기와 쓰기는 서로 구분이 힘들 정도로 혼합된 상태를 보여 준다. 우리가 어떤 책을 읽을 때의 인지 기능은 문자 부호를 해석하고 이해하는 것이다. 그런데 이런 해석 기능과 이해 기능 속에는 문자를 읽어 내는 행위뿐만 아니라 의미를 창조하는 의미 구성 행위까지 포함된다.

글을 읽고 이해한다는 것은 문자를 해석하고 문자를 새롭게 구성하는 행위와 유사하다. 해석은 어떤 글이 담고 있는 사실 그대로를 말하는 것이 아니다. 해석은 인지된 사실을 바탕으로 그에 대한 가치와 평가를 포함하는 행위이다. 더구나 이해는 문자화된 사실에 대한 단순한 인지 차원을 넘어 대상에 대한 자기 언어의 구성 행위를 내포하고 있다. 결국 이런 의미 구성 행위는 우리 머릿속에 글을 쓰는 행위와 동일하다. 스피비는 우리가 글을 쓰면서 문자로 된 텍스트와 정신 속의 텍스트를 같이 사용한다고 말했다. 정신 텍스트와 문자 텍스트는 쓰기 과정 속에서 읽기와 쓰기를 반복하고 통합하면서 인지적 기능을 수행한다(Spivey, 신헌재 외 역, 2005: 211쪽).

쓰기 과정에 수반되는 읽기 요소는 두 가지 차원에서 진행된다. 하나는 쓰기의 텍스트에 수없이 내포되어 있는 다른 텍스트의 영향에 관한 것이며, 다른 하나는 쓰기 과정에서 이전까지 쓴 텍스트(Text so far)를 읽는 과정이다.

글을 쓰는 행위는 이미 이전에 직·간접적으로 읽었던 다양한 텍스트가 의미 구성에 참여하고 간섭하는 행위이다. 쓰기 행위에서 배경 지식이 되는 기억 스키마는 개인 차원, 집단이나 사회 차원, 담화 공동체 차원에서 이루어지는데 이런 것은 대체로 텍스트를 읽는 행위를 통해 이루어진다. 그리고 이런 텍스트는 글을 쓰기 이전뿐만 아니라 글을 쓰는 과정 중에서도 끊임없이 간섭하고 참여한다. 독자는 작성된 글을 보면서 필자의 텍스트뿐만 아니라 그 속에 다양하게 포함된 다른 작가의 텍스트도 함께 보게 되는 것이다. 이를 상호 텍스트적 속성이라고 말한다.

쓰기 행위에서 텍스트의 읽기는 자신이 직접 쓰고 있는 글에서도 일어난다. 모든 작가는 글을 쓰면서 읽는 행위를 수반한다. 글을 쓰는 도중 우리는 지금까지 구성한 텍스트를 계속 읽으면서 쓰게 된다. 때로는 다른 사람의 텍스트를 옆에 두고 참고하면서 쓰기도 한다. 이처럼 쓰기 행위에서 읽기와 쓰기는 구별할 수 없으며 하나의 인지 목적을 향해 가는, 같은 과정의 두 가지 양상이라고 말할 수 있다.

쓰기-읽기의 상호성은 글쓰기가 하나의 인지 과정의 산물이 아니라 복합적인 상호 과정의 산물임을 알게 해 준다. 그리고 이런 상호 과정은 쓰기 행위가 단지 개인적 인지 과정일 뿐만 아니라 협력적 과정의 산물임을 깨닫게 해준다.

□ 작가-독자 상호관계성 원리

글쓰기에서 작가와 독자의 영역은 매우 중요하게 취급한다. 작가는 쓰기 행위의 주체로서 인지 구성의 중심에 위치한 사람이다. 플라워와 헤이스(Flower & Hayes, 1981)는 인지 구성을 연구할 때 개인으로서 작가의 사고 과정을 집중적으로 연구했고, 또 이에 바탕을 두는 쓰기 이론을 확립했다. 이들은 글쓰기는 한 개인의 인지 구성 행위로 인식하여, 이에 대한 쓰기 과정을 정립하고자 했다. 반면에 최근의 쓰기 이론들은 글을 쓰는 행위가 꼭 작가 자신의 영역만은 아니라고 본다. 앞의 상호 텍스트성에서도 언급했다시피 어떤 작가의 지식은 그 이전에 그 작가가 독자로서 읽었던 수많은 다른 텍스트와 연관을 맺고 있다. 그뿐만 아니라 독자는 자신이 이전에 읽었던 많은 다른 텍스트로부터 그 작가의 글을 해독할 원천을 얻게 된다. 따라서 수많은 텍스트와 텍스트가 중첩하면서 의미를 형성하게 되며, 이 공간에서 작가와 독자의 영역을 엄격하게 구분하는 것은 불가능하다.

스피비는 모든 작가들은 독자들과 함께 글쓰기의 목적을 성취하기 위해 텍스트를 산출한다고 말했다. 글을 쓰는 작가의 행위 속에 독자가 내포되어 있다는 것이다. 그래서 작가가 성숙해 질수록 독자를 고려한 쓰기 능력이 발달한다고 한다. 그리고 독자를 고려한 쓰기 능력 속에는 담화지식이라고 말하는 독자와 사회에 관한 지식이 포함된다(Spivey, 신헌재 외 역, 2005: 213쪽).

작가와 독자의 상호관계성은 글을 쓰는 행위에 분명히 나타난다. 작가는 글을 쓸 때 독자가 누구이며, 어떤 반응을 보일지, 어디에 호응할지를 예상하게 된다. 작가가 이러한 사실을 자각하든, 그렇지 않든 작가는 글을 읽는 객체를 상정하지 않으면 글을 쓸 수가 없다. 따라서 한 편의 글을 쓰는 행위는 작가 개인의 행위가 아니라 작가와 독자가 같이 참여하는 복합적인 과정이 되는 것이다.

작가와 독자의 상호관계성은 한 편의 글을 쓰는 행위에서 있어 작가와 독자가 기능적으로 상호 교환될 수 있다는 점에서 무척 중요하다. 글을 쓰는 작가는 언제나 그 글을 평가하는 독자가 될 수 있다. 또 실제 글을 쓰는 것은 끊임없이 작가에서 독자로, 독자에서 작자로 바꾸어 가는 행위이기도 하다. 따라서 글쓰기 학습은 작가와 독자의 이런 상호 관계성이 바탕이 될 때 비로소 효과적인 학습을 할 수 있다. 글쓰기 협력학습이 바로 그런 학습이다.

글쓰기 협력학습에서 작가-독자 상호관계성을 설정해 보는 것은 동료 협력 활동을 위해 도움이 된다. 동료 협력 관계에서 학습자들은 서로 작가와 독자가 된다는 사실을 알고 있다. 이런 인식은 독자 입장에 서는 작가가 가능하고 작가 입장에서 서는 독자가 가능하다는 사실을 말해준다. 동료와 동료의 관계이자 작가와 독자의 관계가 성립하는 것이다. 또 이런 관계는 같은 층위에서, 같은 시각의 소통과 맥락을 학습 공간의 동료끼리 형성한다는 것을 의미한다. 같은 동류의 감각이자 같은 청중의 감각을 형성하는 것이다. 글쓰기 협력학습에서 동료 도움 활동은 이런 감각을 기초로 하여 형성된다.

글쓰기 협력학습에서 필자-독자의 상호관계성에 대해 중요한 언급을 한 사람이 게브하르트(Gebhardt, 1980)이다. 그는 '청중의 수사학적 감각(rhetorical sense of audience)'이란 개념을 제시하고 있는데, 이 말은 글쓴이가 청중의 감각과 개념을 가지고 있어야 독자 반응에 응답하는 글을 쓸 수가 있다는 뜻을 품고 있다. 일반적으로 학습자들은 교수자의 피드백에 대해 수긍하지 못하는 경우가 많다. 그것은 교수자의 점검이 주로 형식적이거나 기술적인 문제에 치중하고 있기 때문이다. 반면에 동료들의 비평에 대해서는 교수자보다 훨씬 나은 반응을 보이는데 그것은 학습자의 관점에서 청중으로서의 솔직한 반응이 들어 있기 때문이라고 한다. 이처럼 글쓰기는 대상 독자의 감각에 기초해야 하는데, 이를 '청중의 수사학적 감각'이라고 말한다(Richard Gebhardt, 1980: p. 69).

글을 쓰는 작자는 우선 자신이 다른 사람의 글을 읽었을 때 어떻게 반응하고 평가했는지에 대한 경험을 풍부하게 가지고 있어야 하며, 글을 쓸 때 거기에 맞추어 작성해야 한다. 글을 비평하는 사람은 일반 청중의 수사학적 관점에 기초하여 글에 대한 감상, 문제점을 솔직하게 지적해 주어야 한다. 글쓰기 협력학습에서 작자와 독자, 모두 가장 보편적이고 일반적인 관점에서 서로 소통하는 감각을 가지고 있어야 하며, 그것이 바로 '청중의 수사학적 감각'이다.

□ 인지 역동성의 원리

　글쓰기는 매우 많은 인지적 구성 요소를 지닌 복잡한 활동이다. 숙련된 글은 선언적 지식과 절차적 지식, 그리고 기초적 구성 요소가 서로 결합되어 있는 자동화의 결과라고 한다(Gagne' et al, 이용남 역, 2002: 397쪽). 영미권의 학자들은 글쓰기의 인지적 비밀을 알고자 많은 노력을 기울였다. 유명한 교육심리학자인 가네(Gagne')에 의하면, 계획하기 단계에 성공적인 작가는 의미 전달에 목적을 두고 많은 선언적 지식을 지니고 있으며, 문장 수행에서 자동화된 능력을 보여주며, 계획하기 단계에 많은 인지적 자원을 투여한다고 한다.

　그러나 이러한 단순한 사실 외에 글쓰기의 인지적 과정에 대해서는 알려지지 않은 것이 더 많다. 예컨대 작가가 글을 쓸 때 목표에 따라 전략을 어떻게 선택하는지, 특정 목표가 어떤 전략과 자동적으로 결합하는지, 아니면 독자, 환경, 맥락 등에 따라 작가가 어떤 제한을 받게 되는지, 텍스트 구조에 대한 인지적 지식이 실제 인지 활동에서 어떻게 작동하는지에 대한 의문은 여전히 남아 있으며, 이런 것들은 쓰기 과정에서 발생하는 수많은 의문들 중의 몇 가지에 해당한다(Gagne' et al., 이용남 역, 2002: 434쪽).

　글을 쓰는 과정은 엄청나게 복잡하며 그것과 관련된 인지 과정을 파악하기란 정말 어려운 일이다. 작가가 처한 환경에 따라, 과제의 성격에 따라, 대상 독자에 따라 글을 쓰는 방법과 구성이 얼마든지 달라질 수 있다. 그래서 이런 과정을 일반화하고 법칙화한다는 것은 정말 어렵고 힘든 일이라 할 수 있다. 그러나 글쓰기 과정이 적절한 선언적 지식과 다양한 절차적 지식에 의해 복합적으로 수행된다는 사실에는 의문이 없다. 예컨대 능숙한 작가는 그렇지 않은 작가보다 언어에 대한 선언적 지식과 주제에 대한 개념적 지식을 더 많이 소유하고 있다고 한다. 또 계획하기와 검토하기 과정을 매우 전략적으로 구성하며, 이에 수반되는 절차적 지식과 경험을 훨씬 더 많이 소유하고 있다고 한다(Gagne' et al., 이용남 역, 2002: 407~409쪽).

이와 관련하여 또 한 가지 알고 있어야 할 사실은 이런 인지 과정의 복합적 지식들이 글쓰기 과정의 맥락에 따라 달라질 수 있다는 사실이다. 과제 환경에 따라 교실 상황에 따라, 또는 어떤 목표에 따라 환경과 맥락의 변화는 글쓰기의 인지 조건들을 변화시킨다. 그렇기 때문에 글쓰기는 다른 교과와 다르게 지식 전달과 지식 수행에 관해 일관된 순서와 절차를 마련하기가 어렵다. 글쓰기는 다양한 인지 요소가 상황과 맥락에 맞추어 역동적으로 작용하는 인지적 활동이다.

글쓰기 학습에서 협력학습이나 동료학습이 반드시 필요한 것은 이런 복합적인 글쓰기 수행 과정 때문이며, 맥락에 따라 달라질 수 있는 학습 내용 때문이다. 글을 쓰는 데 동료의 반응은 쓰기 과정의 절차적 지식을 학습하는 데 가장 유용한 방법이다. 동료의 반응을 통해 수행과정의 오류와 문제점을 고칠 수 있으며, 무엇이 특정상황에 반응하는 보편적 방법인가를 깨달을 수도 있다. 뿐만 아니라 이런 동료 학습의 반복된 과정은 쓰기 과정의 절차적 지식을 자동화하는 데 큰 도움이 된다.

□ **학습 전이의 원리**

일반적으로 교육은 지식을 많이 가진 사람이 지식이 적은 사람에게 지식을 전달하는 과정을 통해 이루어진다. 그런데 사회구성주의에서는 이와 같은 방식의 지식 전달을 거부한다. 왜냐하면 사회구성주의는 지식이 언제나 사회적 상호과정을 통해 구성된다는 신념을 가지고 있기 때문이다. 사회구성주의와 같이 글쓰기 학습에서도 지식 전달의 관점을 받아들이지 않는다. 글쓰기에서 지식은 전달되어 획득되는 것이 아니며 오랜 숙련을 통해 학습자 스스로 익히는 것이라고 보기 때문이다. 글쓰기는 의미 생성과 의미 구성의 영역에 속하지 의미 전달의 영역에 속하지는 않는다.

그렇다면 글쓰기에서 학습의 전이 현상은 어떻게 일어날까? 글쓰기에도 배워야 할 다양한 지식 항목이 있다. 언어 규범에 관한 지식, 수사학에 관한 지식, 텍스트 구성에 관한 지식 등이 이러한 항목이다. 또 이 밖에 특정 주제에 따라 필요한 개념적 지식도 역시 학습해야 할 항목들이다. 그러나 지식으로서 습득하지 못할 항목도 많다. 예컨대 초인지에 해당하는 지식 습득과 수행 능력, 아이디어 생성과 아이디어 구성에 관한 능력, 글 전개에 있어 다양한 변화에 적응하는 능력, 다양한 지식과 언어를 선택하고 배열하는 능력, 적절한 문장력을 구사하는 능력 등은 상황과 맥락에 따라 달라지기 때문에 단순한 지식 전달의 방법으로는 학습하기가 어렵다.

글쓰기의 수행 지식은 대체로 절차적 지식에 해당한다. 수행 지식에 대한 학습은 교수자 중심의 지식 전달 형식의 수업으로는 불가능하다. 절차적 지식을 습득하기 위해서는 학습자 중심의 실습과 숙련 중심의 경험적인 방법이 필요하다. 교수자의 역할은 이런 환경을 조성해 주는 것이며, 이에 대한 지침과 시범 사례를 제공하는 것이다. 많은 부분 학습자 스스로 이런 주어진 원리나 지침에 따라 숙달하도록 반복하는 것이 중요하다.

학습 전이의 원리에서 꼭 알아야 할 것은 절차적 지식의 수행 능력들이 해당 영역과 맥락을 넘어 다른 학습 영역에 적용된다고 가정하는 것은 무리라는 점이다. 어떤 학습자가 특정 항목의 논리적 수행 방법을 익힌다고 해서 그것이 다른 과목에 그대로 적용되어 수행된다는 보장이 없다. 글쓰기를 잘 학습하여 좋은 글을 쓸 수 있다고 해서 수학 문제 풀이를 잘 학습한다는 보장이 없다. 교육학과 심리학에서 규명된 많은 연구들은 일반적 전이가 아예 없거나 거의 없다고 보고하고 있다(Eggen et al., 신동호 외 역, 2006: 453쪽).

어떤 상황에서 배운 지식이나 기술이 이와 다른 다양한 상황에 그대로 반복될 것으로 보는 것이 '일반 전이'라면 어떤 상황에서 배운 지식이나 기술은 그와 같은, 혹은 그와 유사한 상황에서만 반복된다고 보는 것이 '특수 전이'이다. 글쓰기는 상황과 맥락에 따라 수행 학습의 성격이 달라지며 수행 능력도 달라진다. 글쓰기 협력학습은 특별한 맥락과 상황에서 수행 방법을 학습하는 것으로 '특수 전이'의 전형적 모습을 보여 준다. 어떤 특별한 주제에서 계획하기나 아이디어 생성에서 유효한 절차적 수행 방법을 교수자나 다른 동료로부터 익히는 것은 다음 쓰기 학습에서 비슷한 과제가 나왔을 때 계획을 짜거나 아이디어를 생성할 때 도움을 받을 수 있다. 글쓰기 학습에서는 비슷한 수행 과정을 인지하고 있거나 경험하고 있는 교수자나 동료의 도움으로부터 인지적 도움을 받는 것이 효과적이다. 글쓰기 협력학습은 '특수 전이'의 일반적 개념을 수행 원리로 삼고 있다.

□ 피드백의 원리

피드백에 대해 게브하르트는 "피드백의 원리야 말로 다른 모든 원리를 움직이게 하는 힘으로 협동적 글쓰기에서 가장 기본이 되는 것"이라고 말했다(Gebhardt, 1980: p. 69). 피드백은 학습자의 작업 수행을 교수자나 동료가 점검하고 가능한 지침을 주는 방식을 말한다. 피드백이 없는 수업은 반응(response)이 없이 오로지 강의와 지시만 있는 수업으로, 학습의 한 쪽만 있는 불구적 수업에 지나지 않게 된다. 협력학습은 학습이 피드백을 통해 이루어지는 것이 가장 효과적이라는 기본 원리를 바탕으로 한다.

피드백을 통해 학습자가 얻을 수 있는 것은 많다. 학습자들은 자신이 수행하고 있는 현재 학습 상태를 점검할 수 있다. 초인지 활동이 이런 점검 기능을 맡지만 피드백은 초인지 활동의 주관성을 극복하여 상대적으로 객관적 관점을 얻을 수 있다. 또 피드백은 학습자가 수행하는 작업에 대해 수정할 수 있는 기회를 준다. 학습자들은 교수자나 동료 반응을 통해 자신의 문제점을 깨닫고 이를 수정하여 바른 방향으로 향할 수 있는 지침을 얻을 수 있다. 또 학습자들은 피드백을 통해 자신의 수행 작업을 좀더 정교화할 수 있는 기회를 얻기도 한다.

피드백의 가장 중요한 효용성은 학습자들로 하여금 구체적인 학습 동기와 인지 자극을 줄 수 있다는 점이다. 학습자들은 피드백을 통해 자신의 작업을 정교화할 수 있을 뿐만 아니라, 자신의 실력 향상을 점검해 볼 수 있다. 피드백은 구체적인 학습 상태를 인지하게 해 주는 효과를 가지는 것이다. 따라서 이런 요구를 충족하기 위해 피드백은 일반적으로 구체적이어야 하며, 교정 정보가 있어야 한다(Eggen & Kauchak, 신종호 외, 2006: 629쪽). 피드백이 단지 구호에 그치거나, 학습자의 단점만 지적하는데 그친다면 실제적인 효과가 없다. 피드백 속에는 반드시 충실한 교정 정보가 들어가 있어야 한다. 글쓰기 교육에서 브루피는 피드백을 통해 분명성의 결여, 조직, 논리, 그리고 요지에 대한 발전 과정을 발견할 수 있다고 말했다. 또 모펫(Moffett)은 '비연관성, 불필요한 반복, 혼란스러운 구조, 생략된 도입과 전환 부분, 용두사미격의 마무리' 등을 고칠 수 있다고 주장했다(Richard Gebhardt, 1980: pp. 69~71).

[3] 글쓰기 협력학습의 인지 수행 절차

글쓰기 협력학습은 교수자보다 동료들의 도움을 받는 것을 원칙으로 한다. 동료로부터 도움을 받는 방법은 두 가지가 있다. 모둠을 구성하여 도움을 받을 수도 있고, 모둠을 구성하지 않고 도움을 맡을 수 있다. 모둠을 구성하는 것은 과제가 진행되는 동안 도움의 형태가 일시적이 아니라 항구적으로 이루어진다는 것을 의미한다. 따라서 계획하기 단계부터 마지막 교정하기에 이르기까지 동료와 협력하여 학습하는 것이 가능하다. 모둠을 구성하지 않고 동료로부터 협력을 받을 수 있는 경우 마지막 교정이나 점검에서 도움을 받는 것이 일반적이다. 여기서는 이런 협력 관계에 수반되는 진행 과정을 살펴본다.

□ 동료 피드백 과정

〈그림1〉은 글쓰기 과정에서 특정한 모둠을 구성하지 않고 동료 피드백을 받는 과정을 모형화한 것이다. 우선 〈그림1〉을 보자. 그림에서 첫 번째 단계는 발상 단계로 글을 쓸 대상을 찾기 위해 무언가를 생각하는 과정이다. 예컨대 어떤 논문을 읽거나 다른 작가의 아이디어 구성과정에 참여하거나, 어떤 대화를 듣고 논쟁적인 견해에 대한 합리적인 해결책을 생각해 보거나 하는 단계이다. 이 단계에서는 막연히 어떤 것에 대해 글을 쓰면 좋겠다는 생각은 하지만 그것에 대해 정확한 논점을 잡거나 문제점을 잡

그림1.
글쓰기 협력학습의 과정*

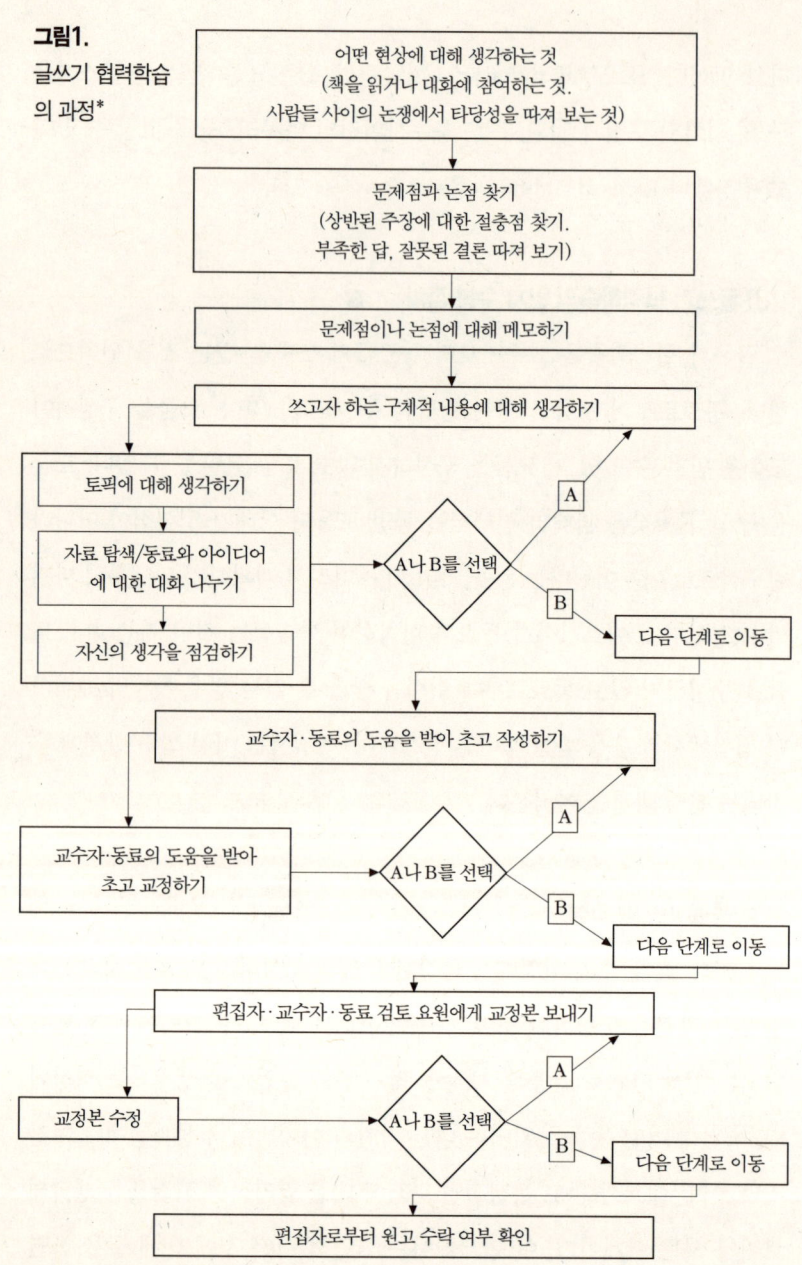

* Speck B. W.(2002), Facilitating Students's Collaborative Writing, Ashe-Eric Higher education, Vol. 28, No. 60, p. 4.

은 것은 아니다.

　두 번째는 어떤 문제점이나 가능한 논점을 찾아보는 단계이다. 예컨대 두 가지 상반된 논점을 조정하기 위한 방안에 대해 생각해 보거나, 아니면 어떤 설명의 차이나 완전하지 않은 답, 잘못된 결론을 따져 그 속에서 가능한 논점들을 찾아내는 단계를 말한다. 세 번째는 어떤 문제나 가능한 논점에 대해 숙고해 본 생각을 메모하는 단계이다. 이런 메모는 글의 내용을 생성하는 데 중요한 단초가 된다. 네 번째는 이제 글을 쓰고자 하는 내용에 대해 생각해 보는 단계이다.

　이런 단계를 거치면 이제 본격적인 글쓰기로 들어간다. 〈그림1〉의 좌측을 보면 계획하기 단계가 눈에 보인다. 토픽, 자료, 아이디어들이 이 단계에 논의된다. 여기서는 먼저 쓰고자 하는 글에 대한 화제(Topic)를 생각한다. 두 번째로 자료를 탐색한다. 친구들과 화제에 대해 이야기를 나누어 본다. 그러고 난 후 비로소 이제 자신의 생각이 옳은지를 점검하고 확정한다. 이런 단계가 순조롭게 진행된다면 이제 초고를 작성할 수 있다. 교수자·동료의 도움을 받아 초고를 작성하는 것이 바로 이 과정이다.

　초고가 완성되면 교수자의 지침에 따라 스스로 교정을 한다. 이것이 완성되면 두 번째로 교수자나 동료들로부터 교정을 받는다. 교정이 부족하면 다시 교정을 부탁하고 교정이 완료되면 최종 원고를 완성한다. 그리고 편집자로부터 원고 수락 여부를 협의한다. 만약 편집자가 수락하면 조판 상태 후 출판을 한다.

　〈그림1〉은 특별한 교정 모둠을 설정하지 않고 동료로부터 도움을 받는 경우로, 동료지도(peer tutoring)에 해당한다. 그림에서처럼 동료로부터 도움을 받는 과정은 적게는 한 번에서 많게는 수차례 반복할 수 있다. 물

론 이런 경우 한 명의 동료가 아니라 여러 명의 동료로부터 교정을 받는 것이 훨씬 큰 도움이 될 것이다.

□ **동료 모둠 활동 과정**

〈그림 2〉는 동료모둠을 설정하고 글쓰기를 진행하는 과정을 그린 모형이다. 그림을 보면 처음부터 모둠 형성에 초점을 두고 있음을 알 수 있다. 첫 번째 활동은 모둠 형성에 대한 결정이다. 이 단계에서는 문제 해결을 위해 모둠별 체제를 구성할 것인지, 아니면 개인 과제로 진행할 것인지를 결정하는 것이다. 예컨대 어떤 문제를 해결하기 위해 두세 명의 연구자가 협동으로 보고서를 작성해야 하는 경우가 있다. 혹은 교수자가 특정한 주제를 주어 학습자들에게 협동으로 보고서를 작성하라고 요구할 수가 있다.

두 번째 단계는 교수자로부터 모둠이 해야 할 일을 할당받는 것이다. 각 모둠이 할당받는 과제는 두 가지가 있을 수 있다. 하나는 학급 전체가 하나의 큰 과제로 이루어져 있고 각 모둠이 하위 과제를 맡아야 하는 경우가 있으며, 아니면 각 모둠이 동등하게 똑같은 과제를 부여받는 경우도 있다. 이 단계에서 중요한 것은 각 모둠이 일이나 과제를 동등하게 나누어 가져야 한다는 점이다.

그 다음 단계는 모둠 구성원에게 과제를 할당하는 것이다. 이를 위해 먼저 주어진 과제를 분류하는 과정이 필요하다. 분류된 과제는 구성원에 따라 동등하게 분배된다.

분배에는 두 가지 경우가 있다. 하나는 모둠별로 주어진 전체 과제를 성격과 특성에 따라 하위 과제로 나누어 개인별로 분배하는 경우이다. 이런 경우 각 구성원들이 담당한 과제를 모아야 모둠 전체의 과제가 된다.

그림2. 글쓰기 협력학습의 과정*

> 모둠 형성 결정(예: 감독관은 이번 프로젝트를 모둠별 작업으로 수행하기로 했다. 어떤 과제를 해결하기 위해 2명 이상의 공동 연구를 제안했다. 교수는 학습이 집단적으로 글을 쓰도록 과제를 구성했다.)

⇩

> 모둠을 형성하고 감독관과 교수는 구성원에게 과제를 할당한다. 또 이에 대한 책임감을 가지도록 한다. 스스로 형성된 모둠인 경우 과제를 어떻게 나눌 것인지를 결정해야 한다.

⇩

> 모둠 구성원은 과제를 분류한다. 그리고 구성원의 역할에 대해 서로 토의한다. 또 시간 계획을 세우고 진행과정표를 짠다.

⇩

> 모둠 구성원은 초고를 준비하기 위해 개인적으로 작업을 하거나, 아니면 하위 담당 모둠에서 작업을 한다. 글쓰기 과정에서 모둠 구성원이 초고를 만들기 위한 첫 번째 단계이다.

⇩

> 모둠 구성원은 하위 모둠에서 작성해 온 초고를 읽고 여러 문제점에 충고를 한다. 이와 같은 권고에 의해 하위 모둠에서는 초고를 다시 작성한다. 이런 권고와 교정의 과정은 각 하위 모둠의 원고가 완성될 때까지 지속된다. 글쓰기의 회귀적인 과정을 염두에 두라.

⇩

> 모둠은 하위 모둠에서 작성한 글을 모아 전체 모둠 완성글의 초고를 만들고 이를 교정한다. 교정을 하는 데 스타일의 일관성, 중복성, 논리성, 조직성 등이 최우선 고려 사항이다.

⇩

> 모둠 완성본에 대한 초고 수정을 지속한다. 마지막에 문법, 철자, 쪽 매김, 표 순서 등등의 기계적인 부분을 처리한다.

⇩

> 모둠 완성본에 대한 내적인 검토 과정을 거친다(예를 들면 다른 회사 편집인의 편집 교정, 다른 모둠에 의한 학급 내의 검토과정).

⇩

> 편집 교정에 근거하여 집단 교정을 본다. 모둠 완성본의 마지막 판을 만든다.

⇩

> 최종 모둠 완성본을 감독관이나 고객, 교수자에게 전달한다.

⇩

> 최종 모둠 완성본은 감독관이나 고객, 교수자의 검토를 통해 평가를 받는다.

* Speck B. W.(2002), "Facilitating Students's Collaborative Writing", Ashe-Eric Higher education, Vol. 28, No. 60, p. 19.

다른 하나는 모둠 구성원에게 각각 같은 과제를 부여하는 일이다. 모둠 구성원은 동등한 과제를 부여받아 개인별로 평가를 받는다. 이런 두 가지 경우는 과제의 성격에 따라 달라진다.

네 번째 단계로, 모둠 구성원들이 해야 할 일은 초고(draft)를 작성하는 일이다. 초고 작성은 개인 작업으로 하거나 아니면 하위 모둠을 설정해 모둠 중심으로 할 수가 있다.

다섯 번째 단계는, 모둠 구성원들이 작성된 초고를 읽는 과정이다. 그리고 그 초고에 대해 수정하고 교정하는 단계이다. 이런 교정 과정은 여러 차례 반복될 수 있다. 또 개인별 과제를 모아야 모둠 전체의 과제가 되는 경우에는 개인별 과제를 서로 토의하고 협상할 수 있다.

여섯 번째 단계는, 각 모둠이 각 개인별로 완성된 초고본(master draft)을 모으는 것이다. 이때, 모둠의 과제가 개인별 과제를 결합하여 전체 과제로 만드는 경우, 문체적 일관성 여부, 중복 표현 여부, 논리적 모순 여부에 신경을 써야 한다.

일곱 번째 단계는, 모둠 전체가 모여 완성된 초고를 수정하는 작업을 진행한다. 이때 마지막으로 문법, 수식, 단어, 쪽수, 그래프 등을 맞추어 본다.

여덟 번째 단계로, 완성된 원고를 편집자나 교수자, 다른 모둠의 동료들로부터 교정을 받는다.

아홉 번째 단계는, 마지막 최종본에 모둠 전체가 모여 마지막 교정 작업을 하는 것이다. 이때 편집자, 교수자, 동료 모둠으로부터 받은 권고를 최종적으로 검토한다.

열 번째, 최종본을 출판사나 교수자에게 제출한다.

마지막으로, 편집자나 교수자에 의해 최종본에 대한 평가를 받는다.

글쓰기 협력학습에서 모둠을 통한 동료 반응 과정을 위해 먼저 생각해 보아야 할 것은 글쓰는 이의 숙련도와 학습 목표이다. 우선 협력학습을 구상하는 사람은 이에 대한 생각이 명확해야 동료 반응을 위한 시스템을 구상해 볼 수 있다. 예컨대 글 쓰는 것이 미숙한 초보자는 계획하기 단계부터 동료들의 점검과 도움이 필요하다. 그렇기 때문에 글쓰기에 능숙한 학습자와 미숙한 학습자를 묶어 2~4인의 모둠을 구성하는 것도 좋은 방법이다. 반면에 능숙한 작가라면 마지막 점검 단계에서 모둠을 지어 동료 반응을 알아보아도 무방할 것이다.

학습 목표에 따라 협력학습을 구상해 볼 수도 있다. 쓰기 과정 학습에서 계획하기 단계에 학습이 필요할 때 이 과정에만 맞추어 협력학습을 구성해 볼 수 있다. 계획하기 단계에서 협력학습은 서로 협의하는 선에서 끝날 수도 있고, 아니면 공동으로 계획하기를 해 볼 수도 있다. 문장과 어휘에 관한 학습이라면 특정한 텍스트를 두고 모둠을 지어 교정학습을 해 볼 수도 있다. 중요한 점은 피드백과 동료 반응을 통해 학습의 효과를 올리는 일이다. 공동자가(co-authoring)의 경우 협동의 강도는 높지만 시간과 노력이 그만큼 많이 들어간다. 또 한 학기 과정을 모두 그것으로 채울 수도 없다. 따라서 글쓰기 협력학습은 교수자 설계 과정에서 협동에 관한 시스템을 미리 구상해 두어야 한다.

□ **글쓰기 협력학습의 인지적 수행 절차**

글쓰기 협력학습은 협력의 방법에 따라 복잡한 인지적 과정을 거치게 된다. 이런 인지적 과정 속에는 다양한 관점이 포함되어 복잡한 사유관계가 나타난다. 여기서는 토핑(Topping)의 모형을 중심으로 글쓰기 협력학습의 인지 과정을 살펴본다(Topping, 2001: 29~34쪽).

우선 그림 위의 상단을 보면 다섯 개의 하위 집단이 눈에 띈다. 첫째는 '학습 상호작용의 구조'이며, 둘째는 '의사소통', 셋째는 '비계(scaffolding) 설정 및 근접발달(ZPD)', 넷째는 '정서와 감정'이며, 다섯째는 '인지적 충돌'이다.

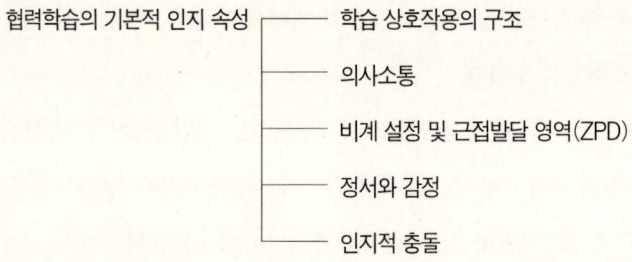

이런 다섯 요소들은 협력학습의 인지 과정에 요구되는 기본적인 속성들이다. 이들은 각각의 속성들이 가지고 있는데, 그 세부 요소들을 살펴보면 아래와 같다.

먼저 '학습 상호작용의 구조'에서는 제일 중요한 것은 과제의 목표와 이에 따른 계획이다. 앞 절에서 말한 대로 과제의 목표에 따라 협력학습의 구조와 성격이 바뀔 수 있다. 만약 학습자들에게 계획하기 단계를 학습하기 위한 과제를 준다면 학습자들이 서로 협조해서 주제를 정하고 자료를 찾는 협력학습을 설계할 수 있다. 또 교정하기에 관련된 과제를 준다면 협력학습은 이에 필요한 구성체계를 지니게 된다. 결국 과제의 성격

그림3. 글쓰기 협력학습의 인지적 절차*

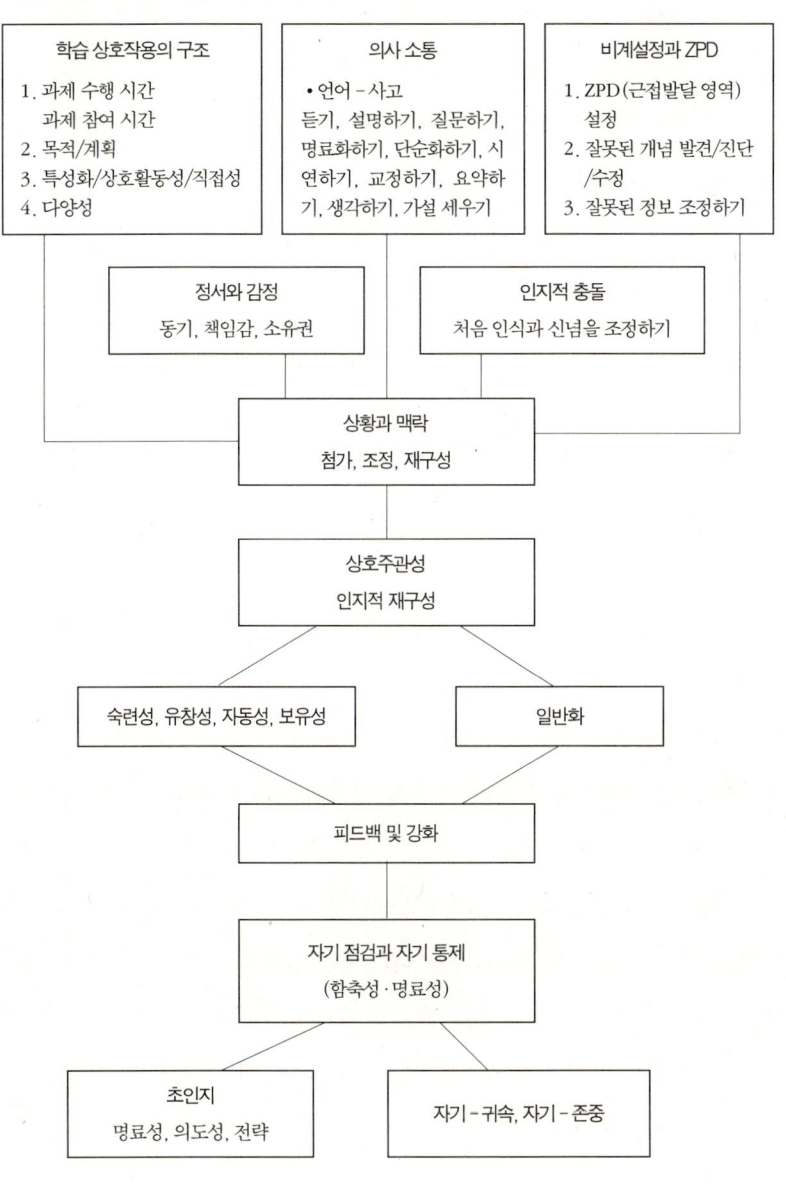

* Topping K. J.(2001), *Peer Assisted Learning: A Practical Guide for Teachers*, Brookline Books, p. 33.

은 협력학습의 계획을 결정한다. 과제 수행 시간, 과제 참여 시간, 목표, 다양성 등은 과제와 관련하여 학습구조를 짤 때 중요한 고려 사항이다. 학습목적과 과제 요소는 글쓰기 협력학습의 인지적 과정을 구성하는 중요한 두 가지 요소이다.

두 번째로 '의사소통'의 속성은 협력학습의 수행이 언어적 사고를 통해 이루어진다는 점을 지적한다. 아울러 협력학습을 통하여 의사소통의 기술이 발달할 수 있다는 사실도 지적하고 있다. 토핑은 우리가 서로 자신들의 생각을 언어로 구체화하지 않으면 그 뜻을 알 수가 없다고 말한다. 인간은 언어를 통해서만 사고를 확정할 수 있기 때문이다. 글쓰기 협력학습에서 사회적 상호작용과 상호대화는 이런 사고의 구체화를 가능하게 해 준다. 듣기, 설명하기, 질문하기, 요약하기, 사고하기, 가설 설정하기 등은 글쓰기 협력학습의 언어적 특성을 나타낸다.

세 번째로 '비계(scaffolding) 설정 및 근접발달(ZPD)'이다. 이 영역의 인지 속성은 인지 발달을 위해 자신보다 유능한 사람의 도움을 받는 것이다. '근접발달 영역'은 실제적 발달 영역과 잠재적 발달 영역의 사이를 교수자나 동료가 메워주는 것이다. '비계 설정'은 학습자들에게 도움을 주기 위해 근접발달 영역 내에서 가능한 학습 방법을 세우는 것이다. 협력학습에서 동료는 학습자가 오류나 잘못된 개념을 발견하고, 이를 진단하며, 수정해 가도록 도와주는 것이지 학습을 대신해 주는 것은 아니다. 그렇기 때문에 동료는 인지 발달의 조력자, 후원자 역할을 담당한다. 학습자의 인지적 발달은 근접발달 영역(ZPD) 내에서 동료의 도움을 받아 성장한다.

네 번째는 협력학습의 '정서와 감정' 요소이다. 협력학습에서 동료는 학습자의 자격에서 다른 학습자를 도와주게 된다. 이때 가장 중요한 것이 바로 도와주는 사람과 도움을 받는 사람이 지니고 있는 신뢰의 관계이다. 협력학습이 다른 학습과 다른 점은 바로 동료애와 신뢰 관계가 있다는 점이다. 신뢰 관계에서 형성된 지도와 충고는 자기 학습에 대한 인지능력을 향상시키게 된다. 학습자는 동료의 지도에 따라 무엇이 잘못인지, 어떻게 해야 할지를 깨닫게 되고 그것은 다시 학습에 대한 동기 부여로 작용한다.

다섯 번째는 '인지적 충돌'이다. 협력학습은 동료 구성원 사이에 다양한 인지적 충돌을 요구한다. 동등한 자격에서 일어나는 인지적 충돌도 있지만 도움을 주고받는 관계에서 발생하는 인지적 충돌도 있다. 어떤 경우든지 의미 있는 학습이 되기 위해서는 서로 간의 인지적 갈등과 충돌을 극복할 필요가 있다. 푸트(Foote)는 의미 있는 학습은 인지적 충돌을 해결하고 반영하면서 일어난다고 말했다. 그래서 인지적 불협화(cognitive dissonance)는 어떤 부정적인 현상이 아니라 학습 과정의 중요한 요소라고 말하고 있다(Foote et al., 2001: p. 26).

인지적 불협화 현상은 학습자들로 하여금 서로 논쟁하고 평가하며, 이전의 지식에 대해 깊이 있는 반성적 사고를 가능하게 해 준다. 협력학습에서 학습도 인지적 충돌에서 비롯되는 인지적 간극을 학습자들이 자각하면서 시작되는 것이다. 협력학습의 학습 효과는 학습자들로 하여금 인지적 충돌을 극복하게 하는 과정에서 발행한다. 결국 인지적 충돌이 없는 협력학습은 교수자 주도의 주입식 수업과 크게 다를 바 없게 된다.

토핑이 분류한 이런 다섯 가지 인지적 요소는 협력학습의 이론적 배경을 형성한다. 그런데 이런 요소들을 하나씩 살펴보면 사회구성주의의 입장과 흡사하다는 사실을 알 수 있다. 우선 대화나 의사소통을 중시한다는 점, 그리고 비고츠키의 사회적 인지 이론(ZPD, 비계)을 그대로 받아들이고 있다는 점에서 사회구성주의와 비슷하다. 또한 지식이 고정되어 있어 축적되고 전달된다는 전통적 관점을 부정하고 지식이 사회적 관계(협동적 과정)을 통해 구성된다는 사회구성주의 관점은 인지적 불협화(cognitive dissonance)나 인지적 충돌의 개념 속에 그대로 들어 있다. 따라서 토핑의 이론은 협력학습을 초기에 이론적으로 주장했던 브루피(Bruffee)와 기어(Gere)의 이론을 그대로 따르고 있다.

　협력학습의 이론가들이 주장하는 인지적 배경은 다음과 같다. 하나는 우리의 정신은 사회적 대화를 내면화한 것이란 비고츠키의 관점이며, 지식은 사회적 상호 관계를 통해 형성되며 그 중에서 언어가 가장 중요하다는 거겐(Gergen)의 관점, 마지막으로 대화 속에는 다양한 타자의 목소리가 들어 있다는 바흐친(Bakhtin)의 대화주의 관점이다. 글쓰기 협력학습은 이런 이론들을 바탕으로 전개되어 왔다. 토핑의 모형에서 보이는 다섯 가지 인지 요소 역시 이런 배경을 그대로 담고 있다. 토핑의 이론에서 '의사소통'은 우리의 생각이나 사고가 언어적 대화를 통해 의미를 획득한다는 의미를 담고 있으며, 이는 비고츠키의 '인지'나 '사고'에 대한 생각과 흡사하다. 또 대화의 폭넓은 의미 생성이란 측면에서 바흐친의 이론과 유사하다. 또 '비계(scaffolding) 설정과 근접발달(ZPD)'은 학습이 사회적 상호작용을 통해 형성된다는 비고츠키의 이론을 바탕으로 한 것이다. '인지적 충돌'은 인지적 불협화(cognitive dissonance)를 주장한 구성주의자와 사회구성주의자들의 견해를 이어받은 것이다.*

토핑의 모형에서 인지적 배경이 되는 다섯 가지 요소는 다음 단계에서 특정한 맥락과 상황을 만나 첨가되거나 확장되거나, 조정되거나, 재구성된다. 토핑은 이 단계를 피아제의 '동화(assimilation) 및 조절(accommodation)'과 비슷한 개념으로 보고 있다. 피아제의 동화나 조절은 인지 주체가 외부 지식과 맞지 않은 인지적 부조화의 상태에 빠질 때 이를 조절하여 새롭게 자기 지식을 구성해 가는 과정을 말한다. 다시 말해 주체가 외적 상황과 불일치 상황에 직면할 때 자신의 인지를 조정하고 변형하여 다시 평형 상태로 돌아가는 것이다. 이는 결국 자기 관점의 지식을 만드는 과정이 된다. 토핑의 모형에서 이런 요소들은 다음 단계의 '상호주관성과 인지적 재구성'으로 바로 이어진다.

'상호주관성과 인지적 재구성'은 도움을 주는 사람과 도움을 받는 사람 혹은 동료들이 공통된 상호 인지 상황을 형성하는 것을 말한다. 물론 이런 과정은 앞 단계의 구체적 상황과 맥락의 연장선 속에서 가능한 일이다. 이 단계는 협력학습에 필요한 공유된 인지 상황을 만들어 도움 활동이나 상호 피드백이 가능하도록 한다. 다음 단계에서 보이는 숙련성, 유창성, 자동화, 보유성 등이 바로 이런 구체적인 상호 학습 활동을 반복함으로써 나온 것이다. 일반화도 역시 협력학습의 실천적 행위 결과로 나온다.

동료 협력학습은 이런 순환 과정을 통해 강화되고 발전한다. 이런 반

---

* 여기에 한 가지 관점을 더 추가하면 기어(Gere)가 협력학습 이론에서 주장한 텍스트의 불확정성을 들 수 있다. 기어는 글쓰기의 협력학습은 작가로 하여금 불확정적인 텍스트를 더욱 확정적인 텍스트로 만드는 데 기여한다고 한다. 다시 말해 그는 텍스트의 불확정성은 모든 글쓰기 협력학습의 기본이라고 보았다. 협력학습은 이런 불확정성으로부터 다양한 텍스트를 첨가하고 끼워놓는 기능을 하게 된다. 기어는, 모든 완성된 텍스트 속에는 이전의 텍스트와 숨겨진 텍스트가 겹쳐 들어 있는 복합적인 구조를 보인다고 말한다(Gere, 1987: p. 75).

복된 과정은 학습자들의 글쓰기 능력을 한층 더 유창하게 만들어 주면서 자신도 모르는 사이에 내면화, 자동화하도록 이끌게 된다. 또 이런 협동 과정이 발전하면 동료들은 도움을 주는 사람과 받는 사람 구분 없이 피드백이 가능해지며 학습 성과는 훨씬 강화된다. 협력학습의 성과는 이 단계에서 가장 뚜렷하게 드러난다. 그리고 이런 과정이 반복되면 자기 자신을 점검하고 자기 자신을 통제할 수 있게 된다.

협력학습의 성공하면 결과적으로 이 모든 과정을 통제하는 초인지의 발달을 가져온다. 또 이는 자신감과 자긍심으로 이어져 다음 학습을 이어갈 강한 동기를 얻게 된다. 그리고 다시 새로운 과제를 학습하게 되면서 처음과 같은 과정을 반복하게 된다.

토핑은 동료 협력학습이 이런 반복된 순환구조로 이루어진다고 말했다. 특히 여러 단계에 나타나는 인지 과정은 협력학습을 성공적으로 이끌기 위해서 반드시 필요한 요소라고 보았다. 특히 초기의 다섯 가지 인지 요소는 글쓰기 협력학습를 위해서 반드시 필요한 항목이다. 특히 글쓰기 협력학습을 구상하고 있는 교수자는 이런 요소들이 어떤 식으로 협력학습의 시스템에 놓이게 될지를 고려해야 한다. 동료 모둠을 구성하든지, 아니면 단순히 상호활동에 그치게 하든지, 어떤 경우라도 이 다섯 가지의 요소는 협력학습 시스템을 통하여 구현되도록 배치하는 것이 좋다 (Topping, 2001: pp. 29~34).

2장

글쓰기 협력학습의 절차 요소

(1) 학습과제 선정 ■

글쓰기 협력학습은 일반적인 협력학습(협동학습)과 유사한 절차를 지닌다. 세부적인 내용은 다르겠지만 협력학습이 진행되는 원리나 절차는 대동소이하다. 협력학습(협동학습)의 일반적인 절차는 학습목표 설정, 학습과제 선정, 모둠 구성, 모둠 상호활동, 평가의 순으로 이루어진다. 글쓰기 협력학습 역시 이런 과정을 그대로 밟게 된다.

```
학습목표 설정
     ⇩
학습과제 선정
     ⇩
  모둠 구성
```

⇩

| 모둠 상호활동 |

⇩

| 개인 평가 및 모둠 평가 |

　글쓰기 협력학습의 절차에서 가장 중요한 요소는 학습목표와 학습과제이다. 실제 글쓰기 협력학습에서는 이 두 가지 요소만 잘 수행하면 성공적인 학습이 될 수 있다. 글쓰기 협력학습에서 학습목표와 학습과제는 서로 밀접한 관련이 있다. 학습목표를 구현해 주는 것이 학습과제이며, 학습과제의 방향을 잡아주는 것이 학습목표이다. 학습자들은 학습과제를 수행하지만 실제로는 학습목표를 수행하는 것이 된다.

　글쓰기 협력학습의 과제는 모둠의 구조와도 밀접한 관련이 있다. 모둠의 구조는 학습자들이 학습 활동을 협력적으로 수행할 수 있도록 일정한 구성원으로 조직되어 있다. 학습과제는 이와 같은 모둠을 통해 실행되고 구현된다. 협력학습의 특징은 학습자들을 통제하여 학습 활동을 강제하는 데 있는 것이 아니라 학습자들이 스스로 모둠 구조에 의해 학습을 수행하도록 하는 데 있다. 그렇기 때문에 모둠은 과제를 효율적으로 수행하도록 조직적이고 구성적이어야 한다.

　효과적인 협력활동을 위해 과제 설정과 모둠 설정은 밀접한 유기적인 관계를 맺는다. 어떤 과제를 설정하느냐에 따라 모둠활동의 활성화가 결정되며, 반대로 모둠 구성은 과제 수행의 성공 여부를 결정하게 된다. 만약 과제가 학습자들이 활동할 모둠 구조와 맞지 않는다면 학습은 성공할 수가 없다. 또 과제가 너무 쉽거나, 어려워도 학습자들이 학습목표를 달성하는데 어려움을 겪는다. 적절한 과제와 이를 뒷받침하는 모둠 구조가 글쓰기 협력학습을 성공적으로 이끄는 중요한 기준이 된다.

학습목표, 모둠 구성과 관련하여 글쓰기 협력학습의 과제를 구성할 때 고려해 보아야 할 요소로 다음과 같은 것이 있다(Barkley et al., 2005 : pp. 55~59. 정문성, 2004 : 137~140쪽).

첫째, 학습과제는 학습목표를 먼저 세운 후에 결정한다. 학습과제와 학습목표는 서로 통합된 관계를 가져야 하며, 분리되어 있다는 느낌을 주어서는 안 된다. 학습목표와 학습과제가 맞지 않을 때 교수자와 학습자들의 학습 의욕은 떨어지게 된다. 교수자와 학습자들은 무엇을 위해, 어떤 방법으로 이런 학습을 하는지 알 수 없게 되고 그것은 학습 의욕의 상실로 이어지게 된다. 따라서 학습과제를 설정할 때에는 무엇보다 학습의 목표를 뚜렷이 하는 것이 좋다.

글쓰기 협력학습에서 모둠활동을 진행하기 전에 뚜렷한 학습목표를 세워야 한다. 예컨대 주제 설정을 위해, 내용 생성을 위해, 또 문장 교정을 위해 특별히 협력학습의 구조를 이용할 수 있다. 이처럼 학습목표가 설정되면 이에 적합한 협력학습 모형을 찾는다. 내용이나 아이디어 생성을 위한 협력학습 모형은 모둠을 통한 브레인스토밍이 적합할 수 있다. 또 교정을 하기 위한 협력학습은 2~3명의 동료지도(peer tutoring) 활동을 통해서 할 수 있다. 중요한 점은 학습목표가 학습과제와 결합하며 협력학습의 방법을 결정하게 된다는 사실이다.

둘째, 학습과제의 수준은 학습자들의 기술과 능력에 적합한 것이 되어야 한다. 학습과제가 너무 쉬우면 학생들 사이에 동료 협력 활동이 활발하게 일어나지 않는다. 반면에 학습과제가 너무 어려우면 동료 협력 활동이 일어나더라도 효과적인 방법을 찾지 못해 효율성을 잃고 만다. 따라서 협력 활동이 성공적으로 이루어지기 위해 학습자들의 학습 의욕을 고취시켜 줄 적절한 과제 수준이 요구된다.

학습과제의 수준과 관련하여 또 하나 고려해야 할 사실은 과제가 너무 단순해도 안 되고 너무 복잡해도 안 된다는 사실이다. 과제는 목표 달성이나 해결책을 찾기 위해 적절하게 복잡한 과정을 밟아 가도록 하는 것이 효과적이다. 너무 단순하면 쉬운 과제와 마찬가지로 동료 협력 활동이 일어나지 않는다.

일반적으로 글쓰기 협력학습을 성공적으로 이끌기 위해서는 과제 수준의 난이도를 조금 높이는 것이 좋은 방법이다. 특히 높은 난이도의 과제는 동료 협력 활동을 활성화하는 데 도움이 된다. 학습자들이 특별한 협력활동 없이 자신의 노력으로 손쉽게 과제를 해결할 수 있다면 동료 협력 활동은 일어나지 않는다. 동료가 서로 협력해야 과제 수행이 가능해진다는 확신이 들 때 동료 협력 활동은 활발해진다.

셋째, 과제를 통해 상호의존성을 높이는 것이 좋은 과제의 요건이 된다. 동료 간의 상호의존성을 높이는 방법은 과제 구조와 보상 구조를 통해 가능하다. 앞서 말한 대로 협력학습에서 과제의 난이도나 복잡성으로 동료 협력 활동을 활성화할 수 있다. 과제를 수행하기 위해 일을 분담해야 하거나 협동적으로 해야 한다면 협력학습을 성공적으로 만들 수가 있다.

일반적으로 협력학습에서 학습자들은 과제 수행에 대해 두 가지 책임을 갖는다. 하나는 자신에게 할당된 과제를 완수하는 일이다. 다른 하나는 동료들이 과제를 완수할 수 있도록 도와야 하는 일이다. 모둠활동을 활성화하기 위해서 모둠 구성원들은 모둠 전체의 과제 달성이 개개인 임무 수행을 통해 이루어진다는 사실을 깨달아야 한다. 또한 개인은 자기 임무에 충실할 뿐 아니라 전체를 도와야 하는 의무를 함께 가진다. 이처럼 구성원 간의 상호의존성을 높이기 위해서는 모둠활동의 구조를 이용할 수밖에 없다. 예컨대 동료들의 작은 글을 모아 큰 글을 만드는 쓰기 모둠학습(Cooperative Writing)을 한다고 하자. 이때 모둠의 구성원들은 자신의 글뿐만 아니라 다른 동료의 글도 잘 쓸 수 있도록 도와주어야 한다. 구성원들의 작은 글이 모여 완성된 큰 글이 되기 때문이다. 모둠의 과제를 완성하기 위해 자신의 글뿐만 아니라 동료의 글도 나의 책임이 된다.

넷째, 과제를 통해 동료 협력 활동을 진행할 때 개인별 책임이 완수되는지 확인하는 절차가 필요하다. 글쓰기 협력학습의 가장 큰 문제점은 모둠 구성원 중 능숙한 작가가 미숙한 작가의 글을 대신해 주는 경우이다. 쓰기 협력학습에서 모둠 전체의 점수를 얻기 위해 글을 잘 쓰는 학습자에게 다른 학습자의 글을 써 줄 수 있다. 이런 문제를 해결하지 않으면 글쓰기 협력학습을 통한 효과는 기대할 수 없다.

글쓰기 협력학습에서 이런 문제를 해결하기 위한 가능한 방법은 모둠의 리더로 하여금 모둠활동 보고서를 작성게 하여 교수자가 이를 인지하도록 하는 것이다. 모둠활동 시작 전에 구성원이 해야 할 역할을 기록하고 교수자는 모둠 구성원이 그 역할을 수행하는지를 점검해야 한다. 글쓰기 협력학습은 교실 현장에서 이루어지지 때문에 교수자와 리더의 책임만 충실히 한다면 이런 위험성을 피할 수 있다. 또 동료 첨삭표나 교정표를 이용하면 능숙한 작가 동료에게만 글을 맡기는 잘못을 피할 수 있다.

다음으로 글쓰기 협력학습에서 자주 사용되는 과제의 종류에 대해 살펴보자. 글쓰기 과제는 형식상으로 단일과제, 선택과제, 복합과제가 있다. 단일 과제는 쓰기 논제를 하나의 서술, 하나의 문장으로 제시하는 경우에 해당한다. 중등학교나 대학에서 흔히 과제로 출제되는 방식이다. 예컨대 '바람직한 대학 문화에 대해 2000자 정도로 글을 작성해 보자'와 같은 과제가 이에 해당한다.

선택 과제는 여러 글쓰기 과제를 제출하고 이 중에 하나를 선택하게 하는 것이다. 이런 방식은 학습자들에게 자신이 있는 분야나 관심이 가는 분야를 선택하게 하는 이점이 있다. 복합과제는 읽기 문제와 토론 문제를 함께 결합한 과제를 말한다. 대학에서 자주 사용하는 읽기-쓰기 모형이 여기에 해당한다. 복합과제는 글의 계획 단계에서 다양한 자료를 읽고, 토의하고, 협의하는 데 유리한 방식이다.

위에서 제시한 과제들은 모두 시작 단계에서 마무리 단계까지 한 편의 글을 쓰기 위한 과제들이다. 그러나 글쓰기 과정의 한 부분만을 대상으로 하는 과제도 있다. 만약 계획하기 단계만 협력활동을 한다든지, 아니면 내용 생성에만 협력활동을 한다든지, 또 교정 단계에만 협력활동을 하면 과제의 내용은 달라져야 한다. 또 이에 따른 협력활동의 절차도 새롭게 구성되어야 한다. 글쓰기 과제는 그때그때 학습 활동의 목표에 맞게 구성할 필요가 있다.

■ (2) 모둠 구성과 운용

글쓰기 협력학습은 동료들의 도움을 받아 학습을 진행하는 수업이다. 협력학습에서 중요한 것은 어떤 동료들이 어떤 방식으로 모둠을 형성하느냐 하는 점이다. 모둠 구성원이 어떤 자질과 능력을 가지고 있느냐에 따라 모둠활동의 성격이 달라진다. 글쓰기 협력학습에서 가장 중요한 관건은 모둠을 구성하고 모둠활동을 영위하는 일이다.

통상 협력학습이나 협동학습에서 모둠의 구성은 중요한 형식적 절차로 규정되어 있다. 모둠의 구성은 모둠의 크기나 모둠의 구성 방법, 모둠의 역할 등을 규정하는 일이다. 존슨과 존슨은 협동학습에 있어 모둠의 형성에 관해 다음과 같은 원칙을 이야기하고 있다(Johnson & Johnson, Holubec, 1994: chap. 3, pp. 2~3).

첫째, 모둠의 크기는 작으면 작을수록 좋다. 일반적으로 협력학습에서 몇 명의 인원으로 한 모둠을 짜느냐는 문제가 제기될 수 있다. 원칙적으로 협력학습에 적당하다고 규정된 인원은 없다. 다만 너무 적으면 동료 협력 활동이 일어나기 어렵고, 너무 많으면 동료 협력 활동의 효율성이 떨어진다. 존슨과 존슨은 모둠이 크기가 커지면 다루어야 하는 정보의 양이나 활동의 양도 그만큼 커진다고 한다. 따라서 모둠이 커지면 정보를 다루는 능력이 더 필요하며, 사람 사이의 관계를 다루는 사회적 기술도 더 필요하게 된다.

둘째, 모둠의 크기는 학습 기간과도 관련이 있다. 학습 기간이 짧을수록 모둠의 크기는 작은 것이 좋다. 협력학습에서는 특정한 목적을 위해 짧은 기간 형성되었다가 해산하는 경우도 있다. 이런 비공식적인 모둠이나 단기간 모둠을 구성할 때는 될 수 있는 대로 모둠의 크기를 줄이는 것이 바람직하다. 모둠의 크기가 작을수록 모둠활동을 통해 나타날 수 있는 여러 갈등과 위험 요소를 줄일 수가 있다.

셋째, 작은 모둠일수록 구성원이 무임승차할 확률이 줄어든다. 협력학습에서 가장 큰 문제는 역할의 공정성과 업무 할당의 공평성이다. 모둠 속에서 주어지는 역할은 공정해야 하며, 과제에 부합해야 하고 학습자들이 납득할 수 있는 것이어야 한다. 만약 공동 작가 방법의 글쓰기 과제가 있다면 그것을 준비하기 위한 역할 분배를 할 것이다. 어떤 학습자는 도서관에서 책을 조사하며, 어떤 학습자는 유사 글의 샘플들을 모으게 된다. 또 다른 학습자는 언론 자료를 검색할 수도 있다. 모둠활동이 활성화되기 위해서는 이런 역할이 구성원의 능력과 취향에 맞게 적절히 이루어져야 한다. 모둠 구성원이 작을수록 분배와 관련된 갈등은 적다.

넷째, 모둠의 크기 클수록 면대면 상호작용의 기회가 줄어들 뿐만 아니라 상호작용의 친밀성도 줄어든다. 모둠의 구성원이 많아지면 다양한 의견 교환은 가능해지지만 그것을 통한 합의나 동의의 과정이 힘들어진다. 모둠활동에서 다양한 의견은 효율성을 떨어뜨릴 뿐만 아니라 모둠의 단결성을 해치게 된다. 따라서 과제가 복잡하지 않으면 모둠의 숫자는 많지 않은 것이 좋다. 특히 면대면 상호작용을 요구하는 과제라면 될 수 있는 한 소수의 정원으로 유지되는 모둠이 바람직하다.

다섯째, 모둠의 크기는 과제의 성격과 학습 재료, 물리적 환경에 의해 결정될 수 있다. 예컨대 공동작가(co-authoring)의 경우 아무리 많아도 모둠의 정원은 3명을 넘어갈 수가 없다. 공동작가는 2명이 쓰기 과정을 서로 토의해 진행하는 것이 일반적이다. 동료지도(peer tutoring)의 경우 2명(tutor, tutee)이 적당하며 때로 4~5명까지도 가능하다. 학습 재료나 물리적 환경에 따라 인원을 조절할 수도 있다. 워드 프로세스나 컴퓨터를 통해 글쓰기를 하는 경우 컴퓨터의 대수, 사용 공간을 염두에 두고 모둠의 크기를 구성할 수 있다. 이처럼 교수자는 수업 전 모둠활동을 설계할 때 과제의 성격과 학습 재료의 요인들을 면밀히 검토해야 한다.

모둠의 크기는 모둠의 유형, 과제의 성격, 학습 재료의 특성, 과제의 기간, 물리적 환경 등에 의해 결정된다. 그래서 협력학습을 설계할 때 모둠은 이런 요소들과 함께 고려하는 것이 일반적이다. 대체로 많은 학자들은 협력학습의 모둠은 작을수록 좋다고 한다. 그러나 모둠이 크면 학습 자료의 다양화, 논의의 풍성함을 기대할 수 있는 측면이 있다.

　이 밖에 모둠을 형성하기 위해서 모둠의 크기뿐만 아니라 모둠의 성격에 의해서도 관심을 가져야 한다. 특히 글쓰기 협력학습의 경우 협동학습(Cooperative Learning)과 달리 임의적인 모둠 형성도 자주 일어난다. 바클리, 존슨과 존슨은 모둠의 형태를 공식적 모둠(Formal Group), 비공식적 모둠(Informal Group), 토대 모둠(Base Group)으로 나누었다. 공식적 모둠의 경우 한 시간에서 몇 주에 이르기까지 정상적인 수업 과제를 수행하기 위해 만들어지는 모둠이다. 글쓰기 학습에서는 보고서(report) 쓰기나 발표(presentation), 글쓰기 과제(writing assignment)를 수행하기 위해 흔히 만들어지는 모둠활동이다. 이런 모둠활동을 통해 브레인스토밍, 자료조사, 토의, 협상 등이 진행된다.

　반면에 비공식적 모둠은 수업 중 특정한 목적을 수행하기 위해 될 수 있는 한 짧은 시간에 이루어지는 모둠활동을 말한다. 이런 수업은 특정한 질문에 대한 답 찾기, 자료 해석하기, 브레인스토밍, 구성 검토하기, 문장 교정하기 등을 위해 구성되며 특정 과제만 수행하면 해체하게 된다. 토대 모둠(Base Group)은 적어도 한 학기나 일 년 정도 논문 작성이나 보고서 작성을 위해 구성원이 모여서 활동하는 것을 말한다(Johnson & Johnson, Holubec, 1994: chap. 1, pp. 7~8 ; Barkley et al., 2005: pp. 43~44).

글쓰기 학습에서 주로 사용되는 것은 공식적 모둠, 비공식적 모둠이다. 공식적 모둠은 글쓰기 과제를 수행하기 위한 모둠이며 비공식적 모둠은 글쓰기 학습 중 필요한 부분 학습을 하기 위해 임의로 형성하는 모둠이다. 글쓰기 학습으로 많이 사용하는 동료지도나 모둠학습, 공동작가는 모두 공식적 모둠에 해당한다. 비공식적 모둠은 글쓰기에 관한 기초 원리를 익히기 위해 연습 문제를 풀이할 경우에 이용할 수 있다. 최근 대학 교재의 경우 기초 학습으로 사고력 연습이나 논리력 연습, 문장 연습과 관련된 문제들이 많이 나온다. 예컨대 하나의 단락에서 주제 문장을 찾는 문제가 있다고 할 때 주위 학습자 2~3명으로 비공식적 모둠을 만들어 답을 찾을 수 있다. 이런 경우가 바로 비공식 모둠에 해당한다.

모둠을 구성하는 방법은 어떤 것이 좋을까? 모둠 구성 방법으로 교수자가 가장 많이 사용하는 방법은 무작위에 의한 방법이다. 예컨대 출석부의 번호를 이용하여 나누거나, 홀짝을 이용해 나누거나, 무작위 추첨을 하거나, 임의로 선택하여 모둠을 구성하는 것이다. 그러나 이런 방법을 사용하면 시간을 절약할 수 있지만 균질적인 모둠으로 구성될 수도 없을 뿐 아니라 때로 동질 모둠, 때로 이질 모둠처럼 들쑥날쑥한 모둠들로 구성되기 쉽다. 이렇게 되면 모둠 과제의 평가나 모둠활동에 대한 평가에서 공정성을 얻기가 힘들어진다.

모둠 구성을 학습자에게 맡기는 경우도 있다. 이런 방법은 장단점이 있다. 학습자들이 모둠을 구성할 경우 학습에 대한 동기화와 모둠에 대한 책임감 및 자긍심을 높일 수 있다. 또 동료와의 화합이나 협동심도 좋아질 수 있다. 그러나 좋지 않은 단점도 있다. 학습자들은 모둠을 구성할 때 작업의 효율성이나 능률보다 우정이나 친밀도에 많이 의존한다. 그래서 학습자들의 선택은 동질성을 강화하는 쪽으로 이루어지며, 모둠의 활동도 공적인 과제 활동보다 사적인 친화 활동에 집중하게 된다. 특별한 이유가 없다면 학습자들이 모둠을 선택하는 것보다 교수자가 학습자들에게 모둠을 할당해 주는 것이 바람직하다(Barkley et al., 2005: p. 47).

글쓰기 협력학습에서 모둠 형성과 쓰기 능력 간의 균형을 맞추기는 매우 어렵다. 만약 어떤 모둠에서 미숙한 작가만이 모여 있다면 동료 협력 활동을 통해 글쓰기 실력을 향상시키는 것은 매우 어려울 것이다. 반면에 어떤 모둠에서 능숙한 작가만 모여 있다면 글쓰기 협력학습을 할 이유가 없게 된다. 이처럼 능숙한 작가와 미숙한 작가가 함께 하나의 모둠을 형성하는 것이 매우 중요하다. 상이한 쓰기 능력이 서로 작용하여 교육적 효과를 얻을 수 있기 때문이다. 미숙한 작가는 능숙한 작가의 도움을 받아 쓰기 능력을 향상시킬 수 있다. 능숙한 작가는 미숙한 작가를 도와주는 교수행위를 통해 쓰기 능력 향상에 도움을 얻을 수 있다. 따라서 글쓰기 협력학습에서 가장 중요한 것은 이질 모둠을 만드는 문제이다.

스펙(Speck)은 수업 시작 전 학습자들에게 글쓰기 샘플을 제출하도록 요구해야 한다고 말하고 있다. 교수자는 이 샘플을 통해 학습자들의 글쓰기 능력을 진단할 수가 있다. 주의할 것은 글쓰기 샘플을 인상적으로 평가해서는 안 된다는 점이다. 스펙은 교수자가 샘플을 평가하는 데 있어서도 표준 신뢰도와 표준 타당도를 획득해야 한다고 말하고 있다. 샘플 글을 인상적으로 판단하는 것은 결국 잘못된 모둠 형성으로 이어질 가능성이 많기 때문이다. 스펙은 모둠 형성은 학습자들의 쓰기 능력을 정확히 파악한 이후에 가능하다고 주장한다(Speck, 2002: p. 57). 협력학습이 추구하는 동료 활동을 통한 학습 발달의 효과는 모둠 내의 상호 교육 활동을 증가시키는 방법밖에 없다. 그래서 글쓰기 협력학습에서는 이질적인 모둠 구성이 중요하다.

■ [3] 교수자의 역할과 책임

글쓰기 협력학습에서 교수자의 역할은 협력학습의 설계와 진행, 평가 모두에 관련된다. 우선 글쓰기 학습에서 교수자는 먼저 협력학습의 방법을 사용할 것인지를 결정해야 한다. 간략한 과정학습을 반복하는 것이거나, 쓰기 지식을 배우는 과정이라면 굳이 협력학습 모형을 사용할 필요가 없다. 그러나 어떤 맥락과 상황 속에서 완성된 한 편의 글을 작성하는 것이라면 다양한 협력학습의 방법을 사용하는 것도 의미가 있다.

존슨과 존슨은 협동학습에서 교수자가 해야 할 일을 다음과 같이 지정했다(Johnson & Johnson, Holubec, 1994: chap. 1, pp. 13~14; 2002: pp. 24~26).

- 협동학습 전 준비사항 결정
- 과제와 협동 구조 설명
- 점검(Monitor)과 중재(Intervene)
- 평가(Evaluate)와 과정(Process)

교수자는 협동학습에 들어가기 전 집단 구성을 설계해야 한다. 또 수업에 들어가서는 학습자들에게 모둠 활동의 목적과 과정 및 방법을 설명해야 한다. 그리고 모둠활동에 들어가고 난 이후에는 각 모둠활동을 점검하고 관리한다. 마지막으로 교수자는 모둠활동을 평가하고 모둠활동의 성과를 검토한다.

협동학습에서 교수자의 역할은 모둠이 시작되고 난 이후 모든 활동에 걸쳐져 있다. 교수자는 모둠활동을 설계하고 구성한 사람이므로 모둠 활동에 대한 궁극적 책임을 지게 된다. 협동학습에 있어 교수자는 학습성과를 좌우하는 중요한 기능을 맡게 된다.

존슨과 존슨은 협동학습에서 시작 전 준비 사항, 협동과제와 협동구조 설명, 점검 및 조정, 평가와 과정으로 나누어 설명하고 있다. 이를 살펴보면 다음과 같다(Johnson & Johnson, Holubec, 1994: chap. 1, pp. 13~14).

▎협동학습 전 준비 사항
- 학술적인 목표와 사회적 기술 목표를 명시하고 공식화한다.
- 모둠의 크기를 결정한다.
- 모둠 구성을 결정한다.
- 모둠 구성원에 대한 역할을 배정한다.
- 모둠 공간을 배정한다.
- 학습 자료를 배치한다.

존슨과 존슨은 교수자가 협동학습 전 해야 할 일로 모둠 조직과 관련된 유형, 무형의 시스템을 꾸미는 일을 들고 있다. 모둠 형성에 대한 유형적(물리적) 조건은 모둠의 크기와 구성, 공간 및 학습 자료를 의미한다. 모둠 형성의 무형적 조건은 모둠 활동의 목표설정과 모둠 구성원의 역할 배정을 의미한다. 유형적인 조건을 결정하는 것은 모둠의 외적 환경을 정비하는 것이라면 무형적 조건을 결정하는 것은 모둠의 내적 환경을 정비하는 것이다. 존슨과 존슨은 협동학습을 시작하기 전에 모둠과 관련된 조직 작업을 미리 계획해 두는 것이 좋다고 말한다.

존슨과 존슨은 모둠 구성에 이상적인 설정 기준을 가지고 있다. 예컨대 존슨과 존슨은 모둠 크기를 2~4명 정도로, 또 모둠은 무작위로 뽑는 것이 좋으며, 될 수 있는 한 이질적인 모둠을 꾸미라고 권유하고 있다. 모둠의 구성원에게도 리더, 기록자, 참여 권유자와 같은 역할을 주도록 권장하고 있다. 또 협동학습 공간은 구성원들이 서로 무릎을 맞댈 정도로 밀착되어 있는 것이 좋으며, 교실 앞에서 볼 때 관찰 가능한 시야를 확보해야 한다고 말하고 있다.

교수자는 설정된 과제에 따라 위와 같은 이상적 기준을 참고하여 모둠을 구성할 수 있다. 그런데 이런 모둠 설계보다 더 어려운 문제가 있다. 그것은 학술적인 목표와 사회적 기술 목표를 명시하고 공식화하는 것이다. 존슨과 존슨은 협동학습에서 사회적 기술을 매우 중시한다. 협동학습을 통해 학력 증진은 물론 다양한 인간관계의 기술을 습득하는 것을 목표로 삼고 있다. 그래서 존슨과 존슨은 협동학습의 목표로 학술적 목표와 사회적 기술 목표를 같이 설정한다. 이런 점은 글쓰기 협력학습의 목표와 차이가 있다. 글쓰기 협력학습은 협동학습처럼 높은 과제 성과물을 얻는 것을 목표로 삼지 않는다. 오히려 글쓰기 협력학습은 과제를 수행하는 절차를 통해 쓰기 능력을 개발할 것을 목표로 삼는다. 따라서 존슨과 존슨이 사회적 기술의 학습을 목표로 삼은 것은 협동학습과 협력학습의 차이를 보여 주는 일이라 할 수 있다. 글쓰기 협력학습에서 사회적 기술은 중요하지만 학습 대상은 되지 않는다.

■ 협동과제와 협동구조 설명
- 학습 과제 설명하기
- 성공을 위한 기준 설명하기
- 긍정적 상호의존성을 구조화하기
- 모둠 상호간의 협동을 구조화하기
- 개인적 책임감을 구조화하기
- 기대되는 행동을 명시하기

협동학습에서 교수자의 두 번째 역할은 과제와 협동구조를 설명하는 것이다. 모둠을 구성하고 모둠 활동을 하기 전 교수자는 학습자들에게 과제 수행과 모둠 활동에 관련된 여러 수칙들을 설명해 주어야 한다. 학습자들은 과제를 수행하기에 앞서 자신들이 어떻게, 어떤 방법으로 활동해야 하는지를 알아야 하기 때문이다.

이와 관련된 것으로 첫 번째는 과제를 설명해 주는 일이다. 학습하고자 하는 과제의 대상이 무엇이며, 그것은 어떤 개념과 원리에 기반하고 있는지 설명해 주어야 한다. 또 그 과제를 수행하는 절차도 알려주어야 한다. 두 번째는 과제 수행에 성공했을 때 적용할 평가 기준을 알려주는 것이다. 학습자들이 적극적으로 과제 수행을 하기 위해서는 무엇보다 교수자의 평가 기준이 명확하고 공정해야 한다. 학생들은 평가 기준에 따라 학습을 수행하게 된다. 다음으로 학습자들에게 긍정적 상호의존성을 심어주는 것이다. 학습자들은 모둠활동에서 자신이 수행할 학습뿐만 아니라 다른 구성원들이 수행할 학습에도 책임이 있다는 사실을 깨달아야 한다. 학습자들이 동료들과 자신이 공동 운명체라는 것을 느낄 때 학습의 성과는 살아난다. 학습자들이 이런 공동의 책임감을 가지기 위해 격려, 보상, 자원, 역할 등에서 같은 목적 상호의존성을 가지도록 모둠 활동을 구조화해야 한다. 아울러 모둠 상호 간에도 서로 도울 수 있도록 구조화하는 것이 필요하다. 만약 활동이 부족한 모둠이 있다면 다른 모둠이 그 모둠을 도와주어야 한다. 이런 방식은 협동학습의 정신을 학급 전체로 확장하는 것이다.

모둠활동에 대한 개인적인 책임감을 가지도록 구조화하는 것도 필요하다. 모든 학습자들은 자신에게 할당된 일에 대해 책임감을 가져야 한다. 존슨과 존슨은 학습자들이 개인적인 책임감을 가지기 위해 학습자들에게 구술시험을 보게 하거나 학습자들의 활동을 기록하는 사람을 두는 것이 좋다고 말하고 있다. 이를 통해 학습자들의 부족한 행동과 기대 행동을 제시할 수 있다. 예컨대 사회적 기술 중 '모둠에 머물기', '조용히 하기', '모둠 활동에 기여하기', '요약하기', '설명하기', '아이디어를 비판하기', '정당성을 요구하기' 등이 이에 해당한다.

▌점검 및 조정

- 면대면 상호활동 촉진시키기
- 학습자 행동을 점검하기
- 과제 활동과 팀 활동 촉진하기
- 결말짓기

존슨과 존슨은 교수자의 활동 중 중요한 부분을 모둠활동을 점검하고 학습자들의 활동을 통제하거나 조정하는 역할에 부여했다. 이런 점은 협동학습이 협력학습에 비해 교수자의 역할에 더 많은 역할 비중을 두고 있다는 사실을 보여 준다. '점검과 조정'이 바로 이런 교수자의 역할이다.

　면대면 상호작용은 학습의 효율을 높이기 위해 학습자들의 활동 영역을 가장 가까운 거리에 두는 것을 의미한다. 학습자들이 머리를 맞대고 과제 해결에 몰두하다 보면 좋은 성과를 얻을 수 있다. 교수자는 학습자들이 면대면 상호작용을 촉진할 수 있도록 통제하고 조정하는 역할을 담당한다. 학습자의 모둠활동을 점검하는 것은 협동학습에서 교수자들의 당면한 책임이다. 교수자는 학습자들의 과제 수행 상태를 점검하기 위해 모둠의 주위를 돌아다녀야 한다. 문제가 발생하면 교수자는 즉각적으로 피드백을 해 주어야 한다. 좋은 수행 활동에 대해서는 칭찬을 하고 그렇지 못한 활동에 대해서는 교정을 해 주어야 한다. 따라서 이런 활동을 위해 협동학습에서는 교수자들에게 모둠활동 점검표를 만들어 사용하기를 권유하고 있다.

　다음으로 교수자는 과제 활동과 모둠활동을 증진시키기 위해 학습 활동에 적극적으로 관여하고 조정해야 한다. 협동 활동이 진행하는 동안 학습자들이 과제를 잘 이해하고 수행하는지 점검하고 부족한 부분을 교수자는 도와줄 책임을 가지고 있다. 또 학습자들이 서로 협동하여 작업을 수행하는데 장애 요인이 있으면 이를 제거해야 할 의무도 가지고 있다. 마지막으로 교수자는 협동 활동이 끝났을 때 교수자는 학습자들에게 과제의 주요 쟁점을 정리해 주고 또 중요한 부분을 다시 반복해 줄 필요가 있다.

▎평가와 과정
　• 학습 평가하기

• 모둠 기능 진행

    교수자는 학습자들의 학습을 양적 및 질적으로 평가하는 과정을 수행해야 한다. 때에 따라 학습자들을 이런 평가 작업에 참여시킬 수도 있다. 이와 아울러 교수자는 모든 학습자들이 피드백을 받을 수 있도록 모둠활동을 기능화해야 한다. 모둠 기능에 대한 모든 자료들을 분석하고 이를 이용해 가능한 성과 목표를 설정해야 한다. 또 이와 함께 교수자는 열심히 활동한 모둠과 성과가 큰 모둠을 격려하고 칭찬해 주어야 한다.

    협동학습에서 교수자는 이처럼 협동학습을 설계한 시점부터 마무리하는 시점까지 모든 것을 계획하고 관리하는 위치에 있다. 협동학습에서 교수자는 학습의 성공과 실패를 좌우할 위치에 서게 되는 것이다. 그러나 협력학습에서 교수자의 역할은 이와 같지 않다. 존슨과 존슨은 교수자의 역할을 개입과 조정을 통해 협동학습을 성공적으로 이끄는 것으로 설정하고 있다면 협력학습에서 교수자는 학습자 스스로 자기 지식을 구성하도록 안내하고 이끄는 역할을 담당한다.

    협력학습에서 교수자의 역할은 다소 간접적이며 관찰자적이다. 학습자들이 협력학습을 통해 스스로 자기 역할과 능력을 깨우칠 수 있도록 직접 모둠 활동에는 될 수 있는 한 참여하지 않는다. 그래서 협력학습에서 교수자는 다소 방관적이며 방임적으로 보이기도 한다. 이런 점은 브루피의 주장 속에서 잘 드러난다. 브루피는 협력학습의 목표는 학습자들이 자신의 지식에 대한 권위(authority)를 얻고, 그것을 사용하는 데 독립성을 얻는 것이라고 말하고 있다. 학습자들이 이런 권위와 독립성을 가지기 위해서는 자신감과 능력을 가지는 것이 필요하다. 브루피는 교수자가 모둠에 참여하는 것이 그런 자신감과 능력을 얻는 것을 방해한다고 말한다. 브루피가 볼 때 협력은 자발성을 키우도록 문제 상황 속에 학습자들을 내버려 둘 때 발생한다. 그래서 그는 최고의 교수자는 학습자들이 활동할 때 바깥으로 나가 있는 교수자라고 말한다. 또 최고의 교수자는 가장 게을러 보이는 교수자라고 말하고 있다(Wiener, 1986: p. 57).

브루피의 이 말은 교수자가 협력학습에 대한 자신의 역할을 포기하라는 말이 아니다. 브루피가 볼 때 문제는 교수자가 너무 적극적으로 협력 활동에 참여하고 관여하는 데 있다. 교수자가 학습자를 믿지 못하는 현실이 오히려 학습을 방해한다고 보고 있는 것이다. 브루피는 대부분의 교수자들이 자신이 존재하지 않아도 수업은 계속된다는 사실을 받아들여야 한다고 말했다. 또 자신들의 역할은 권력을 행사하는 무대의 주인공이 아니라 다른 이들이 배울 수 있도록 최적의 조건을 제공하는 책임과 특권을 가진 연출가라는 사실도 인식해야 한다고 말한다(Graner, 1987: p. 72). 문제는 교수자가 이런 역할을 인식하지 못하는 데에서 발생한다.

브루피는 협력학습에서 교수자는 지배적이고 수동적이었던 과거의 전통적인 방식으로 돌아가려는 경향을 지니고 있다고 말했다. 그는 교수자는 지식의 권위자이자 지도자이고 학습자는 수동적인 수요자나 학습자로만 보던 과거의 인식이 협력학습을 성공적으로 이끄는 데 방해가 되는 인식이라고 본다. 그래서 협력학습을 성공적으로 이끌기 위해 교수자는 스스로 자신을 다르게 보는 인식이 필요하며 학습자도 교수자와 자신을 다르게 볼 줄 아는 인식이 필요하다는 것이다. 전통적인 교실에서의 인간관계가 정상적으로 보일지는 모르지만 협력학습을 위해서는 매우 방해가 되는 태도라고 말하고 있다(Bruffee, 1973: p. 642).

　브루피는 성공적인 협력학습을 위해 내건 조건은 교실 안에서 자유와 규율의 비율을 조정하는 것이다. 브루피가 생각하는 협력학습은 당연히 규율보다 자유를 확장하는 것이다. 이런 점은 존슨과 존슨이 생각한 교수자의 역할과 다르다. 존슨과 존슨은 강압적 규율을 주장한 것은 아니지만 그럼에도 불구하고 일정한 규율과 원칙을 강조한다. 그들은 교사가 모둠의 활동을 관리하고 통제하는 것을 중요하게 여겼다. 협동학습의 성공이 모둠활동의 구조적인 시스템에 달려 있다고 보았기 때문에 교사는 관리자로서 이를 성공으로 이끌 의무가 있다고 본 것이다.

　브루피의 관점과는 반대로 협동학습에서는 모둠을 움직이는 구성적인 시스템을 강조한다. 협동학습에서는 학습자 개개인이나 교수자의 노력보다도 모둠활동의 구성과 조직을 중요하게 생각하는 것이다. 예컨대 협동학습에서 직소(jigsaw) 모형은 모둠 구성원이 전문가 모둠을 형성하기 때문에 특정 과제에 대해 전문적인 의견을 청취할 수 있다. 만약 '한국전쟁의 원인을 진단하라' 라는 과제가 있다면 구성원들은 경제적인 측면, 정치적인 측면, 사회적인 측면으로 나누어 따로 전문가 모둠을 형성할 수 있다. 이 전문가 모둠에서 토의한 내용을 가지고 원래의 모임으로 돌아와 보고서를 작성한다면 훨씬 더 많은 내용을 담을 수 있다. 여기서 지그소 모형을 움직이는 것은 사람이 아니라 모형의 구조 자체이다. 교사가 하는 일은 이런 구조적 방법이 왜곡되거나 작동 불능의 상태가 되지 않도록 끊임없이 모둠 활동을 통제하고 간섭하는 것이다.

　협동학습은 협력학습보다 학습자들의 모둠활동을 관리하고 통제하는 경향이 강하다. 물론 협동학습도 모둠 내의 학습자 활동에 자율권이 있어야 한다는 점을 인정한다. 자율권이 없으면 협동학습 자체가 무의미해지기 때문이다. 다만 협력학습과 비교해 상대적으로 조직의 관리와 활동의 참여를 강조한다. 반면에 협력학습 역시 모둠활동을 관리한다. 교수자는 학습자들의 모둠활동을 방관하거나 방치할 수는 없으며, 학습 활동 중 여러 공동체를 다니면서 학습자들의 활동을 도와주어야 한다. 또 때로 활동에 문제가 있을 때 조정자의 역할을 수행해야 한다. 그러나 그런 입장은 어디까지나 소극적이어야 하며 보조자의 위치에 머물러 있어야 한다. 교수자가 모둠 활동에 있어 주도권을 얻고자 하는 것은 결코 바람직한 일이 아니다.

글쓰기 협력학습의 입장에서 교수자의 역할을 정리해 보자. 글쓰기 협력학습에서 교수자의 역할은 물론 상당 부분 일반적인 협동학습과 겹치게 된다. 모둠 활동을 계획하고 관리하며 평가하는 것은 두 학습 방법이 대체로 일치하기 때문이다.

글쓰기 협력학습은 쓰기 과정의 전체, 혹은 일부분에서 일어날 수 있다. 글을 쓰는 전 과정을 위해 모둠을 구성할 수도 있으며, 교정만 보는 단계를 위해 모둠을 구성할 수도 있다. 모둠 구성원의 수도 조정할 수 있다. 여러 명의 학습지기 모여 토의를 할 수도 있으며, 딘 둘이 서로 머리를 맞대고 첨삭만 할 수도 있다. 그렇게 때문에 교수자는 어느 단계에서 협력을 할지, 어떤 방법으로 해야 할지를 계획하고 실행해야 한다. 글쓰기 협력학습에서 교수자의 역할을 간략히 정리하면 다음과 같다.

학습의 설계자로서 교수자 — 교수자는 협력학습을 계획할 때 어느 단계에서 어떤 방법의 협력학습을 사용할지 결정해야 한다. 동료지도(peer toturing)는 글쓰기의 전 과정에서 일어날 수 있다. 계획하기뿐만 아니라 교정하기까지 동료지도의 방법을 사용할 수 있다. 공동작가(co-authoring)의 경우도 마찬가지이다. 글쓰기 과정의 모든 단계에서 협력활동이 가능하다.

또 모둠 구성을 어떻게 해야 할지를 결정해야 한다. 글쓰기 협력학습의 경우는 다른 협력학습보다는 좀 적게 3~4명 정도로 모둠을 만드는 것이 좋다. 또 이와 함께 모둠 구성원의 역할도 지정해 주어야 한다. 뿐만 아니라 협력학습의 목적이나 세무 계획, 평가 방법까지 계획을 세워야 한다. 따라서 이런 제반 과정은 글쓰기 협력학습을 시작하기 전에 결정해야 할 일이다.

학습 관리자인 교수자 — 글쓰기 협력학습이 진행되는 과정에서 교수자의 역할은 크지 않다. 교수자는 협력학습이 진행되는 동안 여러 모둠을 다니면서 협력학습이 잘 진행되는가를 살펴보아야 한다. 그리고 협력학습의 진행이나 절차에 문제가 있는 모둠의 경우 그 문제를 교정하도록 도와주어야 한다. 이때 주의할 것은 문제 해결에 있어 보조자의 역할에 머물러야 하지 직접 문제를 풀어주거나 해결해 주어서는 안 된다는 것이다. 글쓰기협력학습에서 교수자의 역할을 어디까지나 중재자, 교정자의 입장에 머물러야 한다.

브루피는 학습 관리자의 입장에서 협력적 학습 모둠을 규정하고 있는데 이를 다중심화한(poly-centralized) 협력 공동체라고 부르고 있다. 교실에서 여러 모둠들이 중심이 되어 협력하기 때문에 붙인 이름이다. 글쓰기 협력학습 공동체가 형성되면 교수자는 여러 모둠의 행동 경계선상에서 움직인다. 이때 중심에 위치하는 것은 바로 학습자이다. 교수자가 해야 할 일은 학습자 중심으로 원을 돌면서 학습자들을 도와주고 격려해 주는 일이다. 교수자가 지나치게 학습에 대한 책임감을 가져 모둠 활동에 간섭하는 것은 바람직하지 않다. 브루피는 글쓰기 협력학습에 있어 교수자의 역할을 바람직한 학습 공동체를 형성하게 하는 일이라고 말하고 있다(Bruffee, 1973: p. 637).

학습자의 상담자인 교수자 ― 교수자는 학습자들이 협력학습을 진행하면서 발생하는 여러 문제를 상담해 줄 수 있다. 특히 협력학습이 진행되는 동안 학습자들이 서로 해결할 수 없는 일이 발생했을 때 반드시 교수자의 도움이 필요하다. 이때 교수자는 해결자가 아니라 상담자이며 지시자가 아니라 중재자로서 역할을 담당하게 된다.

이와 아울러 글쓰기 전문가로서 교수자의 역할도 요구된다. 글쓰기 협력학습을 진행하는 동안 글쓰기에 관련된 여러 문제가 발생했을 때 글쓰기 전문가로서 교수자는 학습자들에게 여러 문제들에 대해 조언을 하고 같이 해결책을 고려해 볼 수 있다. 특히 글쓰기의 문제는 미숙한 작가의 입장에서는 해결하지 못할 일이 많다. 더구나 미숙한 작가만이 모인 모둠의 경우 동료가 다른 동료를 도와주는 것이 좋은 결과를 얻기 힘들다. 그렇기 때문에 능숙한 작가로서 교수자로서 조언은 다른 협력학습보다 훨씬 유용하고 필요하다고 할 수 있다.

글의 독자인 교수자 ― 글쓰기는 피드백 과정이 무엇보다 필요하다. 학습자들은 스스로 자신의 글에 무엇이 문제인지, 무엇이 부족한지 알 수가 없다. 따라서 자신의 글에 대한 정확한 진단과 평가를 얻지 못하면 좋은 글을 쓰기가 어렵다. 학습자들은 피드백을 통해 자신의 문장이나 표현에 대한 검증을 받는 일은 글쓰기 작성자로서 반드시 거쳐야 할 항목들이다. 학습자들이 이에 대한 정보를 얻지 못한다면 학습자의 글은 더 이상 발전할 수가 없다.

글쓰기 협력학습 동료 평가를 통해 학습자들은 많은 부분에서 발전과 성장의 기회를 갖는다. 그러나 동료 평가는 때로 잘못된 권위와 조건으로 인해 왜곡될 경우도 있다. 학습자들은 동료로부터 잘못된 정보나 부정확한 정보를 얻을 수도 있다. 따라서 글쓰기 협력학습에선 학습자들이 서로 모여 문제를 해결하되 더 이상 진전이 없을 때 교수자의 도움을 받도록 해야 한다.

■ (4) 모둠 상호활동과 리더십, 갈등, 책임

글쓰기 협력학습에서 모둠활동을 활성화하기 위해서는 여러 가지 장치가 필요하다. 먼저 학습자들로 하여금 모둠활동과 과제 수행에 대한 소개와 이해가 필요하다. 이런 절차와 과정이 없으면 학습자들은 모둠활동을 임의적 혹은 자의적으로 행하게 된다. 이런 것을 방지하기 위해 교수자는 모둠활동에 대한 절차와 평가 기준 등을 사전에 공지해야 한다. 모둠활동에 들어가기 전에 교수자가 학습자들에게 공지해야 할 일은 다음과 같다.

▫ 모둠활동의 준비 요소

① 학습목표를 설명하기

글쓰기 협력활동은 동료와의 협력을 통해 학습을 수행하는 방법이다.

따라서 학습과제, 모둠활동, 모둠 평가가 서로 조화를 이루어야 한다. 이를 위해서는 무엇보다 학습목표를 명확히 하는 것이 필요하다. 학습자들이 학습목표를 숙지하고 있으면 모둠활동이 잘못된 방향으로 나가는 것을 조정할 수가 있다.

학습자들에게 학습목표를 알려줄 때는 구체적인 내용이 필요하다. 예컨대 이번 과제를 통해 얻을 수 있는 학습 효과, 간략한 모둠 수행 방법, 평가 방법을 알려주어야 한다. 학습자들은 학습목표의 설명을 통해 이번 과제가 어떤 기술을 습득하기 위한 것인지, 어떤 지식을 얻을 것인지 알아야 한다. 또 그 목표를 이루기 위해 어떤 활동을 전개할지도 인지하고 있어야 한다. 이런 뚜렷한 목표 인지는 모둠활동을 활성화하고 효율성을 높이는 데 큰 도움이 된다.

② 목표에 이르는 단계 설명하기

협력학습은 학습목표에 이르기까지 여러 단계를 거친다. 학습자들에게 이런 단계를 간략히 설명하는 것이 좋다. 우선 학습자들은 글쓰기 협력학습이 진행되는 전체 단계를 숙지해야 한다. 다음으로 이보다 세부 단계를 인지한다. 학습자들에게 학습목표를 설명할 때 이와 같은 단계를 함께 설명해 주어야 한다. 이를 통해 학습자들은 학습목표가 이와 같은 단계를 통해 성취된다는 점을 인식한다. 중요한 점은 학습목표와 학습 단계를 설명할 때 말로 하는 것보다 문서를 통해 해야 한다는 점이다. 교수자는 학습목표와 학습목표가 어떤 단계를 통해 성취된다는 것을 간단한 표나 그림을 이용해 설명해 주어야 한다.

③ 모둠활동의 절차 설명하기

모둠활동의 성공 여부는 학습자들이 진행 절차를 숙지하는 것이다. 그리고 이 진행 절차는 될 수 있는 대로 세밀하게 규정하는 것이 좋다. 이런 절차를 보여주는 방법은 단계별 진행형식을 간략한 문구나 표로 보여주는 것이다.

▌'초고 완성하기' 모둠활동 절차

- 학습목표 — 이번 협력학습을 통해 학습하고자 하는 목표를 지정한다.(예: 글의 구성 과정)
- 주제 설명 — 초고의 주제에 대해 배경 설명을 하고 이에 대한 정보를 제공한다.
- 모둠 구성 — 모둠 구성원의 숫자와 모둠 구성 방법을 설명한다.
- 자료 찾기 — 찾아야 할 자료 내용, 자료 찾는 방법, 제출 방법, 이용 방법(학습자들이 자료 2부를 찾아 이를 복사하여 모둠에 제출한다.)
- 자료 검토 — 자료에서 유용한 부분을 찾아낸다. 자료 검토표를 이용한다.
- 내용 생성 — 학습자들이 자료를 읽은 내용을 가지고 브레인스토밍을 한다. 내용생성표에 자신이 자료를 보고, 또 생각한 내용을 하나씩 기록한다.
- 내용 구성 — 학습자들이 작성해 온 구성표를 모둠 구성원이 서로 나누어 읽고 토의한다. 구성표 아래에 간단한 논평을 하고 자신의 이름을 적는다.
- 검토하기 — 모둠별로 구성원들이 작성해 온 글을 가지고 서로 검토한다. 이때 수정할 항목을 기록한 수정표를 사용하거나 평가 항목을 기록

한 평가표를 이용한다.
- 교정하기 ― 문장, 맞춤법, 띄어쓰기를 중심으로 서로 돌려가며 교정한다. 이때 교수자는 교정 방법이나 비문 사례, 필요한 맞춤법, 띄어쓰기 규정 등을 간략하게 정리하여 제시한다.
- 평가하기 ― 과제 활동 전체를 평가하는 과정이다. 학습자들이 평가 시간을 두고 이번 협력활동의 긍정적인 부분과 부정적인 부분에 관해 서로 정보를 나눈다. 기록자는 이를 상세히 기록하여 이후 학습자들에게 공지한다. 평가는 두 부분으로 나뉜다. 하나는 쓰기 결과물을 평가하는 항목이다. 다른 하나는 모둠활동을 평가하는 것이다. 이런 평가표를 통해 다음 모둠활동의 문제점을 극복해 나갈 수 있다.

④ 학습 조건과 시간 계획 설명하기

협력학습은 동료들과 모둠활동을 통해서 이루어진다. 그렇기 때문에 여러 가지 규칙과 원칙을 결정해두고 이를 학습자들에게 주지시켜야 한다. 학습 조건은 학습의 물리적 환경에 대한 조건, 학습과제 수행에 관한 조건 등이 있다. 학습의 물리적 환경에 관한 조건은 학습 장소나 학습 재료(컴퓨터, 비디오, DVD 등)와 관련된 조건을 의미한다. 시간 계획은 과제 수행 절차와 관련된 제한 시간을 명시해 주는 것이다. 이렇게 시간제한 조건을 두는 것은 학습자들이 학습과제를 수행하면서 스스로 자신을 조절하고 통제할 수 있게 하기 위해서이다.

학습자들은 과제 진행 순서에 따라 어떤 시간까지, 어떤 항목을, 어떻게 진행해야 하는지를 알고 있어야 한다. 예컨대 학습과제가 3차시로 끝나는 것이라면 1차시와 2차시, 3차시까지의 과제 수행에 따른 시간 계획이 필요하다. 교수자가 최소한의 시간 계획을 설명하면 학습자들은 세부적인 시간 계획을 세워야 한다. 또 모둠 구성원은 그 시간 계획에 따라 과제를 수행해야 한다. 만약 과제 수행이 미흡하거나 시간을 경과하게 되면 학습자 개인은 불이익을 당할 수 있다. 또한 모둠 전체도 불이익을 당한다. 따라서 시간 계획에 따른 수행은 개인의 책임이기도 하지만 모둠 전체의 책임이 되기도 한다.

⑤ 평가 기준 설명하기

글쓰기 협력학습은 모둠활동의 시스템이 협동학습만큼 복잡하지 않다. 그러나 과제를 수행하는 과정이 여러 단계로 나뉘기 때문에 평가는 복잡하고 어렵다. 글쓰기 협력학습은 일반적인 글쓰기 과정과 유사하게 계획하기와 집필, 검토하기의 과정을 반복한다. 글쓰기 협력학습에서 평가는 이런 글쓰기 과정을 평가해야 함은 물론 협력을 통해 나타나는 상호작용까지 평가해야 한다. 따라서 이런 평가 절차를 만드는 것도 쉬운 일이 아니다.

글쓰기 협력학습을 담당하는 교수자는 먼저 글쓰기만을 평가할 것인가, 아니면 협력활동 기술까지 평가할 것인가를 결정해야 한다. 또 이와 함께 글쓰기 평가에서 쓰기 과정을 평가할 것인가, 아니면 쓰기 결과물만을 평가할 것인가를 결정해야 한다.

글쓰기 협력활동의 목적은 학습자들의 쓰기 능력을 향상시키는 데 있다. 따라서 모둠활동에 대한 평가나 사회적 기술에 대한 평가는 때에 따라 성적에 포함시킬 수도 있고, 그렇지 않을 수도 있다. 교수자들은 어떻게 평가해야 학습자들의 성적 향상에 긍정적 효과를 가져올지 잘 판단하여야 한다.

평가에서 가장 중요한 점은 개별 평가를 할 것인지, 모둠 평가를 할 것인지 결정하는 일이다. 글쓰기 협력학습에는 개별 작품 산출을 목표로 하는 경우와 공동 작품 산출을 목표로 하는 경우가 있다. 공동 작품을 산출하는 경우 그 작품을 모둠별로 평가하는 것이 일반적이다. 그러나 이런 경우 작품 생산에 기여한 바를 따져 개인별 점수를 추가할 수 있다. 개별 작품을 산출한 경우 개인의 작품에 대한 평가만을 할 수 있고, 또 거기에 모둠 전체의 평균 성적을 합산할 수도 있다.

▫ 모둠 발달의 네 단계

학습을 위해 결성된 모둠도 일반적인 생물체처럼 탄생과 성장, 성숙과 해산의 과정을 반복한다. 로이(Roy)는 이와 같은 모둠의 활동 주기를 네 단계로 나누어 설명했다(Roy, 1994: pp. 22~24).

먼저 형성(Forming) 단계이다. 이 시기는 모둠이 만들어지는 단계이다. 학습자들은 이 시간을 통해 효과적인 모둠 협력 활동의 원리를 깨우쳐 가게 된다. 모둠활동을 성공적으로 이끌기 위해 학습자들은 효과적인 협력활동에 대한 명확한 원리를 배워야 한다. 학습자들은 구성원들이 서로 평등하게 활동하며, 서로를 존중하고, 상대방의 의견을 받아들여야 하며, 건전한 합의를 이끌어 내야 한다는 협력학습의 원리를 인지하기 시작하는데, 그 단계가 바로 모둠의 형성 시기이다.

다음으로 규범 세우기(Norming) 단계이다. 학습자들은 서로 간의 합의에 따라 협력학습의 목표와 활동내용, 이에 대한 행동수칙 등을 만들어 내는 단계이다. 이를 통해 학습자들은 모둠활동을 통해 받아들여야 할 행동과 받아들여서는 안 될 행동을 결정한다. 이 단계는 협력학습 계획 초기에 가졌던 사회적 기술에 대한 추상적 감각을 구체적인 하나의 규범으로 발전시키는 단계이다.

세 번째는 활성화(Storming) 단계이다. 이 때는 모둠 사이에 협력 활동이 활발하게 전개되고 효율성도 높아지는 시기이다. 이 단계에서 가장 중요한 문제는 구성원 사이의 충돌과 갈등이다. 이런 갈등과 충돌은 모둠활동이 본격화되면서 흔히 발생하는 문제이다. 예컨대 교수자와 모둠 간에 불평이 쌓이기도 한다. 어떤 경우는 자신이 왜 이 모둠에 들어오게 되었는지 후회하는 경우도 생긴다. 그러나 모둠 구성원들은 이런 갈등과 충돌이 모둠의 발전 단계에서 반드시 겪어야 하는 하나의 과정이라는 사실을 알아야 한다. 모둠 구성원과의 충돌 없이 모둠이 발전하지 않는다. 따라서 이를 잘 극복하느냐, 극복하지 못 하느냐에 따라 모둠활동의 성패가 좌우된다. 만약 이런 과정을 슬기롭게 극복했다면 모둠은 다음 단계로 빠르게 발전한다.

마지막으로 수행(Performing) 단계이다. 이 단계에서 모둠은 스스로 사회적 기술을 터득하고 실행한다. 또한 모든 모둠 구성원은 모둠 기술과 개인 기술에 있어 효과적이고 탁월한 수행 기능을 발휘하게 된다. 오랜 숙련의 과정을 거쳐 모둠 구성원은 모두 효과적으로 모둠활동을 수행하는 방법을 익히게 되었기 때문이다. 학습자들은 교수자의 지시에 따라 모둠활동 구조를 익히고 사회적 기술을 터득하면 아주 빠르게 이 단계에 이를 수 있다.

모둠 발달 단계

형성(Forming) 단계

⇩

```
┌─────────────────────────────┐
│   규범 세우기(Norming) 단계   │
└─────────────────────────────┘
              ⇩
┌─────────────────────────────┐
│    활성화(Storming) 단계     │
└─────────────────────────────┘
              ⇩
┌─────────────────────────────┐
│    수행(Performing) 단계     │
└─────────────────────────────┘
```

□ 모둠활동의 리더십, 갈등, 책임감

스펙(Speck, 2002)은 글쓰기 협력학습을 통해 나타나는 상호활동의 문제점으로 세 가지를 들고 있다. 하나는 리더십의 문제이며, 다른 하나는 동료와의 갈등 문제이며, 세 번째는 개인의 임무와 과업에 관한 문제이다(Speck, 2002: pp. 60~75). 스펙의 논의는 일반적으로 글쓰기 협력학습을 진행하면서 발생될 수 있는 문제점을 제시한 것이다. 여기서는 리더십과 동료 갈등의 문제를 중점적으로 살펴본다. 개인의 임무와 과업은 개인적 책임감의 문제와 유사하며, 이는 사회적 기술과 평가 부분에서 살펴볼 수 있다.

리더십은 모둠의 구성원들을 공동의 목적 아래 하나로 단결시키는 능력이다. 모둠활동에서 리더십은 단결, 책임, 희생, 협력과 모두 관련되어 있다. 그렇기 때문에 리더십이 모둠의 리더에게만 해당되는 문제는 아니다. 예컨대 모둠활동에 어떤 문제가 발생했을 때 리더가 아니라도 모둠 구성원은 솔선수범하여 그 문제를 해결할 수 있다. 따라서 모둠을 하나로 단결하게 하는 힘이 존재한다면 그 모둠은 리더십이 있다고 보아야 한다.

모둠에서 리더십을 구성하는 주체로 우선 교수자가 있다. 글쓰기 협력 학습에서 교수자의 리더십은 매우 중요하다. 교수자는 학습을 계획하고 절차를 수행하며 평가를 담당하는 사람이기 때문이다. 교수자는 협력학습의 구조를 통해, 또 조정과 중재 활동을 통해 리더십을 발휘할 수 있다. 그런데 중요한 것은 교수자의 리더십이 학습자들에게 서로 협력하여 학습할 수 있도록 권장하는 성격의 것이지 권위나 통제의 리더십은 아니라는 사실이다. 교수자는 협력학습이 원활히 돌아가도록 뒤에서 도와주며, 학습자들의 갈등을 조정해 주는 역할을 담당한다. 만약 특정한 교수자가 협력학습을 수행하면서 자신의 권위를 찾으려고 한다면 협력학습의 성과는 낮아진다.

다음으로 리더십의 주체로 특정한 구성원을 상정할 수가 있다. 통상 모둠에서 한 개인이 모둠의 리더로 결정되는 경우가 많다. 이런 경우 동료로부터 추천을 받기도 하며, 아니면 자발적으로 대표가 되기도 한다. 개인적 리더십의 성패는 동료들로부터 얼마나 동의를 얻었는지와 동료를 위해 얼마나 희생하는지에 달려있다. 일반적으로 모둠에서 권력자로서, 통제자로서 군림하고자 하는 리더는 실패하기 쉽다. 특히 중등학교나 대학에서 통제자로서 리더는 힘을 잃기 쉽다. 대학의 협력학습에서는 오히려 모둠을 위해 솔선수범하고 희생하는 학습자들이 더 인기가 많다. 일반적으로 대학생들은 통제자형 리더보다는 머슴형 리더를 더 원한다.

머슴형 리더가 리더십을 발휘하기 위해서는 과제 수행 능력이 뛰어나야 한다. 리더 자신이 솔선수범하면서 구성원들을 과제 해결 방향으로 이끌어 가야 한다. 이런 리더가 있는 모둠은 협력학습에서 성공을 거둘 수 있다. 만약 리더가 구성원들의 심부름꾼 노릇만 하는 데 그친다면 그 모둠은 리더십을 발휘할 수 없을 뿐만 아니라 모둠의 협동심이나 단결력도 해치게 된다.

마지막으로 리더십의 주체로 구성원 전체를 들 수 있다. 이런 모둠은 구성원 전체가 과제 수행에 의욕을 보이기 때문에 누구 한 사람만을 리더라도 지칭할 수 없게 된다. 이런 모둠에 과제가 부과되면 서로 과제 해결 방안을 찾기 위해 열심히 노력할 뿐만 아니라 과제 수행에 이르는 시간도 단축한다. 이런 모둠은 모둠 전체의 의욕이 상대적으로 높아 과제 수행 능력도 훨씬 높아지게 된다.

미국의 글쓰기 연구자 조지(George, 1984)는 2년 이상의 글쓰기 협력학습에 대한 녹음 연구를 통해 학습자들의 모둠을 세 종류로 나누었다. 하나는 과제 중심(Task-Oriented) 모둠이며, 다른 하나는 리더 부재(Leaderless) 모둠이며, 마지막은 역기능(Dysfunctional) 모둠이다(George, 1984: p. 321).

앞에서 말한 구성원 전체가 리더십의 주체가 되는 모둠은 바로 과제 중심 모둠이다. 이 모둠은 탁월한 작가가 없었고, 한 학습자에 의해 지배되지도 않았지만 과제가 주어지자 즉각 모둠 전체가 문제 해결 방안을 찾기 시작했다. 어떻게해서 이런 일이 가능할까? 조지는 이들의 힘이 서로 대화를 나누고 대화를 들어주는 데서 나온다고 말했다. 이들 모둠에는 대화가 개방되어 있었으며, 이 때문에 쉽게 소극적인 학습자까지도 대화 속에 참여시켰다. 또한 자신들의 의견에 대해 독립심이 강해 교사의 의견까지도 참고 대상으로만 삼았다. 교수자의 지도에 대해서도 참고만 할 뿐 자신들의 견해를 포기하지 않았다.

반면에 리더 부재 모둠은 과제에 관한 아이디어의 교환이 없거나, 아이디어 교환이 있더라도 쉽게 교수자의 말이나 다른 동료의 말에 지배되었다. 모둠의 구성원들은 대체로 소극적이며 수동적이었으며, 과제 수행에 의욕을 드러내지 않았다.

역기능 모둠은 협력활동이 전혀 일어나지 않는 모둠을 말한다. 이 모둠에서는 구성원 간의 상호작용이 일어나지 않았다. 모둠은 만들었지만 학습자들은 모둠활동보다 개인 활동에 더 관심을 가지고 있으며 모둠 전체가 해야 하는 과제에 대해서도 별다른 반응을 보이지 않는다. 이런 모둠은 실제적으로 개인학습을 하지 협력학습을 한다고 말할 수 없다.

글쓰기 협력학습에서 필요한 것은 바로 과제 중심 모둠이다. 과제 중심 모둠은 과제의 구조로 인해 구성원이 단결되는데, 이런 경우 구성원 전체가 리더십을 발휘하고 있다고 볼 수 있다.

다음으로 동료 간의 갈등의 문제가 있다. 동료 간의 갈등은 과제 갈등, 책임 갈등, 성격 갈등으로 나눌 수 있다. 과제 갈등은 과제 수행과 절차에 있어 동료와의 차이에 의해 일어나는 갈등을 말한다. 책임 갈등은 구성원이 맡아야 할 역할에 대한 차이에서 발생하는 갈등이다. 성격 갈등은 동료 활동을 하면서 동료 간에 성격의 불일치나 혹은 사소한 오해에 의해 발생하는 갈등이다.

이 세 가지 갈등 중에서 상대적으로 풀기 쉬운 것은 과제 갈등과 책임 갈등이다. 과제 갈등은 동료와 과제에 대해 협상하면서 문제를 하나씩 풀 수가 있다. 좋은 작품을 만들기 위해 어떤 절차를 밟을까에 대해서는 어느 정도 논쟁이 가능하다. 또 이런 논쟁을 갈등이라 말할 수 없으며 대화와 협상을 통해 조정할 수가 있다. 만약 과제 갈등에 대한 조정이 불가능하다면 교사에게 중재 활동을 요청해야 한다.

　글쓰기 협력학습에서 책임갈등은 모둠이 해결해야 할 과제에 대해 책임을 다하지 않기 때문에 발생한다. 한 구성원이 자신의 과제에만 최선을 다하고 모둠의 과제에는 불성실하다면 동료들이 모둠의 구성원으로서 책임을 묻게 된다. 그는 자신의 과제뿐만 아니라 모둠의 과제도 성실하게 수행해야 할 책임이 있다. 책임 갈등을 해결하기 위해서 개인 평가와 모둠 평가를 같이 병행하는 것도 좋은 방법이다.

　과제 갈등과 책임 갈등을 해결하기 위한 방안은 구성원들이 과제에 대해, 또 그 역할에 대해 충분히 토의하는 것이다. 그리고 반드시 그 과정과 결과를 문서로 남겨야 한다. 교수자는 이를 위해 모둠활동을 기록할 수 있는 일지를 모둠 구성원들에게 쓰도록 지시할 수 있다. 모둠일지는 과제 토의의 내용과 과제 해결을 위한 역할을 기록해 두고 차후에 이를 확인할 수 있도록 한다.

　모둠활동에서 해결하기 가장 어려운 점은 성격 갈등이다. 모둠활동은 다양한 상호 작용이 일어나는 공간이다. 이런 공간에서 모둠의 구성원들은 과제 해결을 중심으로 서로 협조하지 않으면 여러 가지 문제가 발생할 수 있다. 그 중 가장 심각한 것이 바로 동료 간에 생기는 성격 갈등이다. 성격 갈등을 해결하기 어려운 것은 갈등의 원인 진단이 쉽지 않기 때문이다. 구성원 사이에 서로 불편해 하거나 미워하는 경우 무엇이 원인인지 밝히는 것은 무척 어려운 일이다. 또 그 원인이 밝혀졌다 하더라도 성격 차이에서 비롯되는 갈등은 치유하기가 어렵다. 따라서 모둠활동에서 생기는 성격 갈등은 예방단계가 중요하다. 모둠활동을 시작하기 전 사회적 기술에 관해 충분히 이해시키고 숙지시키는 것이 필요하다. 협동학습

(Cooperative Learning)에서는 사회적 기술을 협동학습에 반드시 필요한 하나의 교과 단위로 삼고 있다. 글쓰기 협력활동(Collaborative Writing)에서도 이에 대해 학습자들에게 주지시키고 교육시킬 필요가 있다.

■ (5) 모둠 상호활동을 위한 사회적 기술

글쓰기 협력학습에서는 모둠이 한번 구성되면 오랫동안 함께 학습활동을 하게 된다. 그렇기 때문에 원활한 모둠활동을 위해 서로 지켜야 할 예절과 규범이 필요하다. 뿐만 아니라 모둠의 동료들은 과제 수행을 위해 적절한 자세와 태도도 요구된다.

존슨과 존슨은 이런 정의적 항목을 일컬어 사회적 기술이라고 말하고 있다. 사회적 기술은 학습자들이 서로 상호관계를 맺을 때 지켜야 할 태도와 진술 방법을 말한다. 협동학습이나 협력학습의 성공 유무는 바로 이런 사회적 기술을 잘 알고 있느냐에 달려 있다. 그래서 많은 협동학습 이론가들이 이 기술을 가르치거나 이 기술에 대한 평가를 해야 한다고 주장한다. 글쓰기 협력학습에서는 이 기술을 따로 학습하거나 평가하는 경우는 별로 없다. 다만 사회적 기술 항목 중에서 학습자에게 필요한 부분이 있다면 이를 이용할 수 있다. 교수자가 볼 때 모둠활동에서 사회적 기술에 부족한 부분이 있다면 이를 지적하고 수정하도록 지시해야 한다.

존슨과 존슨(1998)은 협동학습에 필요한 사회적 기술을 수준에 따라 네 단계로 나누었다. 첫째 단계는 형성 단계(Forming)로서 기능적인 협동학습 모둠을 만들기 위한 가장 기초적인 단계이다. 둘째 단계는 기능화 단계(Functioning)로서 구성원들 사이에 효과적인 과제 수행 관계를 유지하기 위해 필요한 사회적 기술을 익히는 단계이다. 셋째 단계는 조직화 단계(Formulating)로서 학습 자료들을 깊이 이해하는 데 필요한 기술 단계이다. 이 단계에서는 질 높은 추론 전략을 사용하도록 학습자들을 자극하고, 주어진 자료에 대한 학습을 최대화하기 위해 사회적 기술을 사용한다. 넷째 단계는 활성화 단계(Fermenting)로서 학습할 자료의 재개념화, 인식적인 의견충돌, 추가적인 정보 찾기를 자극하기 위해 사회적 기술을 사용하는 단계이다(Johnson & Johnson, Holubec, 1998: chap. 5, p. 6). 이에 대한 자세한 내용은 3부 4장에서 다루었다.

존슨과 존슨이 분류한 사회적 기술의 수준 단계를 보면 각 진행 단계가 모둠활동의 과정(group processing)과 밀접하게 연관된다는 사실을 알 수 있다. 어떻게 보면 존슨과 존슨이 세운 사회적 기술의 네 단계(형성 단계, 기능화 단계, 조직화 단계, 활성화 단계)는 모둠활동 과정과 분리할 수 없어 보인다. 모둠이 성장하고 발전해 가는 과정에 사회적 기술이 그만큼 중요하게 요구된다는 것이다.

예컨대 조지가 말한 과제 중심(Task-Oriented)의 모둠은 사회적 기술을 효과적으로 발휘하고 있는 모둠들이다. 이들은 동료의 말에 귀를 기울이며, 동료들을 비판하거나 배격하지 않는다. 또 서로 대화하고 토의하여 합의를 찾아가는 과정이 부드럽고 원만하다. 모둠활동이 성공적인 과제 중심 모둠은 사회적 기술 발휘 수준도 매우 높다. 따라서 어떤 모둠이 과제를 잘 수행하는가 못하는가는 사회적 기술의 발휘 여부와 아주 긴밀한 관계에 있다고 볼 수 있다.

글쓰기 협력학습에서 사회적 기술을 학습의 한 단위로서 실시하거나 평가하기란 쉽지가 않다. 글쓰기 협력학습은 사회과 협력학습과 달리 지식 습득을 목표로 하지 않고 절차적(수행) 지식을 학습하는 것을 목표로 삼는다. 따라서 과제 수행 과정이 바로 사회적 기술과 밀착되어 있기 때문에 이를 구분하여 점수화하기가 어렵다. 글쓰기에서 사회적 기술을 보면 그것이 글을 만드는 기술인지 인간관계의 기술인지 불분명할 때가 많다. 글쓰기에서는 쓰기 기술과 사회적 기술이 그만큼 밀착되어 있는 것이다.

글쓰기 학습에서 사회적 기술이 발달한 모둠이 좋은 글을 쓸 가능성이 많다는 것은 분명하다. 그래서 수업 시작 전 과제 설명 때 사회적 기술에 관한 충분한 설명을 해 주어야 한다. 또 학습자들이 행동할 대화 수칙과 행위 수칙, 학습 수칙을 정해 학습자들에게 공지하는 것도 필요하다. 글쓰기 협력학습을 시행하는 교수자는 반드시 사회적 기술을 글쓰기 학습과 결합시키기 위해 노력해야 한다.

■ (6) 글쓰기 협력학습의 평가와 피드백

글쓰기 협력학습의 평가는 무척 어렵다. 평가의 대상과 평가의 주체가 무척 다양하기 때문이다. 예컨대 평가의 대상으로는 개인과 모둠이 모두 가능하다. 평가의 주체는 교수자가 될 수 있지만 때에 따라 모둠에 속한 학습자들이 될 수도 있다. 또 이도 저도 아니면 외부의 전문적인 평가자를 불러 올 수도 있다. 뿐만 아니라 그렇기 때문에 글쓰기 협력학습의 평가는 일관된 규정이나 법칙이 없으며, 교수자가 어떻게 평가 시스템을 구성하느냐에 달려 있다.

글쓰기 협력학습을 운용할 때 평가와 관련된 주요 쟁점들을 살펴보자. 여기서는 이를 다섯 가지로 나누었다. 적합성(Fit), 평가의 범위(Breadth of Evaluation), 모둠 평가(Group Evaluation), 모둠활동 평가(Group

Process Evaluation), 효과(Efficacy)가 바로 그것이다. 위의 요소 중 적합성, 평가의 범위, 효과는 영(Young)과 앙퀴네(Henquinet)가 모둠 프로젝트를 기획하는 데 필요한 요소로 이미 제시한 바 있다(Young & Henquinet, 2000: pp. 58~59). 여기서는 영과 앙퀴네의 논의를 참고하여 평가와 관련된 쟁점을 이야기하고자 한다.

먼저 첫 번째 쟁점으로 적합성(Fit)이 있다. 여기서 적합성은 모둠의 활동과 평가되는 항목 사이의 관계를 말한다. 평가되는 항목이 실제 협력 활동의 내용과 적합한가를 살펴보는 것이다. 이런 적합성은 학습 목적에서부터 학습 활동 내용, 평가 내용이 서로 일관성을 가지고 있는가를 가지고 평가할 수 있다. 학습목표와 학습 내용, 평가 내용이 서로 교육적 일관성을 가지고 있지 않다면 그 평가는 올바른 것으로 볼 수 없다. 이를 검증하기 위해 가장 먼저 해 볼 수 있는 것이 평가 항목과 학습목표를 비교해 보는 것이다.

자크(Jaques, 1984)는 평가의 구성 요소가 교수자가 목표로 두는 것의 중요성에 의해 결정된다고 말했다. 교수자가 중요하게 여기는 것은 학습 대상으로서도 중요하며, 평가 대상으로서도 중요할 것이다. 결국 교육의 목표와 평가의 항목은 서로 비슷하게 된다는 것이다(Young & Henquinet, 2000: p. 58). 글쓰기 협력학습의 평가는 글쓰기 학습을 위해 세웠던 협력학습의 목표에 의해 결정된다. 예컨대 브레인스토밍을 통해 아이디어를 생성하는 것이 학습목표라면 평가는 당연히 아이디어의 질과 양의 수준에 맞추어진다.

두 번째 쟁점으로 평가의 범위(Breadth of Evaluation)가 있다. 영과 앙퀴네(2000)는 평가의 범위로 평가 기준의 범위, 평가자의 범위, 그리고 평가 시점의 범위가 있다고 말했다. 글쓰기 평가에서 기준을 잡기는 무척 어렵다. 객관식 평가가 아니라 주관식 평가에 가깝기 때문에 무엇을 기준으로 잡느냐에 따라서 성적이 달라진다. 평가가 공정하게 객관적이 되기 위해서 협력학습을 시작하기 전 반드시 평가 기준을 공개해야 한다. 평가 기준은 학습목표에 따라 특정 요소에 분배되는 비중을 말한다. 일반적으로 주제, 구성, 표현, 논리성(일관성, 연결성, 통일성), 창의성을 기준으로 배분한다. 만약 글쓰기 과정의 특정 요소(주제, 독자, 내용 생성, 구성 등)만을 협력학습으로 활동했다면 이에 맞게 기준을 정하면 된다.

글쓰기 협력학습에서 평가자의 범위는 일반 수업보다 훨씬 더 복잡하다. 평가자가 될 수 있는 범위는 무척 넓다. 대표적으로 수업을 담당하는 교수자, 수업을 받는 학습자, 외부 전문가가 평가의 주체가 될 수 있다. 누가 평가하는 것이 가장 공정하고 타당한가에 대한 해답은 아직 내려져 있지 않다. 동료가 평가하는 것이 좋다는 주장이 있는 반면에 글쓰기 담당 교수자가 해야 한다는 주장도 있다. 그렇기 때문에 최선의 평가자가 누구라고 말하기는 어렵다.

평가자를 선정할 때 고려할 점 몇 가지를 살펴보자. 글쓰기 담당 교수자가 평가를 담당하는 경우가 있다. 글쓰기 담당 교수자가 학습자들의 글을 평가하는 경우 평가 기준만 뚜렷하다면 학습자들로부터 일정한 신뢰를 얻을 수 있다. 성적 산출과 평가의 권한이 담당 교수자에게 있기 때문이다. 그러나 이런 경우 모둠활동의 상세한 내용을 모를 경우 잘못된 판단을 할 우려가 있다. 실제 모둠활동을 열심히 하고, 다른 학습자들에게 많은 도움을 주었음에도 잘못된 평가를 받을 가능성이 있는 것이다.

이와 반대로 동료 학습자가 평가를 하는 경우가 있다. 동료 평가는 두 가지 경우로 나눌 수 있다. 하나는 모둠 내의 구성원이 평가하는 경우이고 다른 하나는 교실 내의 다른 모둠의 구성원들이 평가하는 경우이다. 모둠 내의 구성원이 평가하는 경우 피드백과 함께 수반되면 강한 학습 효과를 가져올 수 있다. 그러나 모둠 내의 독재자에 의해 평가가 좌우될 가능성이 있으며, 이에 따라 모둠 내 구성원 간의 갈등을 불러올 소지가 있다. 반면에 교실 내 다른 모둠의 구성원들이 평가하는 경우에는 상대적인 이점이 많다. 평가자가 객관적인 독자로서 활동할 수 있으며, 채점의 공정성을 기할 수 있다(Young & Henquinet, 2000: p. 57).

외부 전문가에게 평가를 맡기는 경우는 학습자들로부터 더 높은 공신력을 얻을 수 있다. 그러나 평가를 위해 외부 전문가를 초빙하는 것은 학교 현장에서 흔한 일은 아니다. 경비 부담과 대상자 선택에 어려움이 많기 때문이다. 결론적으로 분명한 것은 평가자의 수가 많으면 학습자들의 신뢰나 공정성이 높아진다는 사실이다.

다음으로 평가 시점의 문제가 있다. 글쓰기 협력학습은 대단히 복잡하고 어려운 과정을 수반한다. 그렇기 때문에 평가 항목도 많을 뿐만 아니라 어느 범위까지 평가의 대상으로 삼아야 할지 결정하기가 쉽지 않다. 평가시점도 그런 곤란한 문제 중의 하나이다. 평가 시점에서 가장 핵심적인 문제는 협력 학습의 중간 평가물을 둘 것인가 아니면 결과물만 평가할 것인가란 문제이다. 학습 중간에 평가물을 두는 것은 학습이 진행되는 과정을 진단하겠다는 의미가 있다. 또 학습 과정에 긴장감을 불어넣는 효과도 가지고 있다.

흔히 중간 평가물과 학습 피드백을 혼동하곤 한다. 그러나 중간 평가물과 학습 피드백은 엄연히 다른 문제이다. 중간 평가물을 성적에 반영하지 않는다고 하여 중간 과정의 피드백을 포기할 필요는 없다. 학습자들은 피드백을 통해 가장 많은 영향을 받기 때문이다. 영과 앙퀴네는 평가의 초점이 결과물에 대한 총괄평가에 맞춰져 있다고 하더라도 학습은 수업 과정 가운데 피드백에서 제공하는 형성평가에 가장 많은 영향을 받는다고 한다(Young & Henquinet, 2000: p. 58).

세 번째 쟁점으로 모둠 평가(Group Evaluation)가 있다. 모둠 평가의 쟁점은 모둠 점수를 줄 것인지, 아니면 개인 점수를 줄 것인지에 관한 문제이다. 물론 이런 문제는 협력학습의 과제가 어떠한지, 교수자가 어떤 모둠활동을 기획했는지에 따라 결정된다. 중요한 점은 글쓰기 협력학습이 모둠활동을 통해 이루어지기 때문에 이에 대한 효과를 적절하게 고려해야 한다는 점이다. 개인에게 점수를 부여하는 것은 모둠활동이 주로 개인으로서 각 구성원의 이익을 위해 존재했다는 것을 의미한다. 모둠을 정해 계획하기, 교정하기 등에서 도움을 얻을 수 있지만 결속력 있는 활동은 기대하지 못한다.

모둠 점수를 주는 것은 공동 작가 방법이나 글쓰기 협동학습(Cooperative Writing)과 같이 모둠별 작품을 산출하는 경우에 해당한다. 모둠 점수를 부여하면 모둠 내의 결속력과 단결력이 높아져 구성원 간의 상호의존성이 급격하게 증가한다. 그러나 이런 경우 개인별로 글쓰기 능력이 얼마나 향상되었는지 알 수가 없다. 또 능숙한 작가가 대신 글을 작성해 주는 경우나 무임승차자가 생길 수 있는 경우가 발생할 수 있다. 스펙의 연구에 의하면 능숙한 작가는 모둠 점수를 위해 자신이 모든 것을 도맡아 하는 경우가 많다고 한다(Speck, 2002: p. 58). 그렇기 때문에 모둠 점수를 주기 위해서는 모둠활동이 민주적으로, 또 균등하게 실시되었다는 것을 전제로 해야 한다.

　이와 관련하여 가장 좋은 방법은 개인 점수와 모둠 점수를 합산하는 방식을 취하는 것이다. 이런 방식은 개인적 책임감을 다하면서 모둠을 위한 책임감을 발휘하게 할 수 있는 장점이 있다. 학습자들은 자신의 과제에 최선을 다하면서 모둠 전체 과제에 일정한 기여를 할 수 있다. 또 이런 방식은 글쓰기가 지닌 개인적 특성과 협력학습이 지닌 공동의 성격의 결합할 수 있는 방법이다.

　네 번째 쟁점으로 모둠활동 평가(Group Process Evaluation)가 있다. 모둠활동 평가를 할 것인가, 아닌가란 문제는 사회적 기술을 평가할 것인가, 아닌가란 문제와 밀접하게 관련되어 있다. 모둠활동 평가를 세분화하면 그 중심에 사회적 기술 항목이 들어가기 때문이다. 글쓰기 협력학습의 경우에도 사회적 기술은 중요하다. 그러나 글쓰기 협력학습의 평가에 사회적 기술이 들어가면 글쓰기 평가에 중점을 두는 것이 약화될 수 있다. 특별히 모둠활동에 중점을 두는 경우가 아니라면 모둠활동 평가에서는 사회적 기술 평가를 줄이는 것이 좋다. 글쓰기 협력학습에서 모둠활동을 평가하고 싶다면 이때는 사회적 기술에 대한 항목을 사용할 수 있다. 이때도 너무 세밀한 사회적 기술 항목에 대한 평가는 하지 말되 간략한 모둠활동(리더십, 단결, 시간 조절, 협상, 동의)만을 평가하는 것이 좋다. 또 이 점수는 글쓰기 점수보다 적어야 하며, 반영 비율도 최대한 낮추어야 한다.

　다섯 번째 쟁점은 효과(Efficacy)이다. 효과는 협력학습의 마지막 단계에, 처음에 세운 학습목표와 학습자들의 실제 효과를 비교해 보는 것이다. 만약 처음 세운 목표와 학습자들의 평가 결과가 일치하면 학습목표는 성취된 것으로 볼 수 있다(Young & Henquinet, 2000: p. 59). 그러나 그렇지 않은 경우 교수자는 협력학습 전체에 대해 자체 평가를 해 보아야 한다. 어떤 과정에 문제가 있는지, 그 문제 요인은 극복할 수 있는 것인지를 분석하고 다음 학기에 협력학습 방법을 사용할지 말지를 결정해야 한다. 이런 효과 검증은 글쓰기 교수자로서 당연히 책임지고 해야 할 일이다.

글쓰기 협력학습의 평가 방법을 표로 만들면 다음과 같다.

▌글쓰기 협력학습의 평가 유형

- 평가 방식 기준
  - 개인 평가
  - 모둠 평가
  - 개인 평가 + 모둠 평가

- 평가 대상 기준

글쓰기 평가
- 과정 평가
  - 주제 정하기
  - 자료 찾기
  - 내용 생성
  - 구성 짜기
- 결과물 평가
  - 주제 평가
  - 논리성 평가
  - 일관성 평가
  - 통일성 평가
  - 문장 평가

사회적 기술 평가 ─┬─ 리더의 지도력
　　　　　　　　├─ 협동성
　　　　　　　　└─ 책임감

〈표본 1〉

자기 평가를 위한 질문지*
(sample question for self-assesment)

모둠 _____ 이름 _____

■ 모둠을 위한 평가(For group)

• 과제를 탐구하기 위해 모둠이 행한 절차를 통해 무엇을 배웠는가?

• 여러분들이 팀 동료로부터 배운 아이디어나 관점을 하나 이상 적어 보라.

• 보고서의 질을 높이기 위해 사용했던 방법(문제해결단계)은 무엇이었는가?

• 모둠의 구성원들은 스스로 자신들을 모둠의 한 일원으로 평가하는가?

■ 개인을 위한 평가(For Individuals)

• 소주제에 관한 당신의 생각을 팀 동료들이 잘 이해할 수 있도록 당신이 사용했던 특별한 방법을 적어도 두 가지 이상 적으라.

• 모둠 동료가 당신으로부터 배운 아이디어나 정보를 한 가지 이상 기록하라.

• 동료를 가르치면서 모둠 동료로부터 배운 능력은 무엇이며, 그것을 어떻게 배웠는지를 기록하라.

• 동료를 관찰하고 질문하여 당신이 배운 아이디어는 무엇인가?

* Stahl, R. J. et al., "Co-op Co-op: A Student Interest-Based Cooperative Study/Learning Strategy", in Stahl, R. J(1994), *Cooperative Learning in Social Studies*, Addison-Wesley. p. 292.

〈표본 2〉

모둠 구성원에 대한 평가*

모둠 _____ 이름 _____

범주(Categories)

계획하기(planning)

- 다른 구성원을 활동에 참여하도록 격려하기　　(낮음) 1-2-3-4 (높음)
- 유용한 비평 제공하기　　(낮음) 1-2-3-4 (높음)
- 유용한 아이디어 제공하기　　(낮음) 1-2-3-4 (높음)

자료 탐색(Research)

- 일차, 이차 자료 찾기　　(낮음) 1-2-3-4 (높음)
- 다른 사람의 조사 과정 도와주기　　(낮음) 1-2-3-4 (높음)
- 자료를 구성원과 나누기　　(낮음) 1-2-3-4 (높음)
- 자료 분석　　(낮음) 1-2-3-4 (높음)

작성(Writing)

- 초고에서 자신의 할당 부분 쓰기　　(낮음) 1-2-3-4 (높음)
- 워드 작업을 나누어서 하기　　(낮음) 1-2-3-4 (높음)

- 다른 구성원의 글에 대해 비평해 주기   (낮음) 1-2-3-4 (높음)
- 효과적인 편집과 교정을 위해 교정본 준비하기   (낮음) 1-2-3-4 (높음)

모둠활동(Group Meeting)

- 정시에 정규적인 모임에 참여하기   (낮음) 1-2-3-4 (높음)
- 모둠에 불참 시 알려주기   (낮음) 1-2-3-4 (높음)
- 동료 갈등 시 리더십 발휘하기   (낮음) 1-2-3-4 (높음)
- 동료를 존중하기   (낮음) 1-2-3-4 (높음)

부가적인 논평(Additional Comments):

* Bruce W, Speck(2002), "Facilitating Students' Collaborative Writing", *ASHE-ERIC Higher Education Report*: Volume 28, Number 6, p. 80.

〈표본 3〉

돌려 읽기 평가

_____반   이름_____

대상 : _____의 글   좋다/그렇다   나쁘다/아니다

1. 이 수업에서 요구하는 주제에 부합합니까?   5 — 4 — 3 — 2 — 1
2. 주제의 독창성 및 깊이 등에 대해 어떻게 생각합니까?
　　　　　　　　　　　　　　　　　　　　　　5 — 4 — 3 — 2 — 1
3. 주제가 글을 통해 잘 드러난다고 생각하십니까? 5 — 4 — 3 — 2 — 1
4. 전체적으로 글을 읽을 때 부드럽게 읽힙니까?   5 — 4 — 3 — 2 — 1
5. 서두 – 본문 – 결말의 느낌이 납니까?   5 — 4 — 3 — 2 — 1
6. 단락 간의 흐름이 부드럽습니까?   5 — 4 — 3 — 2 — 1
7. 단락 간 문체나 흐름의 차이가 없는 편입니까?   5 — 4 — 3 — 2 — 1
8. 주제를 향한 글의 통일성이 살아있습니까?   5 — 4 — 3 — 2 — 1
9. 예시나 인용이 적절하게 들어갔습니까?   5 — 4 — 3 — 2 — 1
10. 어려운 단어나 문장이 없는 편입니까?   5 — 4 — 3 — 2 — 1
11. 전체적으로 문장이 짧습니까?   5 — 4 — 3 — 2 — 1
12. 비문이 없이 문장이 좋은 편입니까?   5 — 4 — 3 — 2 — 1
13. 문장과 문장의 연결이 좋은 편입니까?   5 — 4 — 3 — 2 — 1
14. 맞춤법이나 띄어쓰기는 괜찮은 편입니까?   5 — 4 — 3 — 2 — 1
15. 내용에 깊이가 있습니까?   5 — 4 — 3 — 2 — 1
16. 종합적으로 판단할 때 좋은 글이라고 생각합니까? 5 — 4 — 3 — 2 — 1
17. 이 글에 대한 총점은? (10점 만점, 5점 평균) (　　　　　　　)

〈표본 4〉

돌려 읽기 평가

대상자 _____

1. 제시된 글이 처음 생각했던 주제(개요)를 잘 표현하고 있다고 생각합니까?

2. 이 글에 대한 전반적인 평가를 내려 주십시오.
   (주제를 드러내는 면, 연결성, 통일성, 예시, 인용의 적절한 사용 등)

3. 문장 표현의 문제점은 무엇입니까? 아래 칸에 전반적인 문제점을 지적하고, 첨삭지에 문장에 비문이 있거나, 표현이 이상한 곳, 연결이 안 되는 곳에 빨간 펜으로 밑줄을 그어 지적해 주세요.

4. 그 밖에 하고 싶은 말을 기록해 주세요.

5. 평가 점수

3장

글쓰기 협력학습의 유형과 방법

[1] 분류의 기준

글쓰기 협력학습(Collaborative Writing)의 수업 목표는 협동학습(Cooperative Learning)의 수업 목표와 차이가 있다. 글쓰기 협력학습은 특정한 영역의 정보를 획득하거나 그 정보를 이해하기 위하여 학습을 하는 것은 아니다. 글쓰기 협력학습은 새로운 지식을 구성하고 그 지식을 언어 매체로 전달하는 데 목적이 있다. 그래서 글쓰기 협력학습은 협동학습과 달리 목표 달성보다 성공적인 과정에 더 목적을 두게 된다. 그러므로 글쓰기 협력학습에서는 다른 학습보다도 높은 비판성과 논리성, 창의성이 필요하다.

일반적으로 협동학습(Cooperative Learning)의 분류는 모둠 형성 방법과 모둠 운용 방식, 혹은 보상제도 등으로 구분할 수 있다. 다시 말해 질적인 분류 방식보다 형식이나 요소에 의한 분류가 중심이 된다. 협동학습의 분류 기준에 대해서는 슬라빈(Slavin)의 연구가 잘 알려져 있다. 슬라빈은 협동학습을 분류하기 위한 여섯 가지 기준을 제시했다(Slavin, 1995: 12~13쪽).

▌ 슬라빈(Slavin)의 협동학습 분류 기준
① 모둠 목표
② 개인의 책임성
③ 성공을 위한 동등한 기회
④ 모둠 경쟁
⑤ 과제의 특수화
⑥ 개인적 요구의 반영

슬라빈의 분류 중 '모둠 목표'는 모둠이 특정한 목적을 가지고 있느냐를 따지는 기준이다. 일반적으로 모둠은 과제의 특성에 따라 구성된다. 그런 경우 모둠은 과제 해결을 위한 특정한 목표를 가지게 된다. 일반적으로 협동학습에서 사용되는 모둠은 대체로 과제 목표를 가지고 있다. 다만 그 과제가 어떠한 것이냐에 따라 모둠활동의 기능과 절차가 달라지게 된다. 협동학습의 유형은 이런 절차와 기능에 따라 나뉜다. 협동학습을 분류하기 위해서 모둠 목표를 보는 것은 유용한 방법이다.

'개인의 책임성'은 과제 수행에 있어 개인이 얼마만큼 책임을 지는가를 따지는 것이다. 모둠활동에 있어 개인에게 책임을 부여하는가 하지 않는가에 따라 협동학습이 달라질 수 있다. 슬라빈은 개인에게 책임을 부여하기 위한 두 가지 방법이 있다고 말했다. 하나는 모둠 내 개인에게 일정한 평가를 실시하여 그 평균을 모둠 점수로 삼는 방법이다. 또 다른 하나는 특별한 과제를 통해 각 학습자들이 그 과제의 한 부분에 대한 고유한 책임을 지게 하는 것이다.

'성공을 위한 동등한 기회'는 모든 학습자들이 자신들의 모둠에 헌신하기 위한 공정한 기회를 보장해 주어야 한다는 뜻이다. 이런 동등한 기회가 모둠 안에 있느냐 없느냐가 모둠 활동을 규정하는 하나의 기준이 된다.

'모둠 경쟁'은 모둠 간의 경쟁을 통해 모둠 내부에 있는 학습자들에게 서로 협동할 수 있도록 동기를 부여하는 것이다. 모둠 간의 경쟁 방식은 주로 개인 과제보다 모둠 과제를 통해 구성된다. 이 방식은 모둠 구성원을 결속시키는 데는 유용하나 모둠 구성원이 독창적·창의적 활동을 하기에는 불리하다. 학급의 정원이 많은 경우 모둠 경쟁 방식을 흔히 사용한다.

'과제의 특수화'는 각 모둠의 구성원이나 하위 모둠에게 그들만이 지니는 특별한 하위 과제를 할당해 주는 것이다. 이런 하위 과제를 수행한 구성원들이 그것을 가지고 본 과제를 수행하는데 이용하게 된다. 직소(Jigsaw)나 모둠 조사(Group Investigation) 같은 방법이 바로 이에 해당한다.

그 다음은 '개인적 요구의 반영'이다. 협동학습은 대부분 모둠 중심으로 구성된 교수방법을 사용하게 되지만, TAI나 CIRC와 같은 방법은 개별 학습자의 요구에 따른 교수 방법을 채택한다. 이를 허용하느냐 하지 않느냐가 모둠 활동을 분류하는 하나의 기준이 된다.

이렇게 보면 협동학습의 분류는 특정한 학업 시스템, 즉 특정한 모둠 운용 방법을 중심으로 이루어졌음을 알 수 있다. 일반적으로 협동학습(Cooperative Learning)은 상당히 많은 다양한 학습 방법을 가지고 있는 것으로 잘 알려져 있다. 케이건의 책을 보더라도 거기에 나오는 협동학습 수업 방법이 수십 가지가 넘는다. 게다가 하나의 방법이 다른 방법과 결합하면 수없이 다양한 방법들을 만들어 낼 수가 있다. 그렇기 때문에 협동학습에서 개발할 수 있는 방법들은 매우 폭넓고 다양하다.

글쓰기 협력학습은 협동학습(Cooperative Learning)에 비하여 학습 방법 면에서 다양성이 떨어진다. 협동학습(Cooperative Learning)이 특정한 교과와 상관없이 모든 교과목에 적용된다면 글쓰기 협력학습은 글쓰기만을 대상으로 하기 때문에 다양한 방법을 만들기에는 제한이 있다. 뿐만 아니라 협동학습과 달리 글쓰기 협력학습은 과제의 목표 달성보다 협력학습 과정을 통해 높은 사고력과 표현력을 기르는 것을 목적으로 삼고 있다. 따라서 그 원리와 방법에서 차이가 있을 수밖에 없다.

글쓰기 협력학습에 대한 분류 기준은 흔치가 않다. 아직까지 글쓰기 협력학습의 종류와 방법을 분명하게 규정한 것은 없으며, 이에 대한 합의된 의견이 있는 것도 아니다. 그러나 글쓰기 협력학습을 분류하기 위한 몇 가지 기준 제시는 가능하다(Damon & Phelps, 1989; Saunders, 1989; McCarthey & McMahon, 1992).

글쓰기 협력학습의 분류 기준은 우선 '과제의 소유권'과 관련이 있다. 과제의 소유권이 독립적이냐 아니냐에 따라 협력학습의 방법과 내용이 달라진다. 여기서 과제의 소유권이란 작성한 글의 소유가 누구에게 있느냐를 따지는 것이다. 예컨대 공동작가(co-authoring)의 경우 두 사람이 협력하여 한 편의 글을 작성하게 된다. 이런 경우 과제의 소유권은 두 사람이 공동으로 가지게 된다. 동료지도(peer-tutoring)의 경우 각자가 개별적으로 과제를 수행한다. 두 사람은 수행 과정에서 서로 많은 도움을 주고 받는다. 그러나 과제의 소유권은 각자에게 있다. 각각의 학습자들은 자기 과제를 완성하기 위해서 동료의 도움을 받은 것뿐이다.

두 번째 글쓰기 협력학습 분류 기준으로 '상호의존성'이 있다. 과제를 수행하기 위해 동료들의 협력을 받게 되는데, 그 협력의 관계가 어느 정도 의존적인가에 따라 글쓰기 협력학습이 달라진다. 예컨대 공동작가(co-authoring)의 경우 두 사람은 계획단계에서부터 완성에 이르기까지 서로 상의하고 토의하여 글을 진행해야 한다. 이럴 경우 상호의존성은 매우 높다. 동료지도는 공동창작보다는 상호의존성이 높지가 않다. 도움을 주거나 도움을 받는 학습자의 관계가 공동작가보다 견고하지 않기 때문이다. 특히 지도하는 학습자(tutor)와 지도받는 학습자(tutee)의 관계에서 도움을 주는 의무가 강제적이지는 않다. 이처럼 글쓰기 협력학습에서 구성원의 관계가 얼마나 상호의존적이냐 따라 서로 협력의 강도가 달라진다. 또 이런 협력의 강도에 따라 글쓰기 협력학습의 방법이 달라질 수 있다.

세 번째 글쓰기 협력학습의 분류 기준으로 '구성원의 관계'가 있다. 구성원은 서로 동등한 관계에서 협력을 하거나, 아니면 서로 차이가 나는 관계에서 협력할 수 있다. 예건대 동료지도의 경우 구성원은 동등하지 않다. 한 명은 동료를 도와주는 입장에 있으며, 다른 한 명은 그런 도움을 받는 관계로 설정되어 있다. 또한 서로의 역할이 다르다. 도움을 주는 동료는 다른 동료를 도와야 한다. 따라서 동료지도의 경우 구성원 간에 서로의 역할이 다르며 서로의 평등관계도 다르다.

다음으로 협력의 관계가 글쓰기 과정의 어느 단계에서 이루어지는지가 협력학습을 분류하는 하나의 기준이 될 수 있다. 협력학습은 글쓰기 과정에서 어느 단계와도 결합할 수 있다. 계획(plan), 구성(compose), 작성(translate), 검토(review), 교정(correct)의 각 단계에서 협력학습이 가능하다. 글쓰기 협력활동이 글쓰기의 어느 단계를 목표로 하느냐에 따라 글쓰기 협력학습의 방법이 달라진다. 예컨대 공동작가(co-authoring)의 경우 협력 활동 시작부터 끝까지 글쓰기의 모든 단계에서 이루어진다. 과제를 받아 계획을 세우는 순간부터 마지막 교정을 보는 순간까지 구성원들은 서로 협력하여 일을 진행해야 한다. 반면에 공동 편집(co-editor)의 경우 마지막 편집 단계에만 서로 협력하여 학습을 진행한다.

■ 글쓰기 협력학습의 분류 기준
① 과제의 소유권
② 상호의존성
③ 구성원의 관계
④ 글쓰기 과정의 협력 범위

■ (2) 글쓰기 협력학습의 종류

□ 협력 방법에 따른 분류

협동학습(Cooperative Learning)도 마찬가지겠지만 글쓰기 협력학습(Collaborative Writing)의 종류를 규정하기에는 어려움이 따른다. 왜냐하면 협력학습은 실시 방법과 절차 과정을 조금 바꾸면 그 종류는 무한히 늘어날 수 있기 때문이다. 따라서 글쓰기 협력학습의 유형은 가장 대표성 있는 것으로 제시하는 것이 좋은 방법이다. 그런 분류 방법이 다양하게 파생할 수 있는 여러 방법들을 포괄할 수 있기 때문이다.

글쓰기 협력학습의 유형으로 눈에 띄는 것은 매카시와 맥마흔(McCarthey & McMahon, 1992)의 유형이다. 이 유형은 원래 일반적인 협동학습을 다룬 데이먼과 펠프스(Damon & Phelps, 1989)의 논문에서 나왔다. 데이먼과 펠프스의 유형은 글쓰기 학습을 대상으로 한 것이 아니며 일반적인 협동학습을 모델로 삼은 것이다. 매카시와 맥마흔은 이를 바탕으로 글쓰기에 적합한 대표적 협력학습 유형을 세 가지로 제시했다.

매카시와 맥마흔은 글쓰기 협력학습의 세 가지 유형으로 동료지도(peer tutoring)와 모둠학습(cooperative learning), 동료협력(peer collaboration)을 들고 있다. 매카시와 맥마흔의 분류는 글쓰기 협력학습을 설명하는데 상당한 유용성이 있다. 글쓰기 협력학습을 통해 구상할 수 있는 다양한 유형은 모두 이 세 유형 속에 포괄할 수 있기 때문이다. 아울러 이런 기본 되는 유형을 아는 것이 유사한 다른 유형을 만드는 데도 도움이 될 수 있다.

◇ 동료지도

— 학습 원리와 절차

동료지도(peer tutoring)는 도움을 주는 사람(tutor)과 도움을 받는 사람(tutee)으로 구성원을 나누어 한 사람이 다른 한 사람을 도와주는 방식의 협력학습이다. 학습이 진행되는 동안 우수한 학습자가 그렇지 못한 학습자의 학습을 도와주는 것이다. 글쓰기 수업에서 동료지도는 도움을 주고받는 사람이 모두 같은 수업의 동료로 구성되는 것이 일반적이다. 그러나 글쓰기 센터(writing center)와 같은 기관에서 도움을 주는 사람은 동료가 아닐 수도 있다. 특별히 그런 목적을 위해 전문인을 고용하거나 학습자 중에 자원봉사자를 뽑을 수 있다.

동료지도에서 두 사람의 역할은 어떠할까? 동료지도에서 두 사람의 역할은 고정되어 있는 것이 일반적이다. 보통 지식이 많은 학습자는 도움을 주는 학습자로, 지식이 적은 학생은 도움 받는 학습자로 역할이 주어진다. 지식이 많은 학습자가 지식이 적은 학습자를 지도하고 도와주는 것이다. 통상 동료지도에서 이런 역할은 과제가 끝낼 때까지 바뀌지 않는다. 그런 점에서 동료지도는 서로 평등한 관계가 아니다.

때에 따라 두 사람이 서로의 역할을 바꾸어 번갈아 학습을 진행하는 경우도 있다. 도움을 주는 사람과 도움을 받는 사람이 필요에 따라 서로의 역할을 바꾸어 도움을 주는 것이다. 예컨대 글쓰기 과정에서 특정 부분에 자신이 있는 사람이 그렇지 못한 사람을 도울 수 있다. 반대로 다른 부분에서는 두 사람의 역할이 바뀔 수 있다. 그러나 이런 동료지도의 방식은 일반적인 경우가 아니다. 이를 일반적인 동료지도라고 말할 수 없다.

동료지도에서 과제는 도움을 받는 사람과 도움을 주는 사람 모두에게 제시되는 것이 일반적이다. 특히 수업 과정 중에 실시하는 동료지도의 경우에 그렇다. 글을 잘 쓰는 학습자가 자신의 과제를 수행하면서 동료의 과제를 도와주는 것이다. 그런 점에서 일반적인 동료지도는 과제에 대해서 서로 평등하다. 그러나 글쓰기 센터나 글쓰기 랩의 경우에는 과제가 없이 전문적으로 도움을 주는 사람이 있다.

동료들의 상호관계는 다른 협력학습보다 높지 않다. 도움을 주는 사람이 도움의 지점과 도움의 방법에 대해 결정권을 가지기 때문이다. 그런 면에서 다른 협력학습보다 협동의 강도는 약하다고 보아야 한다. 특히 이 방법의 성공 여부는 도움 주는 사람의 손에 달려 있는 경우가 많다. 도움 주는 사람이 도움을 받는 사람의 문제가 무엇인지, 어떤 방법으로 지도할지를 결정하기 때문이다. 그래서 이 방법이 성공하기 위해서는 도움을 주는 사람의 높은 인지 능력과 적극적 교수 행위가 요청된다. 도움을 주는 사람은 자신의 문제처럼 적극적으로 동료를 도와주어야 동료지도가 성공할 수 있다.

매카시와 맥마흔은 동료지도가 담고 있는 장점을 지도의 확실성에서 찾고 있다. 동료지도에서는 지식이 많은 학습자가 지식이 적은 학습자를 지도한다. 그런 만큼 지도 받는 사람은 쓰기 능력이 뛰어나다고 확인된 사람으로부터 도움을 받을 수 있다. 또 이런 도움은 교수자와 학습자의 위치가 아니라 동료와 동료의 위치에서 이루어지기 때문에 정서적 효과도 크다. 도움을 받은 사람의 입장에서는 편하게 다가갈 수 있는 동료보다 더 좋은 교수자가 없기 때문이다. 그래서 동료지도는 초보자가 편하게, 이익을 많이 볼 수 있는 방법이기도 하다.

매카시와 맥마흔은 동료지도가 비고츠키의 근접발달 영역(ZPD)을 반영하고 있다고 주장했다(McCarthey & McMahon, 1992: p. 29). 이 방법은 미숙한 작가가 잠재적 발달 수준까지 도달할 수 있도록 능숙한 필자가 많은 도움을 주게 된다. 실력 있는 동료가 그렇지 못한 동료를 지도해서 실제적 발달 영역과 잠재적 발달 영역의 간극을 메우는 것이다. 그러나 이런 생각에 단점이 없는 것은 아니다. 사회구성주의에서 말하는 지식의 구성적 관점이 약화되기 때문이다. 동료지도는 사회적 상호작용을 통해 지식이 형성되기보다 한 개인으로부터 다른 개인으로 전달된다는 수평적 이동을 전제로 한다. 결국 지식을 받아들여 새롭게 지식을 구성하는 인지 주체의 자율성이 그만큼 축소되는 것이다. 그래서 데이먼과 펠프스도 이 방법을 적극적인 협동을 통한 상호 지식의 구성 과정으로 보지는 않는다고 말한다(Damon & Phelps, 1989: p. 11).

― 진단 및 평가

동료지도의 평가는 반드시 필요하다. 동료지도는 특별한 보상제도나 모둠 활동을 규정하기가 어렵다. 그렇기 때문에 동료지도가 효율적으로 이루어졌는지를 확인할 방법이 없다. 그래서 글쓰기 수업에서 동료지도는 평가를 통해 학습자들의 활동을 통제하고 규제해야 한다. 일반적으로 미국 대학의 경우 글쓰기 센터나 글쓰기 랩에서는 전문적인 튜터를 두고 있어 학습자들이 정규적인 프로그램을 통해 도움을 받을 수 있다. 국내의 중등학교나 대학에서도 이런 기관들이 있다면 글쓰기 교정 프로그램을 사용하여 동료지도의 학습을 할 수가 있다. 그러나 글쓰기 수업에서 이 방법을 사용하고자 한다면 효과적인 절차 방안과 통제 방안을 마련해야 한다.

글쓰기 수업에서 동료지도의 방법을 사용하기 위해서는 우선 누구를 튜터(tutor)와 튜티(tutee)로 삼아야 할지를 결정해야 한다. 그렇게 하기 위해서는 누가 능숙한 필자인지, 누가 미숙한 필자인지를 사전에 인지하고 있지 않으면 튜터와 튜티를 지정할 수가 없다. 또 설사 튜터와 튜티를 지정했다고 하더라도 튜터와 튜티가 서로 자신의 역할을 잘 인지하고 상호활동을 열심히 하지 않으면 큰 효과는 없게 된다. 그렇기 때문에 동료지도의 방법은 다양한 통제 장치의 개발이 필요하다.

동료지도의 통제 방법으로 가장 좋은 것은 역시 평가 제도의 정비이다. 평가를 통해 튜터의 지도 활동과 튜티의 학습 활동을 조정하고 통제할 수 있어야 한다. 동료지도의 평가방법으로 튜터와 튜티의 활동을 평가하는 방법과 튜터의 글쓰기 능력 향상 척도를 평가하는 방법이 있다. 튜터와 튜티의 활동을 평가하는 방법으로 튜터와 튜티의 상호 평가와 교수자의 평가가 있다. 이런 평가의 항목으로 나올 수 있는 것을 정리하면 다음과 같다.

▌ 튜터 활동
- 성실하게 동료를 지도했는가?
- 동료의 문제점을 잘 찾아냈는가?
- 튜터의 질문에 성실히 반응했는가?
- 동료와 접촉 활동이 많았는가?
- 튜티의 쓰기 능력 문제로 무엇이 있는가?

▌ 튜티 활동
- 튜터의 지시를 잘 따졌는가?
- 튜터의 지식에 따라 문제점을 잘 고쳤는가?
- 튜터에게 많은 질문을 던졌는가?
- 튜터의 지도 방법이 적절한가?
- 동료지도 활동을 통해 실력이 늘었는가?

튜티의 글쓰기 능력을 측정하는 방법도 있을 수 있다. 동료지도 활동을 통해 튜티의 글쓰기 능력이 얼마나 향상되었는지를 평가하는 것이다. 하지만 쓰기 능력 향상에 대한 평가는 여러 가지 변수가 있어 주의할 필요가 있다. 우선 쓰기 능력이 향상되었다고 그것이 동료지도의 활동 때문인지를 확정하기가 어렵다. 실제 단기간의 동료지도 활동으로 글쓰기 능력이 향상되었는지를 정확히 측정하기란 대단히 어렵다. 동료지도로 학습자들의 실력이 향상되었는지를 측정하기 위해 가장 좋은 방법은 튜터-튜티 활동 평가와 함께 쓰기 능력 평가를 실시하는 것이다. 만약 튜터-튜티 활동 평가가 좋고 튜티의 쓰기 능력 평가도 긍정적이라면 동료지도 활동이 성공적이었다는 점을 확정할 수 있다.

― 유사 형태 및 활동

동료지도와 유사한 활동은 글쓰기 교육 현장에서 흔하게 일어난다. 글쓰기 수업에서는 짝 활동과 유사하게 서로 돕고, 도움을 받는 활동을 많이 요구한다. 서로 주제에 관해 묻기도 하고, 문장 규정에 관해 의논하기도 한다. 쓰기 활동은 다양한 상호작용을 요구하기 때문에 그러하다.

어떤 형식이나 규정에 얽매이지 않고 일어나는 이와 같은 짝 활동을 동료지도라고 말할 수 있을까? 그렇게 말하기는 어려울 것이다. 동료지도는 비교적 튜터와 튜티를 일찍 규정하여 글을 완성하는 시점까지 역할이 변하지 않고 같이 가는 경우이다. 따라서 대표적인 동료지도는 계획하기 단계부터 완성까지 같이 협력하여 활동하는 것을 의미한다. 그런데 글쓰기 수업에서 이와 같은 동료지도의 방법은 우리 교육 현장에서는 흔하지가 않다. 동료끼리 서로 협의하고 토의하는 것은 가능하지만 지도받고 지도하는 교수 관계는 익숙하지 않기 때문이다.

 글쓰기 교육 현장에서는 짝 활동을 많이 한다. 간략한 문제가 있으면 주로 짝을 통해 토의하고 정답을 찾기도 한다. 이런 짝 활동도 동료지도 못지않은 장점이 많다. 동료지도는 비고츠키의 근접발달 영역(ZPD)처럼 능력이 우수한 사람이 그렇지 못한 사람에게 지식을 전수하는 의미가 있다. 그러나 짝 활동에서는 그런 지식 전수가 불가능하다. 반면에 짝 활동은 지식을 토의하고 협상하는 성격이 강하다. 토의를 통해 자신에게 적합한 지식을 구성하면 되는 것이다. 학기 초부터 우수한 학습자와 그렇지 못한 학습자를 구분해야 하는 동료지도의 방법이 글쓰기 교육 현장에서 바로 적용되기 어렵다면 짝 활동을 통해 동료지도의 효과를 살리면서 학습자들이 다양하게 토의하도록 하는 것도 좋은 방법이다.

◇ 쓰기 모둠학습

— 학습 원리와 절차

 쓰기 모둠학습(Cooperative Writing)*은 글쓰기 교육 현장에서 잘 알려진 방법이다. 이 방법은 4~6인의 학습자가 모둠을 이루어 교수자가 준

---

* 매카시와 맥마흔은 이를 글쓰기 협동학습(Cooperative Learning)이라고 말하고 있으나 이는 적절치 못한 표현이다. 매카시와 맥마흔은 글쓰기를 협동학습의 이론 틀에서 본 데이먼과 펠프스의 논의를 이어받아 이를 그대로 사용했기 때문에 용어의 혼란을 피할 수 없게 되었다. 협동학습의 대표적 이론가인 존슨과 존슨도 글쓰기 분야를 글쓰기 협동학습(Cooperative Writing)이라고 불렀다. 그러나 이런 명칭은 글쓰기 협력학습이나 일반적인 협동학습과 겹쳐 용어에 대한 오해를 불러올 수 있으므로 그냥 통칭하여 글쓰기 협력학습이나 글쓰기 모둠학습이라고 부르는 것이 좋을 것이다. 이 책에서는 글쓰기 모둠학습으로 지칭한다. 글쓰기 협력학습은 더 넓은 개념으로 사용한다.

과제를 서로 협력하여 수행하는 것이다. 교수자는 모둠별로 과제를 나누어 주고 모둠은 그 과제를 구성원에게 할당하여 작업을 수행하게 된다. 예컨대 교수자가 모둠에게 '인터넷 매체가 학습에 미치는 효과'라는 과제를 주었다면 각 모둠은 이를 작성하기 위해 우선 세부 항목을 나누고, 다음으로 구성원들은 그 항목을 하나씩 맡아 작업을 수행하게 된다. 그리고 각 구성원들이 준비한 글을 묶어 하나의 보고서로 제출하게 된다. '인터넷 매체가 학습에 미치는 효과'에 대한 세부 항목으로는 인터넷 매체의 특징, 인터넷 매체를 이용한 학습방법, 인터넷 매체 이용 학습의 장점과 단점, 문제점의 극복 방안 등으로 나누어 볼 수 있다. 모둠 구성원들은 이를 하나씩 맡아 작업을 진행한다. 초고가 나오면 이를 서로 협의하고 검토한다. 이런 과정을 모두 거치면 하나로 묶어 조별 과제의 작품으로 제출하게 된다. 통상 글쓰기에서 동료 상호활동을 협력학습(collaborative learning)으로 지칭하지만 매카시와 맥마흔은 이 방법을 협동학습(Cooperative learning)으로 지칭했다. 그러나 협동학습은 존슨과 존슨, 슬라빈의 협동학습과 혼동될 뿐만 아니라 글쓰기 협력학습을 표현하는 좋은 용어도 아니다. 그래서 이 책에서는 이를 모둠학습으로 번역한다.

　매카시와 맥마흔은 이 방법이 슬라빈의 협동학습(cooperative learning)에 나오는 여섯 가지 요소(교수자가 지시하는 과제, 과제의 상호의존, 개인의 책임, 경쟁 방법 사용, 경쟁 방법 미사용, 보상의 상호의존) 중 앞의 세 가지를 이용한다고 말했다(McCarthey & McMahon, 1992: p. 26). 동료 협력학습은 주로 교수자가 학습목적에 따라 특정한 협력 방법을 위해 고안한 과제를 가지고 일을 한다(교수자가 지시하는 과제). 과제는 모둠 과제로, 구성원 전체가 협력해야만 풀 수 있는 것으로 구성한다(과제의 상호의존성). 이 방법에서 과제를 수행하기 위해서는 우선 개인이 자신에 할당된 책임을 다해야 한다. 전체 과제는 개인의 책임을 통해 완수된다(개인의 책임). 따라서 이 방법은 교수자 지시의 과제, 과제의 상호의존, 개인의 책임이 중심이 되는 협력학습 구조를 이용한다.

데이먼과 펠프스는 이 방법을 평등성이 높은 학습으로 규정했다. 학습을 위한 모둠은 다양한 학습자들로 구성된다. 성적이 좋은 학습자가 있는가 하면 그렇지 못한 학습자도 있다. 다양한 성적의 학습자들이 모둠에 속하게 되며 각 모둠간의 평균은 비슷하게 된다. 과제의 소유권도 개별 학습자에게 있다. 모둠 전체의 과제는 동료들과 같이 소유권을 가지지만 개별 과제를 수행한 것은 구성원 각각의 소유권이다. 그런 점에서 이 방법은 서로 평등하게 과제를 분배하고 서로 평등하게 과제를 소유하는 높은 평등성을 가지고 있다(Damon & Phelps, 1989: p. 12).

동료 활동의 면에서도 높은 점수를 줄 수 있다. 학습자들은 이 방법을 통해 과제를 수행하면서 다양하게 동료지도의 효과를 발휘할 수 있다. 물론 과제 분배나 운영, 주제, 순서, 내용의 개요 등에 관해서는 전체 모둠 학습자들과 함께 토의를 하거나 협의과정을 거치게 된다. 그러나 개별적 과제 수행 단계로 들어가면 내재로 동료지도 상황이 많이 일어난다. 수입 중 옆의 친구와 문의하고 토의하며 협상하는 과정을 반복하는 것이다. 이렇게 보면 이 방법은 시작 단계부터 마치는 단계까지 협력학습의 연속으로 이루어진다고 말할 수 있다. 전체가 토의를 하거나 아니면 끼리끼리의 동료 학습이 가능해서 글쓰기 협력학습 중 동시적 상호작용이 가장 많이 일어나는 것이 이 방법이라고 말할 수 있다.

이 방식에서 모둠은 과제와 관련하여 상호의존적이다. 또 모둠 구성원 공동으로 과제를 해결해야 한다는 점에서 모둠 구성원들의 관계는 비경쟁적이다. 그러나 때로 이 방법은 경쟁 관계보다 더 한 갈등과 긴장을 만들어 내기도 한다. 서로 동등한 구성원이 자기 생각들을 양보하지 않거나 상대방의 주장을 인정하지 않으려 하기 때문이다. 따라서 이 방법에서 가장 중시하는 것은 대화와 타협, 협의 과정이다.

글쓰기 모둠학습에서 구성원들은 더 나은 지식을 구성하기 위해 끊임없이 서로 토의하고 합의한다. 많은 인지적 충돌 현상을 극복해야 한다. 모둠 활동에서는 대화가 동료지도처럼 하나의 내용이거나 한 방향으로만 전달되는 것이 아니기 때문이다. 글쓰기 모둠학습에서는 다양한 논의 속에서 서로 대화로써 합의점을 찾아 지식을 구성하게 된다. 따라서 글쓰기 모둠학습은 언어 현상과 지식 생성을 인지적 관점이 아니라 사회적 관점에서 바라보는 글쓰기 학습 방법이다.

― 진단 및 평가

글쓰기 모둠학습은 일단 모둠을 통해 글을 작성한다는 점에서 전형적인 협력학습이다. 구성원은 글을 완성하기까지 서로 토의하고 협상해야 한다. 그리고 글이 완성되어 나올 때까지 서로 협력의 관계를 유지한다. 매카시와 맥마흔은 모둠을 통해 이루어지는 이 방법을 구성원 개개인의 글을 모아 보고서나 문집을 만드는 형식으로 설명했다. 다시 말해 구성원 각자의 글에 대한 소유권을 가지면서 전체 완성 글을 만드는 형식을 취하는 것이다. 이런 방식을 스미스(Smith)는 컴플라이(Complied) 글쓰기라고 부르고 있다. 작가들은 하나의 공동 주제, 공동 목적을 위해서 일하지만 작가로서의 개인의 개성을 잃지 않는다. 글의 최종본은 각자가 기여하여 만들어지며 글의 소유권도 인정된다. 그래서 대체로 이런 글들은 에세이 모음집이나 글쓰기 프로젝트, 기술적 리포트, 공동 연구문, 제안서 등에 이용된다(Smith, 1993: p. 92).

이 방식에 대한 평가는 두 가지 방향에서 할 수 있다. 먼저 완성된 최종본을 가지고 평가하는 것이다. 주로 기업이나 글쓰기 프로젝트, 공동 연구문 등은 최종 글의 내용을 중시하기 때문에 글의 부분적인 면보다 전체 완성본의 수준을 중시한다. 예컨대 부분적으로 뛰어난 글이 있다고 하더라도 전체 글의 목차나 균형, 주제의 흐름, 설명 방식 등이 더 중요하게 평가하는 것이다. 따라서 전체 완성 글의 평가를 중시하는 협력학습에서는 계획단계를 충실히 해야 한다. 처음부터 구성원들은 글 전체의 주제와 글의 목차 순서, 설명 방식 등을 기획할 때 완성 글의 수준을 염두에 두고 신경을 써야 한다. 특히 담론 형식의 목적에 맞는 글을 쓰는 것이 중요하므로 이 점도 반드시 염두에 두어야 한다. 보고서라면 파악하고자 하는 대상에 대한 상세한 설명이 필요할 것이며, 제안서라는 사업의 목적과 투자 규모, 성공 여부 등이 관심의 대상이 될 것이다. 평가자의 입장에서는 이런 글의 전체적인 목적을 중시하게 된다.

다음으로 전체 글의 부분에 속해 있는 개인 작성 글을 평가하는 방식이다. 이때 개인이 작성한 글은 전체 주제나 형식 안에 들어 있지만 소유권은 엄연히 그 글을 작성한 필자에게 속한다. 따라서 그 글에 대한 평가도 개인에게 한정된 개별적인 과정으로 인정할 수 있다. 다만 이런 경우 다른 글에 대한 평가처럼 글 한 편을 완전히 독립적인 작품으로 인정하기는 어렵다. 개별적인 글은 독립성을 가지고 있지만 전체에 속해 있는 독립성이다. 그렇기 때문에 이런 글에 대한 평가는 전체 속에 개별적인 글이 기능하는 측면을 잘 살펴보아야 한다. 평가자는 개인이 전체 속에 기능하는 역할을 눈여겨보는 것이다.

마지막으로 개별적인 글과 전체 글을 함께 평가하는 방식이다. 이런 경우 평가를 양쪽으로 나누어서 실시하여 이 두 점수를 합산하면 된다. 이때 평가자의 판단에 따라 어느 쪽에 더 가산점을 줄 것인지를 결정할 수 있다. 평가자는 연구 보고서나 제안서와 같은 양식에 있어 전체 완성 글이 중요하다고 판단하면 거기에 더 많은 점수 배점을 줄 수 있다. 개별적인 글의 경우도 이와 같은 방식으로 평가할 수 있다. 개별적인 글과 전체 완성 글을 함께 평가하는 방식은 모둠활동에 큰 도움이 될 수 있다. 글의 작성에 있어 개인 보상과 집단 보상을 함께 사용하기 때문에 상호 협력 활동이 활발하게 일어나지 않으면 안 된다. 이런 방식은 모둠 구성원들에게 개인 책임감과 집단 책임감을 함께 요구하는 평가이다.

― 유사 형태 및 활동

매카시와 맥마혼이 규정한 글쓰기 모둠학습은 작은 단위의 글을 모아 한 문집이나 보고서를 만드는 양식을 지칭하는 것이다. 그런데 이런 협력적인 글쓰기 방식은 학습 현장에서 많이 사용하는 방식이 아니라 연구소나 기업, 대학원에서 많이 사용하는 방식이다. 특히 기업의 프로젝트 보고서는 이런 방식을 많이 사용한다.

학습 현장에서도 이런 방식을 사용할 수 있다. 매카시와 맥마혼이 제시한 방법대로 특정한 주제에 따라 학습자들이 작성한 글을 가지고 문집을 만들 수 있다. 이에 대한 평가는 앞에서 말한 방식을 사용할 수 있다. 그런데 이런 방식을 사용할 때는 특정한 주제 아래 각 부분들이 서로 각자의 기능을 맡는, 그런 방식의 글을 만들도록 하는 것이 좋다. 교수자가 하나의 주제를 주고 그냥 각자 쓴 글을 모으는 방식을 사용하지 말고 각 구성원의 글이 전체 속에서 기능적인 역할을 맡을 수 있도록 과제를 설계해야 한다.

그러나 글쓰기 교육 현장에서 많이 사용하는 것은 이런 방식이 아니다. 글쓰기 교육 현장에서 일반적으로 많이 사용하는 글쓰기 모둠학습은 모둠활동을 하되 주로 개인적인 글을 작성하는데 목적을 두게 된다. 학습자들은 글의 주제를 잡고 내용을 만들며 구성을 짜는데 서로 도움을 주고받는다. 학습자들은 아이디어 회의나 브레인스토밍을 통해 서로 적절한 주제를 잡도록 도와줄 수 있다. 다른 사람이 세운 글의 구성 계획에 대해 문제점을 조언해 줄 수도 있으며, 새로운 주제를 제안할 수도 있다. 한 모둠에 있는 구성원들은 이렇게 서로 돕지만 완성된 글에 대한 소유권은 각자가 가진다. 이에 대한 평가도 개인별로 받게 된다.

이런 방식이 효과를 얻기 위해서는 적당히 모둠활동을 조절하고 통제하는 것이 필요하다. 교수자는 글쓰기 학습을 진행하면서 모둠활동을 활성화시킬 방안을 찾아봐야 한다. 글쓰기 협력학습에서 가장 좋은 방법은 비록 작은 점수라도 모둠활동 점수를 주는 것이다. 또 모둠활동에 점수를 주는 시기와 방법도 잘 선택해야 한다. 모둠활동 점수는 학기 말에 모둠평가를 하여 주는 것보다 학습 중간에 모둠활동 과정을 통해 줄 수 있도록 구조화하는 것이 좋다. 예를 들면 학습자들에게 주제에 대한 내용 생성을 하게 하고 활동이 우수한 모둠을 선택해 바로 상을 주거나, 글의 마무리에 동료 첨삭을 가장 활발히 한 모둠에게 바로 보상을 해 주는 방법이 그런 것이다.

대학에서 우리는 모둠을 이용한 글쓰기 모둠학습을 폭넓게 이용할 수 있다. 모둠을 지속하는 시간도 마음대로 조절할 수가 있다. 필요할 때마다 모둠을 새롭게 구성하거나, 아니면 모둠을 바꾸지 않고 한 학기 동안 지속할 수가 있다. 모둠 지속 시간은 담당 교사나 교수가 교육의 목표와 모둠의 효율성을 고려해 판단할 수 있다. 모둠을 이용한 학습 활동도 필요에 따라 여러 가지로 선택할 수 있다. 모둠을 이용한 학습 활동 영역은 매우 폭이 넓다.

▌모둠을 이용한 학습 활동 영역

① **글의 테마와 주제 잡기** ─ 브레인스토밍이나 발표를 통해 각자 글을 쓸 테마와 주제를 잡고, 이에 대한 토의를 한다. 모둠 구성원은 다른 구성원의 동의를 얻어 자신의 테마와 주제를 결정한다.

② **자료 찾기** ─ 모둠 구성원은 주제에 관해 각자 자료 2~3개씩을 찾아와 다른 동료들과 나눈다. 그리고 이에 대한 토론을 한다.

③ **내용 생성** ─ 모둠의 구성원들이 각자 읽은 자료를 가지고 특정한 주제에 들어갈 내용을 점검해 본다. 개별적인 글을 쓰는 과제라 하더라도 이런 내용 생성의 과정을 거치면 글을 쓰는 것이 훨씬 편해진다. 능숙한 필자의 경우 모둠에서 상의한 내용을 꼭 그대로 사용할 필요는 없다.

④ **구성 짜기** ─ 모둠은 특정한 주제에 대해 공동의 구성(개요)을 짤 수도 있고, 짜지 않을 수도 있다. 개별적으로 구성을 짜더라도 모둠 구성원들에게 자신의 구성에 대해 다른 동료에게 설명하고 동의를 얻도록 할 수 있다.

⑤ 점검하기 — 모둠 구성원은 각자 작성한 글을 복사하여 다른 학습자들에게 나누어 준다. 그리고 토의 과정을 거쳐 각자 글의 문제점에 대해 진단을 하고 조언을 해 준다. 해당 학습자는 동료의 지적에 대해 수정을 한다.

⑥ 교정보기 — 모둠 구성원은 돌아가며 동료의 글을 교정한다. 문장의 오류, 맞춤법, 띄어쓰기 등을 교정하여 글을 제출하도록 한다.

위에서 밝힌 협력활동 영역 외에 모둠활동을 할 수 있는 많은 영역이 있다. 수업 목표에 따라 학습 활동을 계획할 때 글쓰기 담당 교수자는 협력학습의 모형을 설계해야 한다. 어떤 영역에 어떻게 모둠활동을 할 것인지 아이디어를 내면 많은 방법이 나올 것이다.

◇ 공동작가(co-authoring), 동료협력(peer collaboration)

— 학습 원리와 절차

공동작가는 한 과제를 학습자 두 명이 공동으로 작성하는 것을 말한다. 글쓰기에서 공동 창작이 바로 이 경우에 해당한다. 두 학습자의 협력 관계는 계획할 때부터 글을 완성할 때까지 지속되기 때문에 높은 상호협동과 상호의존성에 바탕을 둔다. 동료지도와 다른 점은 두 학습자가 모두 비슷한 실력의 소유자라는 점이다. 만약 두 학습자 중 한 명의 실력이 월등하면 이는 지식의 전이 현상으로 이어지기 때문에 공동작가의 의미가 없어진다. 두 학습자는 서로 비슷한 실력이기 때문에 서로 돕고 협동해 가며 한 문장씩 글을 작성해 가게 된다. 완성된 글의 소유권은 두 사람이 공동으로 가진다.

　공동작가 혹은 동료협력은 높은 평등과 활발한 상호관계를 특징으로 한다. 학습자들은 주어진 과제를 해결하기 위해 서로 활발하게 아이디어 교환을 해야 한다. 때로 상대방의 생각을 피드백해 주기도 해야 한다. 또 서로 용기를 북돋아 주어야 하고, 상대방을 신뢰하고 인정해 주려는 태도를 보여야 한다. 과제가 부여되면 계획하기부터 글을 써가는 단계, 그리고 글을 마무리하고 교정을 하는 단계까지 모든 작업을 같이 해야 하기 때문에 서로가 서로에 대한 인정과 믿음이 무엇보다 중요하다. 따라서 공동작가가 성공하느냐 못하느냐는 상호 간의 정서적 특성에서 결정되는 경우가 많다.

　공동작가 혹은 동료협력은 두 사람이 서로 정서 면에서 맞고 능력 면에서 조화를 이룬다면 가장 이상적인 협력학습 방법이 된다. 그러나 그렇지 않다면 성공보다 실패할 확률이 높다. 실제 공동작가의 작품으로 발표되는 글은 개인이 작성한 것보다 못한 경우가 허다하다. 두 사람이 완벽한 조화를 이루지 않으면 오히려 좋은 성과를 이루지 못할 가능성이 더 많은 것이다. 또 이 방법의 단점으로 너무 많은 시간이 걸린다는 문제점이 있다. 공동작가는 시작부터 완성 단계까지 모두 동료 간의 합의가 없으면 진행될 수 없다. 이런 과정이 많은 시간을 소비하게 만들고, 또 사람들을 지치게 할 수 있다. 따라서 공동작가는 교수자가 시간을 줄이고 효과를 높일 수 있는 방법을 찾아 미리 계획을 세워두지 않으면 안 된다.

　─ 진단 및 평가

　공동작가의 방법을 평가하는 방법 중 가장 일반화된 것이 바로 결과물을 평가하는 방법이다. 공동작가 방법은 2~3인의 동료가 서로 협력하여 한 편의 글을 만드는 작업이다. 좋은 글을 만들기 위해 처음부터 토의하고 협상하는 과정을 밟는 것이다. 공동작가 방법에서 글쓰기 결과물은 구성원 전체의 노력과 협동심이 들어있는 결정체이다. 학습자들은 좋은 결과물을 만들기 위해서 문장 하나하나를 다듬는데도 서로 토의하고 협상한다. 그래서 완성품을 내기까지 많은 시간이 걸리는 것이다.

공동작가 방법을 사용하는 것은 매우 어려운 방법이다. 처음부터 마지막까지 동료가 서로 협상해야 하기 때문이다. 그래서 활동에 관한 지침서(매뉴얼)나 평가 방법을 제시하는 것은 매우 중요하다. 이런 기준들은 동료들이 서로 협의하면서 과제를 수행할 때 발생할 수 있는 착오나 갈등을 줄이는데 중요한 기능을 한다. 그래서 교수자는 공동 작가의 방법을 사용할 때 먼저 이런 지침서나 평가 매뉴얼을 만드는 데 시간을 아끼지 말아야 한다.

공동작가의 모둠활동을 평가할 방법은 없을까? 공동작가의 모둠활동을 평가하기 위해서는 구성원들에게 질문지를 주고 답하도록 한다. 그런데 이때 주의해야 할 것은 질문지 항목에 '~을 잘 했는가?' '열심히 했는가?'와 같이 모둠활동과 노력을 주관적으로 평가하는 항목은 피해야 한다는 점이다. 그것보다 교수자가 객관적인 활동 상황을 물어서 전체 활동을 유추할 수 있는 질문을 선택해야 한다. '계획하기 준비에 얼마나 시간이 걸렸는가?'와 같은 질문을 사용하여 모둠활동이 성공적으로 이루어졌는지를 평가하는 것이다. 교수자는 평소 모둠활동을 잘 관찰해 두었다가, 이런 모둠활동 평가의 답을 통해 전반적인 활동 수준을 예측할 수가 있다.

― 유사 형태 및 활동

　일반적으로 학교 글쓰기 교육 현장에서 공동작가의 방법은 잘 사용하지 않는다. 두세 사람이 협의하여 한 편의 글을 만든다는 것은 아주 어려운 방법이다. 시간이 많이 걸릴 뿐 아니라 때에 따라서는 개인이 쓰는 글보다 못할 수도 많다. 특히 같이 글을 써야 하는 동료와 협력 관계를 만들지 못할 때 과제를 수행하기가 어려워진다.

　반면에 공동작가 방법은 동료 활동이 원만히 진행되면 큰 성과를 얻을 수도 있다. 학습자들은 글을 시작할 때부터 끝날 때까지 높은 상호작용을 유지해야 한다. 또 이 과정에 엄청난 토의와 협상이 수반되어 많은 지식을 이끌어 낼 수 있다. 공동작가 방법은 학습자들로 하여금 한 편의 글이 만들어지기까지 복잡한 과정에 대해 좋은 경험을 할 수 있는 계기가 될 수 있다.

　아무래도 학교 글쓰기 교육에서는 학습자 수가 많아 학기 초부터 학습자의 특성과 능력을 일일이 파악하기가 어렵다. 그래서 학교 글쓰기 교육에서 이 방법을 사용하기 위해서는 사전에 많은 준비 과정이 필요하다. 학습자들의 성격과 글쓰기 능력을 명확히 알고 있어야 할 뿐만 아니라 실제 쓰기 과정에서 발생할 수 있는 여러 문제를 예상하고 이를 준비하고 있어야 한다. 그래서 이 방법을 사용하는 데는 절차에 관한 세밀한 준비와 학습자에 대한 사전 인지가 요구된다.

　학교 현장에서는 공동작가 방법과 유사한 형태를 많이 사용된다. 공동작가 방법은 높은 상호작용과 협력을 바탕으로 한다. 또 글에 대한 공동 소유권을 가진다. 그런데 학교 현장에서 사용되는 것으로 높은 상호작용과 공동 소유권을 가지면서 공동작가 방법의 단점을 없앨 수 있는 모둠

학습 방법이 있다. 그 중 하나는 '단락 나누어 글쓰기'이다. '단락 나누어 글쓰기'는 글에 대한 소유권을 공동으로 가지면서 글을 나누어 작성하는 방법이다.

'단락 나누어 글쓰기'는 교수자의 과제로부터 시작한다. 과제는 폭넓은 테마를 주어 학습자들이 세부 주제를 선택하도록 한다. 모둠은 4~6인 정도로 구성되며, 테마 설정과 세부 주제를 결정하게 된다. 이런 모든 과정은 구성원들이 서로 토의하여 결정한다. 서로 나누어 자료 조사를 하며, 읽은 내용을 가지고 토의한다. 또 글에 들어갈 내용을 추려내며 글을 구성하게 된다. 학습자들은 모둠을 통해 글의 개요를 완성하는 데까지 서로 협력하여 활동한다. 개요가 완성되면 단락별로 작성할 사람을 정한다. 모둠의 구성원은 만들어진 개요에 따라 글의 단락 한두 부분을 맡게 된다.

다음으로 모둠의 구성원들은 서로 나누어 작성해 온 단락을 하나의 글로 정리하는 과정이 필요하다. 같은 개요를 보고 단락을 작성하더라도 단락 작성자가 다르면 글의 흐름이나 문체가 달라질 수 있다. 서로 조금씩 다른 내용 흐름과 문장, 문체를 하나의 글처럼, 또 한 사람이 쓴 것처럼 맞추어 가는 것이다. 이런 과정은 매우 힘들고 많은 시간이 소요될 수 있다. 그러나 학습자들은 이 과정을 통해 글쓰기에 관해 많은 것들을 배울 수 있다. 글의 연결성, 일관성, 통일성 등은 이런 과정을 통해 가장 잘 배울 수 있는 요소들이다.

이 방법은 한 편의 글을 공동으로 작성하되, 가장 힘들고 어려운 작성 과정을 개인에게 돌려 공동작가 방법의 단점을 줄인 것이다. 그러나 공동작가 방법의 장점인 높은 상호 과정과 협상 과정은 그대로 살아있다. 그렇기 때문에 글쓰기 교육의 방법으로 좋은 효과를 거둘 수 있다. 학교 글쓰기 교육에서 공동 작가 방법이 어려운 경우 이 방법을 사용해 볼만 하다. 평가는 완성된 글을 가지고 모둠별로 평가하는 것이 일반적이다. 모둠 평가는 학습자들로 하여금 단결하여 더 좋은 글을 쓸 수 있도록 동기화하는데 좋은 계기가 될 수 있다. 개별 평가를 더하고 싶으면 구성원 각자가 쓴 개별 단락을 평가하면 된다.

'단락 나누어 글쓰기'와 유사하지만 다른 방법은 스미스가 말한 연속 글쓰기(Serial Writing)가 있다(Smith, 1993: p. 91). 이 방법은 작가들이 초고를 교정보며 완성 글을 향해 이어가거나, 아니면 부분을 이어서 연속적으로 글을 완성해 가는 것이다. 앞의 방법은 누가 초안을 잡아 초고를 쓴다면, 다음 사람은 이를 교정하거나 내용을 덧붙인다. 이런 상태가 이어져 마지막 사람은 최종 교정을 보고 완성된 글로 확정한다. 처음 초고를 만든 상태는 아주 미약하지만 여러 사람의 손을 거치는 동안 점점 분량도 늘어나고 내용도 좋아진다. 마지막 교정을 보는 사람은 더 이상 고칠 것이 없다는 것을 확인하고 최종 글로 제출한다.

두 번째 방법은 한 사람이 글의 한 단락을 작성하면 다음 사람이 이어서 다음 단락을 작성하고, 그 다음 사람이 또 다음 단락을 작성하여 글을 완성해 가는 방식이다. 이 방법은 학습자들로 하여금 글의 흐름을 익히는데 아주 유용한 방식이다. 앞 사람이 작성한 글을 이어서 써야 하기 때문에 학습의 주요 목표는 글의 연결성과 통일성을 익히는 것이다. 이 방법에 대한 평가는 앞에서 말한 '단락 나누어 글쓰기'와 유사하다. 모둠별로 전체 완성 글을 평가하되 개별적 평가를 병행할 수 있다.

지금까지 이야기한 글쓰기 협력학습의 유형을 표로 살펴보면 〈표9〉와 같다.

표9. 글쓰기 협력학습의 유형

	동료지도 (peer tutoring)	쓰기 모둠학습 (cooperative learning)	공동작가 (Co-Authoring)
과제의 소유권	개인 소유	개인 소유	공동 소유
상호의존성	낮은 상호관계	중간 정도인 상호관계	높은 상호관계
구성원의 관계	낮은 평등	중간 정도인 평등	높은 평등
글쓰기 과정의 협력 범위	글쓰기 과정 전체	글쓰기 과정 전체	글쓰기 과정 전체

□ 글쓰기 과정의 적용 범위에 따른 유형

글쓰기 협력학습은 협력 과정이 글쓰기 과정에서 어떤 단계와 결합하는가에 따라 유형을 구분할 수 있다. 예컨대 어떤 과제에서 앞으로 써야 할 내용에 대해 막연할 때 계획하기 과정만 상호 협력 과정으로 학습할 수 있다. 이럴 경우 특별히 계획하기만을 위한 글쓰기 협력 과정이 된다. 글쓰기 과정 중에서 계획하기, 구성 짜기, 검토하기, 교정하기 단계는 글쓰기 협동학습이 쉽고 유용하게 결합할 수 있는 과정들이다. 글쓰기 과정 중 협력학습이 필요한 부분을 찾아 지적하면 다음과 같다.

▌계획하기 ― 협력학습이 가장 활발하게 일어나고 있는 과정이 바로 이 부분이다. 계획하기 단계는 글을 쓰기 위한 준비 단계이기 때문에 다양한 아이디어의 수합이 필요하다. 이 때문에 혼자 작업하는 것보다 동료들과 같이 협력하면서 작업을 진행하는 것이 훨씬 유리하다. 자신이 미처 생각하지 못한 부분을 깨달을 수 있을 뿐 아니라 동료의 잘못된 부분을 통해 자신의 장단점을 알 수 있는 이점이 있다. 계획하기 단계에서 협력학습은 글의 테마 정하기, 주제 정하기, 다양한 자료 모으기, 내용 생성하기 모두

가능하다.

글의 테마나 주제 정하기는 모둠학습이 가장 무난하다. 동료 4~5인이 한 모둠이 되어 서로 의견을 나누면서 각자 자신이 쓸 글의 테마와 주제를 결정하는 것이다. 학습자들은 자신이 찾은 자료나 대상 항목을 내어놓고 동료들의 의견을 물을 수 있다. 또 전체가 함께 브레인스토밍을 진행하면서 테마와 주제, 자료를 찾을 수도 있다. 다양한 자료 모으기나 내용 생성은 자료를 모둠 구성원이 서로 공유하는 시스템을 만드는 것으로 가능하다.

■구성 짜기 ─ 글을 한 편 작성하기 위해 가장 많은 신경을 쓰는 부분이 바로 구성 짜기이다. 학습자들이 가장 어려워하지만 그렇다고 생각을 안 해 볼 수 없는 부분이다. 일반적으로 학교 현장에서 구성 짜기는 개요 작성과 함께 진행된다. 머릿속이나 혹은 메모를 통해 글의 논리적 흐름을 잡아 보는 것이 구성 짜기이다. 개요는 간략한 구성표에 내용을 덧붙여 작성하는 것이 일반적이다. 공동 글쓰기의 경우 모둠 내의 동료들은 서로 협의하여 하나의 개요를 만들어야 하겠지만 그렇지 않은 경우 각각의 구성 흐름을 서로 상의하고 따져보는 협동학습 모형이 가장 좋다. 모둠 내 동료들은 자신의 동료가 제시하는 구성에 관해 의무적으로 평가와 조언을 해주는 것을 규정으로 삼는다면 학습자들에게는 큰 도움이 될 수 있다.

■검토하기 ─ 검토하기는 완성된 초고를 서로 나누어 검토해 주는 과정이다. 초고의 검토는 주제, 구성, 내용. 형식, 문장에 이르기까지 모든 것을 대상으로 할 수 있다. 그러나 대체로 주제나 구성 같은 큰 항목부터 먼저 검토하고 형식이나 문장과 같은 항목은 나중에 검토하는 것이 일반적이

다. 검토하기는 초고 상태에서 글의 전반적인 측면을 모두 다루기 때문에 작가와 의견이 맞지 않는 부분이 많이 나올 수 있다. 따라서 검토하기의 협력학습은 시간 여유를 충분히 가지고 폭넓게 검토자와 작가가 대화를 나누는 것이 필요하다. 또 주위에 있는 사람들도 도움을 주는 것이 필요하다. 그러나 최종 판단은 작가의 몫이다.

■ 교정하기 ― 교정하기는 글을 제출하기 마지막 단계에 하는 작업이다. 잘 아는 동료와 짝을 이루고 그 친구와 서로 자신의 글의 형식과 문장, 어법 등을 교정해 주는 것이다. 교정하기에서 협력학습은 주로 동료 활동으로 진행되는 것이 일반적이다. 서로가 실력이 비슷한 친구들로 짝이 지워지기 때문에 동료지도(peer tutoring)와는 차이가 있다.

손더스(Saunders, 1989)는 글쓰기 과정 단계에 적용될 협력학습 모형을 아래와 같이 제시하고 있다. 각각의 글쓰기 협력학습 유형은 글쓰기 과정의 특별한 단계를 위해 고안되고 구성된 것이다. 물론 공동 작가의 경우는 글의 처음 단계부터 마지막 단계까지 함께 작업을 진행하는 경우도 있다. 각각의 쓰기 과정에 맞는 협력 활동을 소개하면 〈표10〉과 같다(Saunders, 1989: p. 102).

〈표10〉에서 처음에 나오는 공동 작가 유형만 빼면 각각의 유형은 글쓰기 과정의 몇몇 단계에서 효과를 발휘하도록 구성되어 있다. 〈표10〉에서 동그라미(○)는 필수적으로 협력 활동이 이루어지는 것을 의미하며, 줄표(-)는 때에 따라 임의적으로 협력 활동이 이루어지는 것을 표시한 것이다. (예를 들면 공동 출판(co-publishing)의 경우 문집처럼 여러 사람의 글을 모

표10. 글쓰기 협력학습의 유형*

협력 활동 (collaborative activity)	상호작용 구조 (interaction structure)	계획 (plan)	작성 (compose)	검토 (review)	교정 (correct)
공동 작가 (co-writers)	매우 협동적	○	○	○	○
공동 출판 (co-publishing)	협동적	○	-	○	○
공동 반응 (co-responders)	의무적으로 도움 (helping obligatory)	-	-	○	-
공동 교정 (co-editors)	의무적으로 도움 (helping obligatory)	-	-	-	○
작가 조력자 (writer-helpers)	기회가 되면 도움 (helping permitted)	-	-	-	-

* Saunders, 1989: p. 102.

아 하나의 책을 내는 것이다. 그렇기 때문에 협력 과정은 계획하기, 검토하기, 교정하기에서 이루어질 수 있다. 앞서 매카시와 맥마흔이 주장한 글쓰기 협동학습과 유사한 경우이다.) 이제 이와 같은 여러 유형의 특징에 대해서 하나씩 살펴보도록 하겠다(Saunders, 1989: pp. 102~104).

◇ **공동작가(co-writers), 공동 글쓰기(co-writing), 공동창작(co-authoring)**

공동작가는 앞에서 언급한 동료 협력과 같은 의미로 여러 명의 학습자가 하나의 작품을 같이 작성하는 것을 말한다. 일반적으로 두 명이 같이 작업하는 경우가 많으며, 아주 드물게 이보다 많은 학습자가 한 편의 글을 작성하기도 한다. 공동작가는 글의 시작 단계에서부터 마무리까지 모든 부분에서 협력학습을 진행해야 한다. 위의 표에서 보듯이 글쓰기 과정의 모든 단계에서 공동 작가의 협력 과정이 이루어진다. 계획하기 단계에서 최종 교정하기까지 동료들은 협력해서 한 편의 글을 만들어야 한다.

아울러 공동작가의 협력 수준은 매우 높다. 동료 상호 관계에서 질적인 면과 양적인 면 모두 우수한 성과를 보여주고 있다. 특히 상호접촉의 빈도수에서는 타 유형보다 훨씬 많은 수치를 보여 준다. 처음부터 끝까지 결정된 것이 없이 오로지 대화, 토의, 합의를 통해 한 편의 글을 작성해야 하기 때문이다. 그렇기 때문에 공동 작가는 글쓰기 협력학습 중에 동료 상호 활동이 가장 높은 방법으로 알려져 있다.

◇ **공동 출판(co-publishing)**

공동 출판은 여러 사람이 쓴 글을 모아 하나의 작품을 만드는 쓰기 방법을 말한다. 손더스는 이를 집합적인 문서(collective document)라고 말하고 있다. 집합적인 문서는 개별 텍스트가 이루어져 이를 합하여 이루어지는 것을 말한다. 그러나 문집처럼 두서없이 여러 사람의 글을 모아 하나의 책을 만드는 방식을 말하는 것은 아니다. 이보다 각각의 글이 연결되어 하나의 큰 전체 맥락을 가지게 되는 환경보고서나 답사보고서와 가까운 것을 말한다.

공동 출판은 계획하기부터 서로 토의하고 협의하지만 공동 작가 활동보다는 상호활동이 덜하다. 각각의 구성원은 무엇보다 개별 텍스트를 잘 만드는 데 더 관심을 쏟기 때문이다. 〈표10〉에서 구성의 부분에 줄표(-)가 있는 것은 개별적 텍스트를 구성해서 작성하는 과정이 협력 활동의 산물이 아니라 개인의 책임 활동 영역에 속한다는 사실을 암시한다. 나머지 부분은 모두 협력학습 활동 영역에 속하며 대체로 상호활동을 수행한다.

　공동 출판에서 가장 중요한 활동은 계획하기이다. 이 단계는 전체적인 작품의 주제와 방향을 설정하게 되는데 이 과정에서 개별적으로 작성해야 할 글의 대상과 주제가 결정된다. 따라서 전체적인 맥락 속에 개별적인 글이 위치하기 때문에 이 계획 단계를 철저하게 구상할 필요가 있다. 검토하기는 원래 세운 계획대로 개별적인 글이 작성되어 있는지를 검토하는 것이다. 또 이 과정 중에 개별적인 글 내부의 주제, 구성, 내용의 문제도 거론될 수 있다. 교정하기는 전체 보고서를 내기 전에 개별적인 글의 형식과 문장을 점검하는 것이다. 공동 출판은 매카시와 맥마흔이 분류한 글쓰기 모둠학습(cooperative learning)과 유사하다.

◇ 공동 반응(co-responding, co-respondent)

　공동으로 반응하는 것은 매카시와 맥마흔의 글쓰기 모둠학습(cooperative learning)과 유사하지만 전체 과제에 따른 하위 과제가 없다는 점이 특징이다. 이 유형은 그냥 서로 반응하고 도와주기 위해 모둠을 만든 경우에 해당한다. 이들은 처음부터 작업을 같이 공동으로 진행한 것이 아니기 때문에 텍스트에 대한 소유권은 없다. 다만 서로가 서로의 글에 대해 점검하고 검토하고 충고하기 위한 동료 협력 장치로 마련된 것이다.

　공동 반응은 작가와 독자 두 가지 기능을 공동으로 수행하는 것을 말한다(Saunders, 1989: p. 104). 모둠 내의 구성원들은 모두 작가와 독자 두 가지 기능을 가지고 있다. 자신의 글에 대해서는 작가의 입장이지만 다른 사람의 글에 대해서는 독자의 기능을 수행한다. 공동 반응은 같은 눈높이에서, 또 같은 작가의 입장에서 글에 대한 전반적인 문제점을 충고

해 줄 수 있다는 장점 때문에 효과가 높다. 그래서 많은 글쓰기 교실에서 이런 모둠 토의, 모둠 반응을 실시하고 있다.

모둠 내에서의 공동 반응은 두 가지 방법이 있다. 하나는 서로 엇갈려서 짝을 지어 친구의 글을 검토해 주는 것이다. 한 사람이 먼저 하면 그 다음에는 글을 바꾸어서 검토해 준다. 또 다른 하나를 한 사람의 글을 모둠 전체가 보는 것이다. 이 방법은 시간이 많이 걸린다는 점이 단점이지만 글 한 편을 여러 사람이 검토한다는 점에서는 장점이다. 글쓰기는 이런 점검과 수정 과정을 거쳐 발달한다.

◇ 공동 교정(co-editing, co-editor)

공동 교정은 글쓰기의 마지막 단계인 교정하기만 서로 돕고 협력하기 위해 설정된 방식이다. 공동 교정은 같은 모둠의 구성원이 되면 의무적으로 다른 학습자의 글을 교정해 주어야 한다. 학습자들은 자신이 작성한 글을 가지고 친구들과 상호 작용을 통해 서로에 대한 피드백의 과정을 가지는 것이다. 마지막 단계이기 때문에 점검하고 교정하는 내용이 아주 폭넓지 않다. 이미 여러 번 수정 단계를 거쳤을 것이기 때문에 교정 단계에서는 주로 글의 형식과 문장 규범 같은 것을 보게 된다. 그러나 이런 것들이 공동 교정의 가치를 떨어뜨리는 것은 아니다. 공동 교정은 글의 잘못된 부분을 최종적으로 점검해 보는 것이기 때문에 무척 중요하고 신중한 작업이다.

◇ 작가 조력자(writer-helpers)

작가 조력자는 특정 과제와 관련 없이 순수하게 작가를 도와주기 위해 설정되는 사람을 말한다. 과제를 부여받지 않은 동료일 수도 있고, 수업을 참관한 교수자일 수도 있다. 동료지도(peer tutoring)와 유사한 듯하지만 두 사람의 상호관계가 그만큼 긴밀하지 않다는 점에서 차이가 있다. 두 사람의 활동은 강제성이 없고 임의적이며, 자발적이다. 수업 중 작가는 조력자를 선정할 수 있다. 조력자는 힘이 닿는 대로 작가를 도와주지만 반드시 의무적이지는 않다. 또 작가와 독자의 역할 교환도 일어나지 않는다.

참고문헌

국문 자료

강인애(2002), 「구성주의 인식론: 발명된 현실」, 한국교원대학교 초등교육연구소 편, 『구성주의와 교과교육』, 문음사.

강인애(2003), 『왜 구성주의인가?』, 문음사.

김종문 외(1998), 『구성주의 교육학』, 교육과학사.

노은호, 민경일(2000), 『교수·학습 방법론』, 동문사.

바흐찐, 볼로쉬노프, 송기한 역(1990), 『마르크스주의와 언어철학』, 한겨레.

박영목 외(2003), 『국어교육학 원론』, 박이정.

박영민(2003), 『과정 중심 비평문 쓰기』, 교학사.

박태호(2002), 「구성주의 작문이론의 전개 동향과 교육적 시사점」, 한국교원대학교 초등교육연구소 편, 『구성주의와 교과교육』, 문음사.

박태호(2000), 『장르중심 작문교수 학습론: 심리학 수사학 언어학의 만남』, 박이정.

박현주(1998), 「구성주의 관점에서 교수-학습의 재개념화」, 『교육학 연구』 16집.

방선옥(2002), 「구성주의적 교육관의 이론적 함의와 적용가능성고찰」, 『교육학 연구』 40집, 3호.

변영계·김광휘(2002), 『협동학습의 이론과 실제』, 하지사.

변영계(2005), 『교수·학습 이론의 이해』, 학지사.

신헌재(2001), 『(학습자 중심의) 국어과 수업방안』, 박이정.

신헌재 외(2003), 『국어과 협동학습 방안』, 박이정.

이재승(1997), 『국어교육의 원리와 방법: 과정 중심의 국어교육』, 박이정.

이화진(2002), 「구성주의와 교육과정 구성」, 한국교원대학교 초등교육연구소 편, 『구성주의와 교과교육』, 문음사.

전병재(1986), 『사회 심리학』, 경문사.

정문성·김동일(1998), 『협동학습의 이론과 실제』, 형설출판사.

정문성(2004), 『협동학습의 이론과 실제』, 교육과학사.
초등 국어교육학회(1998), 『쓰기 수업 방법』, 박이정.
최현섭 외(2000), 『구성주의 작문 교수 학습론』, 박이정.
최현섭 외(2003), 『과정 중심의 쓰기 워크숍』, 역락.
한순미(2004), 『비고츠키와 교육』, 교육과학사.
허승희(1996), 「우리나라 열린교육 운동의 동향과 과제」, 『한국교육연구』 Vol. 3, No. 2.
황윤한(2002), 「교수·학습 이론으로서의 구성주의」, 한국교원대학교 초등교육연구소 편, 『구성주의와 교과교육』, 문음사.

영문 자료와 번역서

Barkley, E. F. & Cross, K. P. & Major, C. H.(2005), *Collaborative Learning Techniques*, John Willy & sons.

Bahktine & Voloshinov(1973), *Marxism and The philosophy of language*, 송기한 역(1990), 『마르크스주의와 언어철학』, 흐겨레.

Berlin, James A.(1982), "Comtemporary Composition: The Major Pedagogical Theories", *College English*, Vol. 44, No. 8.

Bizzell, Patricia(1986), "What happens when basic writer come to college?", in Patricia Bizzell(1992), *Academic Discourse and Critical Consciousness*, University of Pittsburgh Press.

Bleich, David(1995), "Collaboration and the Pedagogy of Disclosure", *College English*, Vol. 57, No. 1.

Bloom, Benjamin Samuel D.(1956), *Taxonomy of educational objectives: the classification of educational goals*, handbook 1: Cognitive domain, McKay Co., Inc.

Brooks, J. G. & Brooks, M. G.(1993), *In Search of Understanding: The Case for Constructivist Classrooms*, ASCD, 추병완·최근순 역(2001), 『구성주의 교수·학습론』, 백의.

Brown, B. L.(1998), *Applying Constructivism in Vocational and Career Education*, ED 428 296.

Bruffee, Kenneth A.(1973), "Collaborative Learning: Some Practical Models", *College English*, Vol. 34, No. 5.

Bruffee, Kenneth A.(1984), "Collaborative Learning and the 'Conversation of Mankind'", *College English*, Vol. 46, No. 7.

Bruffee, Kenneth A.(1986), "Social Construction, Language, and the Authority of Knowledge: A Bibliographical Essay", *College English*, Vol. 48, No. 8.

Bruffee, Kenneth A. (1993), *A Short Course in Writing*, HarperCollins College Publishers.

Bruffee, Kenneth A.(1999), *Collaborative Learning: Higher Education, Inderpendence, and Authority of Knowledge*, The Johns Hopkins University Press.

Cobb, Paul(1996), "Where is the Mind? A Coordination of Sociocultural and Cognitive Constructivist Perspectives", in C. T. Fosnot(eds.), *Constructivism: Theory, Perspectives and Practice*, Teachers College Press.

Coleman, S. D., Perry, J. D., Schwen, T. D.(1997), "Constructivist Instructional Development: Reflecting on Practice from an Alternative Paradigm", in Drills, C. R. & Romiszowski, A. J.(eds.), *Instructional Development Paradigm*, Educational Technology Publication.

Dale, Helen(1994), "Collaborative research on collaborative writing", *English Journal*, Vol. 83, No. 1.

Dale, Helen(1994), "Collaborative Writing Interactions in One Ninth-Grade Classroom", *Journal of Educational Research*, Vol. 87, No. 6.

Dale, Helen(1997), *Co-Authoring in The Classroom: Creating an Environment for Effective Collaborative*. NCTE.

Damon, William and Phelps, Erin(1989), "Critical Distinctions among Three Approaches to Peer Education", *International Journal of Educational Research*, Volume 13, Issue 1.

Eggen, Pual & Kauchak, Don(2004), *Educational Psychology*, 6th edition, Person Education. 신종민 외(2006), 『교육심리학』, 학지사.

Faigley, Lester(1986), "Competing Theories of Process: A Critique and a Proposal", *College English*, Vol. 48, No. 6.

Fitzgerald, Jill(1992), *Towards knowledge in Writing*, Springer-verlag NewYork.

Flower, Linda & Hayes(1981), *a Cognitive Process theory of writing*, College Composition and Communication, vol. 32, No. 4.

Flower, Linda et al.(1994), *Making Thinking Visible: Writing, Collaborative Planning and Classroom Inquiry*, NCTE.

Flower, Linda(1979), "Writer-Based Prose: A Cognitive Basis for Problems in Writing", *College English*, Vol. 41, No.1.

Flower, Linda(1989), "Cognition, Context, and Theory Building", *College Composition and Communication*, Vol. 40, No. 3.

Flower, Linda(1994), *The Construction of Negotiated Meaning: A Social Cognitive Theory of Writing*, Southern Illinois University Press.

Flower, Linda(1998), *Problem-solving strategies for writing in college and community*, Harcourt Brace College Publishers.

Fontaine, Sheryl I. & Hunter, Susan M.(2006), *Collaborative Writing in Composition Studies*, Thomson Wadsworth.

Foote, C. J. & Vermette, P. J. & Battaglia, C. F.(2001), *Constructivist Strategies: Meeting Standards and Engaging Adolescent Minds*, Eye on Education.

Fosnot, Catherine Twomey(1996), "Constructivism: A Psychological Theory of Learning" in C. T. Fosnot(eds.), *Constructivism: Theory, Perspectives and Practice*, Teachers College Press.

Gagne, E. D. & Yekovich, C. W. & Yekovich, F. R.(1993), *The Cognitive Psychology of School Learning*, 이용남 외 역(2005), 『인지심리와 학교학습』, 교육과학사.

Gebhardt, Richard(1980), "Teamwork and Feedback: Broadening the Base of Collaborative Writing", *College English*, Vol. 42, No. 1.

George, Diana(1984), "Working with Peer Groups in the Composition Classroom", *College Composition and Communication*, Vol. 35, No. 3.

Gere, Anne Ruggle(1987), *Writing Groups: History, Theory, and Implication*, NCTE, Southern Illinois University Press.

Golub, J. et al.(1988), *Focus on Collaborative Learning*, NCTE.

Glasersfeld, Ernst von(1996), "Introduction: Aspects of Constructivism", in C. T. Fosnot(eds.), *Constructivism: Theory, Perspectives and Practice*, Teachers College Press.

Glasersfeld, Ernst von(1995), *Radical Constructivism*, 김판수 외 역(1999), 『급진적 구성주의』, 원미사.

Graner, Michael H.(1987), "Revision Workshop: An Alternative to Peer Editing Group", *English Journal*, Vol. 76, No. 3.

Hairston, Maxine(1982), "The Winds of Change: Thomas Kuhn and Revolution in the Teaching of Writing", *College Composition and Communication*, Vol. 33, No. 1.

Haring, Smith Tori(1994), *Writing Together: Collaborative Learning in the Writing Classroom*, HarperCollins College Publishers.

Hill, J. J.(1997), *Collaborative Technology*, ED. 410 462.

Hillebrand, Romana P.(1994), "Control and Cohesion: Collaborative Learning and Writing", *English journal*, Vol. 83, No. 1.

Holt, Mara(1992), "The Value of Written Peer Criticism", *College Composition and Communication*, Vol. 43, No. 3.

Johnson, D. W. & Johnson, F. P.(1994), *Join Together*, 박인우 외 역(2004), 『협동학습을 위한 참여적 학습자』, 아카데미프레스.

Johnson, D. W. & Johnson, R. T. & Holubec, E. J.(1984), *Circles of Learning: Cooperative in the Classroom*. Interaction Book Company.

Johnson, D. W. & Johnson, R. T. & Holubec, E. J.(1994), *The Nut and Bolts of Cooperative Learning*, Interaction Book Company, 1:9-12.

Johnson, D. W. & Johnson, R. T. & Holubec, E. J.(1998), *Cooperation in the Classroom*, Interaction Book Company.

Johnson, D. W. & Johnson, R. T.(1989), *Cooperation and Competition: Theory and Research*, Interaction Book Company.

Johnson, D. W. & Johnson, R. T. & Holubec, E. J.(1994), *Cooperative Learning in the Classroom*, Association for Supervision and Curriculum Development.

Johnson, D. W. & Johnson, R. T.(1999), *Learning Together and Alone*, Prentice-Hall, Inc.

Kagan, Spencer(1992), *Cooperative Learning*, 기독초등학교 협동학습 연구모임 역(1998), 『협동학습』, 디모데.

Kail, Harvey(1983), "Collaborative Learning in Context: The Problem with Peer Tutoring", *College English*, Vol. 45, No. 6.

McCarthey, Sarah J. & McMahon, Susan(1992), "From Convention to Invention: There Approaches to Peer Interactions During Writing", in Rachel Hertz-Lazarowitz & Norman Miller(eds.), *Interaction in Cooperative Groups*, Cambridge University Press.

Mitchell, Felicia(1992), "Balancing Individual Projects and Collaborative Learning in an Advanced Writing Class", *College Composition and Communication*,

Vol. 43, No. 3.

Moll, L. C.(1990), *Vygotsky and Education*, Cambridge Press.

Newkirk, Thomas R, Thomas D. Cameron etc.(1977), "Why Johnny Can't write: A University view of Freshman writing ability", *English journal*, Vol. 66, No. 8.

Nystrand, M.(1989), "The Social interactive model of writing", *Written communication*, vol. 6, no. 1.

Nystrand, M.(1993), "Using Small Groups for Response to and Thinking about Literature", *English Journal*, vol. 82, no. 1.

Pulaski, Mary ann Spencer(1971), *Understanding Piaget*, Harper & Row Publishers, 이기숙·주영희 역(1982), 『피아제 이해』, 창지사.

Putnam, JoAnne(1997), *Cooperative Learning in Diverse Classrooms*, Merrill, NJ, p. 11-17.

Putnam, JoAnne(1998), *Cooperative Learning and Strategies for Inclusion*, Pual H. Brooks Publishing.

Rafoth, Bennet A., "Discourse Community: Where Writers, Readers, and Texts, Come Together", in Bennet A. Rafoth & Donald L. Rubin(1988), *The Social Construction of Written Communication*, Ablex Publishing Corporation.

Reither, James A. & Vipond, Douglas(1989), "Writing as Collaboration", *College English*, Vol. 51, No. 8.

Roy, Patricia(1994), "Cultivating Cooperative Group Process Skills Within the Social Studies Classroom", in Robert J. Stahl(eds.), *Cooperative Learning in Social Studies*, Addison Wesley Publishing Company.

Saunders, William M.(1989), "Collaborative writing tasks and peer interaction", *International Journal of Educational Research*, Volume 13, Issue 1.

Schmuck, Richard A. & Schmuck, Patricia A.(2001), *Group Processes in the Classroom*, McGraw-Hill Higher Education.

Slavin, Robert E.(1995), *Cooperative Learning: Theory, Reaearch, and Practice*, Allyn and Bacon.

Slavin, Robert E.(1995), *School and Classroom Organization*, Lawrence Erlbaum Associate, INC.

Slavin, Robert et al.(eds.)(1985), *Learning to Cooperate, Cooperating to Learn*, Plenum Press.

Smith, Tori H.(1993), *Learning Together: An Introduction to Collaborative Learning*, Harper Collins College Publishers.

Snipes, Wilson Currin(1971), "An Inquiry: Peer Group Teaching in Freshman Writing", *College Composition and Communication*, Vol. 22, No. 2.

Spear, Karen(1988), *Sharing Writing: Peer Response Group in English Classes*, Boynton/Cook.

Spear, Karen(1993), *Peer Response Groups in Action: Writing Together in Secondary Schools*, Boynton/Cook.

Speck, Bruce W.(2002), "Pedagogical Support for Classroom Collaborative Writing Assignment", *Facilitating Student's Collaborative Writing Report*, Ashe-Eric Higher Education Report Vol. 28, No. 6.

Spivey, N. N.(1997), *Constructivist Metaphor: Reading and the making of meading*, Academy Press, 신헌재 외 옮김(2004), 『구성주의와 읽기 쓰기』, 박이정.

Stahl, Robert J. et al.(eds.)(1992), *Cooperative Learning in the Social Studies Classroom: An Invitation to Social Study*, National Council for the Social Studies.

Stahl, Robert J.(1994), *Cooperative Learning in the Social Studies*, Addison-Wesley Publishing Company.

Steffe, L. P. & Gale, J.(1995), *Constructivism in Education*, Lawrence Erlbaum Associates, Inc, 이명근 옮김(2005), 『교육과 구성주의』, 학지사.

Thompson, Thomas C.(eds.)(2002), *Teaching Writing in High School and College Conversation and Collaboration*, NCTE.

Todorov, Tzvetan(1981), *Mikhaïl Bakhtine: le principe dialogique, suivi de Ecrits du Cercle de Bakhtine*, Editions du Seuil, 최현무 역(1988), 『바흐찐: 문학사회학과 대화이론』, 까치글방.

Topping, K. J.(1996), *The effectiveness of peer tutoring in further and higher education: A typology of the literature*, Higher Education 32.

Topping, Keith(2001), *Peer Assisted Learning: A Practical Guide for Teachers*, Brookline Books.

Trimbur, John(1989), "Consensus and Difference in Collaborative Learning", *College English*, Vol. 51, No. 6.

Vermette, Paul J.(1998), *Making Cooperative Learning Work: Student Teams in K-12 Classroom*, Merrill an imprint of Prentice Hall.

Vygotsky, L. S.(1962), *Thought and language*, MIT Press.

Vygotsky, L. S.(1978), *Mind in Society*, Harvard University Press.

Webb, Noreen M.(1985), "Student Interaction and Learning in Small Group", in Robert Slavin(eds.), *Learning to Cooperate, Cooperating to Learn*, Plenum Press, New York.

Wertsch, James V.(1985), *Culture Communication and Cognition: Vygotskian Perspectives*, Cambridge University Press.

Wertsch, James V.(1985), *Vygotsky and The Social Formation of Mind*, Harvard University Press.

Wiener, Harvey S.(1986), "Collaborative Learning in the Classroom A Guide to Evaluation", *College English*, Vol. 48, No. 1.

Young, C. B. & Henquinet(2002), "A Conceptual Framework for Designing Group Projects", *Journal of Education for Business*, Vol. 76, No. 1.